작은 나, 크신 하나님

작은 나, 크신 하나님

· 초판 1쇄 발행 2007년 3월 20일

· 지은이 박 민 희
· 펴낸이 민 상 기
· 편집장 이 숙 희
· 펴낸곳 도서출판 드림북
· 등록번호 제 65 호
· 등록일자 2002. 11. 25.
· 경기도 의정부시 가능1동 639-2(1층)
· Tel (031)829-7722, Fax(031)829-7723

· 책번호 16
· ISBN 879-89-92143-07-3 03230
· 잘못된 책은 교환해 드립니다.
· 이 출판물은 저작권법에 의해 보호를 받는
  저작물이므로 무단 복제할 수 없습니다.
· 독자의 의견을 기다립니다.
· www.dreambook21.co.kr
· e-mail : webmaster@dreambook21.co.kr

· 정가 9000원

도서출판 드림북은 오직 하나님께 드리는 책,
또한 세상의 모든 그리스도인들에게 꿈을 줄 수 있는 책
그러한 책세상을 꿈꾸며 만들어 가겠습니다.

작은 나, 크신 하나님
―풍성한 삶을 위한 성찰―

박 민 희 지음

드림북

머리말

어떤 사람에게 신앙은 자유롭고 인간다운 삶을 위해 가장 불필요한 것으로 여겨지는 반면, 어떤 사람에게 그것은 그와 같은 삶을 위해 가장 필수적인 것으로 여겨지기도 한다. 필자는 후자에 속한다. 나의 경우, 신앙은 나의 삶과 분리해서 생각할 수 없다.

내가 신앙생활을 하면서 내 삶과 관련하여 처음 깨닫게 된 중요한 사실 하나는, 나는 하나님의 피조물이라는 것이었다. 나의 존재의 기원이 그분께 있다는 것이었다. 그 사실을 알기 전에, 내 삶의 중심은 나였다. 그러나 내가 하나님의 피조물이라는 사실을 알고 난 후부터는 내 삶의 중심은 점차 그분으로 바뀌었다. 그리고 내가 하나님을 더 깊이 인격적으로 만나게 되면서 깨달은 또 한 가지 중요한 사실은, 나는 하나님께 대하여 죄인이라는 것이었다. 이것은 모든 인간이 하나님을 참되게 만나게 될 때 갖게 되는 고백이다. 특히, 나의 죄인 됨에 대한 자각은 나로 하여금 예수 그리스도의 십자가 앞으로 나아가도록 이끌어주었다. 사도 바울이 말하는 것처럼, 십자가는 죄인인 인간을 구원하시는 하나님의 능력이기 때문이다(고전 1:18).

이런 깨달음은 결과적으로 나의 '작음'을 보게 했고, 하나님의 '크심'을 느끼게 해 주었다. 이 우주 안에 있는 나는 아주 작은 존재인 것처럼, 하나님 앞에 서 있는 나는 정말로 작고 왜소한 존재임에 틀림없다. 시인은 이렇게 노래했다. "오라 우리가 여호와께 노래하며 우리 구원의 반석을 향하여 즐거이 부르자 우리가 감사함으로 그 앞에 나아가며 시로 그를 향하여 즐거이 부르자 대저 여호와는 크신 하나님(the great God)이시요 모든 신 위에 크신 왕이시로다"(시 95:1-3). 나의 작음에 대한 자각은 늘 나로 하여금 하나님의 크심을 의지하게 한다. 작고 왜소한 내 존재와 나의 삶이 크고 풍성하신 하나님을 통해 영적 힘과 희망과 기쁨을 얻게 되기 때문이다.

인간은 누구나 풍성한 삶을 살기 원한다. 궁핍한 삶을 살기 원하는 사람은 아무도 없다. 그럼에도 불구하고 모든 사람이 그와 같은 풍성한 삶을 얻는 것은 아니다. 왜 그런가? 풍성한 삶을 얻을 수 있는 곳에서 풍성한 삶을 찾지 않기 때문이다.

풍성한 삶을 사는 가장 좋은 방법은 각자 자신의 죄인됨과 작음을 인정하고 구원의 주이신 크신 하나님께로 나아가 그 안에 거하는 것이다. 하나님은 풍성한 삶의 근원이시기 때문이다. 기독교 신앙은 피조물인 인간의 작음과 창조주 하나님의 크심을 인정하는 신앙이다. 그리고 기독교적 삶은 예수 그리스도 안에서 작은 인간이 크신 하나님을 향하여 풍성한 삶을 사는 것을 뜻한다. 우리가 예수 그리스도 안에서 하나님과 동행하는 삶을 살면 하나님 안에 있는 풍성한 생명을 받아 누릴 수 있게 된다(요 15:1-8). 예수 그리스도는 우리로 하여금 생명을 얻되, 아주 풍성히 얻게 하기 위해 이 땅에 오신 하나님이기 때문이다(요 10:10).

  이 책은 하나님 안에서 풍성한 삶을 살기 원하는 사람들로 하여금 그와 같은 삶을 성찰하는 것을 돕고 또 그와 같은 삶을 사는 것을 돕기 위해 쓰여졌다. 이 책을 읽어 가는 동안, 독자는 어떻게 하면 풍성한 삶을 살 수 있는지에 대해 깊이 성찰해 볼 수 있는 기회를 갖게 될 것이다.

  이 책의 원고를 읽고 많은 유익한 조언을 해준 L.A. 한사랑 교회 박명룡 목사님에게 감사의 마음을 전한다. 박 목사님의 조언은 큰 도움이 되었다. 그리고 부족한 점이 많은 글인데도, 기꺼이 출판을 맡아 준 도서출판 드림북의 민상기 사장님과 편집진에게 진심 어린 감사의 마음을 전한다.

2007년 2월 10일
박민희

머리말 **7**

차 례

1부. 믿음 안에서

1. 하나님께 속한 삶 / 11
2. 변화 / 20
3. 낙타 같은 신앙인, 사슴 같은 신앙인 / 26
4. 두 관점 / 33
5. 삶에서 우선적인 것들 / 40
6. 하나님의 형상, 사람의 모습 / 48
7. 뿌리 깊은 존재 / 57
8. 하나님이 예배의 청중이 될 때 / 64
9. 부모의 나라 / 72
10. 예수 그리스도를 깊이 체험하라 / 80

2부. 사랑하면서

11. 하나님의 파트너 / 93
12. 그리스도인은 믿음직스러워야 한다 / 100
13. 감사가 넘치는 삶 / 109
14. 예수님의 눈물, 하나님의 눈물 / 117

15. 한 사람 / 125
16. 구체적인 사랑 / 132
17. 나눔의 삶 / 141
18. 네 믿음을 보여라 / 149
19. 필요한 아픔 / 157
20. 여백의 삶, 여백의 신앙 / 165

3부. 소망 가운데

21. 이 땅에서도 이루어지게 하소서 / 173
22. 하나님이 보시기에 / 181
23. 기쁨의 삶 / 189
24. 물음과 답 / 197
25. 위로 / 205
26. 교회개혁일 / 213
27. 복음의 문화 / 221
28. 다시 죽음과 삶을 생각하며 / 229
29. 아름다운 마무리를 위하여 / 237
30. 신앙과 보상 / 245

1부
믿음 안에서

"믿음은 바라는 것들의 실상이요
보지 못하는 것들의 증거니
선진들이 이로써 증거를 얻었느니라
믿음으로 모든 세계가 하나님의 말씀으로 지어진 줄을
우리가 아나니 보이는 것은 나타난 것으로
말미암아 된 것이 아니니라" (히 11:1-3)

"복음에는 하나님의 의가 나타나서
믿음으로 믿음에 이르게 하나니
기록된바 오직 의인은 믿음으로 말미암아
살리라 함과 같으니라" (롬 1:17).

> 그리스도인의 삶은 예수 그리스도를 통하여
> 하나님께 속하는 삶이다. 그 삶은 하나님께서 처음에
> 인간을 향하여 의도하신 본유적 삶이다.
> 그러한 삶만이 풍성한 삶이 될 수 있다.

1

하나님께 속한 삶

인간은 소속을 추구하는 존재이다. 인간이 지닌 이런 원초적 욕구는, 인간의 욕구 위계(hierarchy of needs) 이론의 주창자로 잘 알려진 아브라함 매슬로우(Abraham Maslow)의 이론을 통해 더욱 분명해졌다. 그에 따르면, 인간이 지닌 기본적인 욕구들 중에는 소속에 대한 욕구가 있다. 즉, 인간은 가장 기본적인 신체적 욕구를 충족 받고 안전과 안정감을 얻은 후에는, 본능적으로 사랑을 받고자 하는 욕구와 더불어 소속하고자 하는 욕구의 충족을 구한다는 것이다. 그러니까, 인간은 본래적으로 자기 자신 외의 다른 사람, 다른 환경에 속하기를 바란다는 것이다.

실제로, 소속은 인간의 삶을 구성하는 중요한 한 면이다. 인간은 이 세상에서 홀로 외딴 섬처럼 살아갈 수 없다. 다른 사람들과 어울

리면서 관계를 형성하고 사회를 구성하면서 더불어 살아간다. 다시 말하면, 인간은 인간다운 삶을 위해 어딘가에 속하지 않을 수 없다. 그래서 존 오도노휴(John O'Donohue)는 "소속에의 열망은 우리의 본성의 한복판에 있다. 다른 사람들로부터 단절될 때, 우리는 위축되며 자기 자신에게만 집중하여 고립화된다. 소속감은 우리의 삶의 자연적인 균형이다. 대부분, 우리는 소속을 이슈화할 필요가 없다. 우리가 속할 때, 우리는 그것을 당연시한다…소속은 따뜻함과 이해 그리고 포용을 암시한다. 소외를 위해 지음 받은 사람은 아무도 없다"라고 매우 설득력 있게 말한다. 분명, 어느 곳에도 소속하지 못하는 삶은 고통스러우며 고독하다.

소속과 교회 생활

소속의 문제는 교회생활에서도 중요하다. 미국의 서치 연구소(Search Institute)라는 곳에서 미국 전역에 있는 교회들 가운데 561개의 회중들을 대상으로 설문 조사를 한 적이 있다. 그 조사 결과에 따르면, 신앙의 성숙과 회중의 특성은 밀접하게 관련되어 있었다. 그 연구는, 신앙을 증진시키는 회중의 특성들로 다섯 가지-예배의 특성, 사고하는 분위기, 다른 사람들에 대한 봉사, 가족 의식, 그리고 포근한 분위기-를 들었다. 그리고 그 중에서 사람들을 회중에 헌신케 하는데 가장 중요한 요인으로 "포근한 분위기"를 뽑았다. 다시 말하면, "포근한 분위기"와 "가족 의식"을 최대한 제공하는 교회일수록, 사람들에 대한 흡입력이 강했다. 실제로, 포근한 분위기와 가족 의식은 한 사람이 회중에의 참여여부에 크게 영향을 준다. 사람은 자신이 받아들여지고 환영받는다는 느낌을 받을 때, 더 적극적으로 모임에 참여하고 소속하려 하기 때문이다.

기독교 신앙은 본질적인 의미에서 소속의 문제이다. 성서는 하나님과 그분의 백성의 관계 방식을 '소속'으로 규정한다. 하나님께서는 모세를 통해 이스라엘 백성에게, "세계가 다 내게 속하였나니 너희가 내 말을 잘 듣고 내 언약을 지키면 너희는 열국 중에서 내 소유가 되겠고 너희가 내게 대하여 제사장 나라가 되며 거룩한 백성이 되리라 너는 이 말을 이스라엘 자손에게 고할지니라"(출 19:5-6)라고 말씀하셨다. 베드로도 자신이 목회하던 사람들을 향하여, "오직 너희는 택하신 족속이요 왕 같은 제사장들이요 거룩한 나라요 그의 소유된 백성이니 이는 너희를 어두운데서 불러내어 그의 기이한 빛에 들어가게 하신 자의 아름다운 덕을 선전하게 하려 하심이라"(벧전 2:9)라고 말했다. 하나님을 신앙하는 것은 하나님께 속하는 것이다.

신앙의 관점에서, 예수님이 소속에 대해 가장 잘 설명하신 비유는 포도나무와 가지의 비유이다. 예수님은 이렇게 말씀하셨다. "내 안에 거하라 나도 너희 안에 거하리라 가지가 포도나무에 붙어 있지 아니하면 절로 과실을 맺을 수 없음 같이 너희도 내 안에 있지 아니하면 그러하리라"(요 15:4). 예수님은 이 비유를 통해 소속은 신앙에서 본질적인 차원임을 가르치셨다.

가지의 '가지 됨'은 포도나무에 기인한다. 포도나무에서 가지가 나오고 가지를 통해 나무의 열매를 맺게 된다. 가지가 나무를 내는 것이 아니라, 나무가 가지를 낸다. 그래서 가지의 정체성은 나무의 정체성에 근거한다. 예수님은 참 포도나무이시다. 우리가 그 포도나무에 속해 있으면, 우리는 참 포도나무 가지들이 된다. 그분을 통해 우리가 우리의 정체성을 얻게 된다. 그래서 소속의 문제에서 중요한 것은 '어디에 속하느냐' 하는 것이나. 소속의 자리가, 즉 사람이 속하는 집단의 성격과 정체성이 속하는 자의 성격과 정체성을 결정하고 형성하기 때문이다.

따라서 우리는 바른 곳에 바르게 속할 필요가 있다. 이것이 바른 '소속의 법칙'이다. 이것을 무시하면, 삶이 분방하게 되고 망가지게 된다. 우리는 주변에서 잘못된 소속으로 인해 잘못되고 망가진 삶을 살아가는 사람들을 어렵지 않게 볼 수 있다.

마땅히 속해야 할 곳

우리는 마땅히 속해야 할 곳에 속하고, 속하지 말아야 할 곳에는 속하지 않도록 해야 한다. 5월의 요즘, 주변의 자연환경을 보면 곳곳마다 생명이 약동한다. 나무 가지마다에서 푸른 새싹이 돋아 성장해 간다. 땅에는 푸른 잔디와 풀이 힘차게 자라가고 있다. 가던 길을 잠시 멈추고 주변을 볼수록, 그리고 흙에 대해 생각하면 할수록, 흙이 지닌 생명의 힘에 압도된다. 땅은 신비이다. 어떻게 땅이 생명을 낼 수 있을까? 어떻게 생명체가 아닌 것이 씨앗으로 하여금 그것이 지닌 생명의 힘을 터뜨려 생명의 모습으로 드러내게 할 수 있을까?

흙과 식물은 상호적이다. 식물은 흙과 함께 하지 않으면 죽는다. 그러나 흙이 씨앗으로 하여금 생명을 움트게 하는 환경이라고 해서, 인간도 자신의 생명을 움트게 하기 위해 흙에 묻힐 수는 없는 일이다. 그것은 죽음을 의미하기 때문이다. 흙은 인간의 삶(life)에 필수적이지만, 그렇다고 존재(being)를 위한 환경은 아니다. 인간에게 있어서 생명의 대지, 존재의 환경은 여타의 것들과는 다르다. 그것은 바로 창조주 하나님이시다. 때문에 인간은 그 안에 뿌리를 내려야 생명의 씨앗을 터뜨려 삶을 꽃 피울 수 있게 된다. 식물은 흙에 속하여야 하고. 인간은 하나님께 속하여야 한다. 그래야 산다. 속함의 자리가 서로 다르다. 그래서 존재를 위한 바른 속함의 자리를 찾는 것이 중요하다.

그리스도인의 삶은 창조주 하나님께 속한 삶이다. 그것은 이 땅에 오셔서 십자가에 달려 죽으시고 부활하신 그분의 아들 예수 그리스도께 속한 삶이기도 하다. 모든 인간의 삶은 하나님께 기원을 두며, 그리스도인은 예수 그리스도 안에서 구속을 받았기 때문이다. 이것이 그리스도인의 정체성이며, 그리스도인됨의 표시이다. 그래서 예수 그리스도께 속하지 않으면, 우리는 예수 그리스도와 아무런 상관이 없다. 요한복음 13장에는 예수님이 제자들의 발을 씻기시는 이야기가 나온다. 그 자리에서 베드로는 예수님이 자신의 발을 씻기려 하실 때 송구한 마음에, "내 발을 절대로 씻기지 못하시리이다"라고 거절한다. 그 때 예수님은 "내가 너를 씻기지 아니하면 네가 나와 상관이 없느니라"(8절)라고 대답하신다. 이처럼, 그리스도인의 삶은 예수 그리스도와 상관이 있는 관계적 삶이다. 그래서 하나님이 빠진 그리스도인의 삶, 예수 그리스도가 빠진 그리스도인의 삶이란 없다.

인간의 소속 지향적 삶은 본래 하나님으로부터 온 것이다. 하나님은 소속의 하나님이시다. 삼위일체의 하나님(the triune God), 즉 성부 하나님과 성자 하나님(예수 그리스도) 그리고 성령 하나님은 관계적으로 서로에게 속한다. 그래서 하나님은 본질적으로 하나이면서 관계적으로 셋이다. 인격적으로 셋으로 구분되지만, 본성적으로는 하나이시다. 하나님은 관계와 소속에서 그렇게 '삼위일체'로 통일을 이룬다. 인간은 본래 그 하나님으로부터 그분께 속하여 살아가도록 지음을 받았다. 인간에게 그리고 모든 피조물에게 하나님은 모든 소속의 근본적이며 궁극적인 자리다. 그럼에도 인간은 하나님께 불순종하여 하나님을 떠나므로 그 자리를 잃어버렸다. 그래서 인간은 하나님에 대해 영적으로 고아이며 떠도는 자다. 하지만 은혜가 풍성하신 하나님은 그런 인간을, 뿌리 뽑히고 소속하지 못한 채 살아가도록 내버려두지 않으시고 다시 하나님께 속할 수 있는 은혜를 주셨다. 그래서 누구든지 그 부르심에 응답하여 살면 다시금 하나님께 속해 영원한 생명을 누릴 수 있게 된다.

하나님 없는 삶과 영적 공허감

인간이 하나님께 속하지 않고 그분으로부터 소외된 삶을 선택하며 살면, 그 삶의 내면에는 채워지지 않는 공백이 생기고 만다. 그로 인해 영적 공허감이 생긴다. 그런데, 인간은 내면이 공백 상태로 살 수 없는 존재이다. 인간의 실존과 인간의 본성이 인간으로 하여금 공백상태로 살도록 내버려두지 않는다. 그래서 인간은 필연적으로 무엇인가로 그 자리를 메우며 그것에 속하는 삶을 택하게 된다. 성서에 따르면, 이런 것들은 모두 우상의 성격을 지닌다. 그래서 여호수아는 하나님과 다른 신들 앞에서 갈팡질팡하는 이스라엘 백성들을 향해 이렇게 말했다. "만일 여호와를 섬기는 것이 너희에게 좋지 않게 보이거든 너희 열조가 강 저편에서 섬기던 신이든지 혹 너희의 거하는 땅 아모리 사람의 신이든지 너희 섬길 자를 오늘날 택하라 오직 나와 내 집은 여호와를 섬기겠노라"(수 24:15). 하나님께 속하여 살아가는 사람들은 하나님 안에서 생의 의미와 가치와 소명을 찾는다. 그것은 분명 세상의 방식과는 다르다. 반면에 하나님이 없는 삶은 그와 같은 삶의 충만함을 느끼지 못하게 된다. 늘 내면적으로 궁핍을 느끼게 된다. 그것이 하나님이 없이 살아가는 인간의 내적 증상이다.

우리는 그런 모습을 수가성 우물가에서 예수님을 만난 한 사마리아 여인의 삶을 통해 볼 수 있다. 오랜 걸음으로 지치고 목이 마르셨던 예수님이 그 여인에게 물을 청했다가 그로 인해 그 여인과 물을 놓고 대화를 나누시게 되었다. 대화 도중, 예수님은 그 여인에게 이렇게 말씀하셨다. "이 물을 먹는 자마다 다시 목마르려니와 내가 주는 물을 먹는 자는 영원히 목마르지 아니하리니 나의 주는 물은 그 속에서 영생하도록 솟아나는 샘물이 되리라"(요 4:13-14). 그 말씀을 들은 그 여인은 이렇게 대꾸했다. "주여 이런 물을 내게 주사 목마르지도 않고 또 여기 물 길러 오지도 않게 하옵소서"(15절). 그 여인은 자신의 말대로 목마른 자였다. 신체적으로 목마른 자였을 뿐만 아니라 영적으로도 목마른 자였다. 그녀는 늘 그 우물에서 물을 길러다 마셨다. 그럼에도 불구하고 그녀는 내적으로, 외적으로 다시 목이 말랐다.

이와 같이, 영생하도록 하는 물이 아닌 물은 아무리 마셔도 다시금 목이 마르게 되어 있다. 그것이 이 세상의 물의 특징이다. 예수님은 신체적으로는 목이 말랐다. 인간의 몸을 입고 있었기 때문이다. 그러나 영적으로는 목이 마르지 않았다. 그분은 영생하도록 하는 영적 샘물이었기 때문이다. 모든 인간은 신체적으로 목이 마르다. 몸을 지니고 있기 때문이다. 그러나 인간은 영적으로도 목이 마르다. 인간은 영생하도록 하는 영적 샘물이 아닐뿐더러, 영적 샘물로부터 떨어져 있기 때문이다. 그것이 모든 인간과 예수님 사이에 있는 질적 차이다. 그러므로 모든 인간은 영적 목마름을 해갈 받기 위해서는, 그리고 내적 궁핍을 채우기 위해서는 예수 그리스도를 먹고 마시지 않으면 안 된다.

예수 그리스도 안에서 하나님께 바르게 속하지 못하는 한에서, 우리는 필연적으로 영적 허기를 느끼게 되며, 그로 인해 그 허기를 채우기 위해 무엇인가에 속해 그것을 섬기게 되어있다. 우리는 그것에 붙잡힌다. 그것에 속하게 되고 그에 따라 살아가게 된다. 궁극적으로 우리가 누구에게 속하느냐에 따라 우리의 삶이 달라지는 것이다. 소속된 삶은 소속의 근원과 함께 계속해서 되어가고 성장해 가는 삶이기 때문이다.

소속과 삶의 방식

어딘가에 속하는 것은 그곳의 삶의 방식을 취하고 따르는 것을 뜻한다. 그곳의 정체성을 자신의 정체성으로 지니는 것이다. 그래서 그 안의 내적 삶에 참여하지 않고는 진정으로 그곳에 속할 수 없다. 설사 겉으로는 속한 것 같아 보인다 해도 그렇다. 이 말은 그리스도를 따르는 신앙과 관련하여 아주 중요한 의미를 지닌다. 예수님은 "내가 진리를 말하므로 너희가 나를 믿지 아니하는도다 너희 중에 누가 나를 죄로 책잡겠느냐 내가 진리를 말하매 어찌하여 나를 믿지 아니하느냐 하나님께 속한 자는 하나님의 말씀을 듣나니 너희가 듣지 아니함은 하나님께 속하지 아니하였음이로다"(요 8:45-47)라고 말씀하셨다.

분명, 진리에 속한 사람은 진리이신 예수 그리스도의 소리를 듣는다(요 18:37). 사도 바울은 "주 안에서 부르심을 받은 자는 종이라도 주께 속한 자유자요 또 이와 같이 자유자로 있을 때에 부르심을 받은 자는 그리스도의 종이니라"(고전 7:22)라고 강조한다. 그리스도인들은 예수 그리스도께 속한 자유자다. 죄에 대하여, 죽음에 대하여 자유한 자다. 그러나 그 자유는 부르심 안에서 그리스도를 위한 자유이다. 그러므로 그리스도 안에서 자유한 자는 다시금 그리스도께 붙들린 그분의 종의 삶을 살아가지 않을 수 없다.

그리스도인의 삶은 예수 그리스도를 통하여 하나님께 속하는 삶이다. 그 삶은 하나님께서 처음에 인간을 향하여 의도하신 본유적 삶이다. 그러한 삶만이 풍성한 삶이 될 수 있다. 그리스도인의 삶은 하나님께서 예수 그리스도를 통해 공급해 주시는 생명을 받아 사는 삶이기 때문이다. "내가 문이니 누구든지 나로 말미암아 들어가면 구원을 얻고 또는 들어가며 나오며 꼴을 얻으리라 도적이 오는 것은 도적질하고 죽이고 멸망시키려는 것 뿐이요 내가 온 것은 양으로 생명을 얻게 하고 더 풍성히 얻게 하려는 것이라"(요 10:9-10).

> 예수 그리스도가 우리 안에 거하시면,
> 그분이 우리를 통해 나타나기 마련이다. 그분이 우리 안에 거하시면,
> 우리는 변화되지 않을 수 없다.
> 그분은 변화시키는 분이시기 때문이다.

변 화

빌리 그래함(Billy Graham) 목사가 비행기로 여행할 때 있었던 일이다. 그 비행기를 타고 있던 사람들 중에는 술에 잔뜩 취해 있던 사람이 있었다. 그는 우연히 그 비행기 안에 유명한 복음전도자인 빌리 그래함 목사가 타고 있다는 소식을 듣게 되었다. 그는 빌리 그래함 목사를 만나보고 싶은 마음이 생겼다. 그래서 그는 자리에서 일어나 정확하지 않은 발음으로 이렇게 말했다. "빌리 그래함 목사님을 만나보고 싶습니다!" 그때 "손님, 자리에 앉아주세요"라고 말하면서, 그 비행기의 승무원들 중 한 사람이 그 상황을 수습하려고 했다. 하지만, 그 사람은 그 말에 아랑곳하지 않고 계속해서 "나는 빌리 그래함 목사님을 만나야 합니다!"라고 말했다.

그의 목소리가 점점 커지면서, 빌리 그래함 목사도 그 소리를 듣게

되었다. 빌리 그래함 목사는 자리에서 일어나 그 사람과 인사를 나누고자 통로로 나왔다. 그러자 그 사람은 빌리 그래함 목사의 손을 꼭 잡으면서 자랑하듯 이렇게 말하는 것이었다. "목사님, 목사님께서는 목사님의 설교가 저에게 얼마나 많은 도움이 되는지 모르실 겁니다." 그러나 그 말을 들은 빌리 그래함 목사는 속으로 이렇게 생각했다. "(당신의 행동을 보니 제 설교가) 별로 도움이 된 것 같지 않군요" (Greg Laurie).

복음, 죄 가운데 살아가는 인간을 변화시키는 능력

사람에게는 본래 변화를 싫어하는 경향이 있다. 우리는 대부분 안정을 추구하며 적응된 환경에 편안함과 만족을 느낀다. 어떤 습관이 잘못인줄 알면서도 쉽게 고쳐지지 않는 것은 바로 그 때문이다. 이것은 인간됨의 측면에서도 다르지 않다. 우리는 종종 우리가 하는 일이 옳지 않음을 알면서도 고치지 않거나, 그 점에 대해 전혀 문제의식을 느끼지 않고 행동하는 경우가 있다.

그러면, 왜 그런가? 죄로 인해 인간의 성향이 악해졌기 때문이다(롬 3:23, 7:14-23). 아담과 하와가 하나님께 불순종하고 죄의 종이 된 이래로, 모든 인간은 죄의 다스림 아래, 즉 죄에게 종노릇하며 살게 되었다. 요한복음의 표현대로 하면, 사람들은 자기 행위가 악하기 때문에 빛보다는 어두움을 더 사랑하며 살고, 자기들의 행위가 드러날까 하여 빛을 향하여 나아오지 않으려 하는 것이다(요 3:19-20). 실제로 이런 모습은 우리에게도 있다.

가끔씩 우리는 이런 말을 하거나 듣곤 한다. "죄가 밉지 사람이 밉나요?" "죄는 미워하되 사람은 미워하지 말라." 이런 종류의 말은 생명의 존엄성을 강조하거나 사람을 존중하자는 의도에서 나온 말이겠지만, 그러나 이런 말에는 문제가 있다. 개념적으로는, 죄와 죄인이 구별될 수 있지만, 실제적으로는 그렇지 않다. 만일 '죄가 밉지 죄를 지은 사람이 미운 것이 아니다'라는 말이 정당화될 수 있다면, 하나님은 우리를 심판하실 수 없다. 왜냐하면 하나님은 죄인이 아닌, 죄를 심판해야 하기 때문이다. 그렇다면, 하나님은 예수 그리스도를 이 땅에 보내주실 필요가 없었다.

  죄가 현실화되는 것은 우리의 행위를 통해서다. 죄를 범하는 한에서, 죄와 우리는 하나가 되는 것이다. 그래서 우리가 저지르는 죄에 대한 책임은 바로 우리 자신에게 있다. 죄 자체에 있는 것이 아니다. 그래서 사람이 죄를 범하면 그에 대한 처벌을 받거나 용서를 받는 것이다.

  가인이 아벨을 죽인 사건이 그에 대한 좋은 예다. 가인은 하나님이 자신의 제사는 받지 않으시고 동생인 아벨의 제사만을 받으시자, 하나님을 향해 분을 내었다. 그때 하나님은 "네가 분하여 함은 어찜이며 안색이 변함은 어찜이뇨 네가 선을 행하면 어찌 낯을 들지 못하겠느냐 선을 행치 아니하면 죄가 문에 엎드리느니라 죄의 소원은 네게 있으나 너는 죄를 다스릴지니라"(창 4:6-7)라고 말씀하셨다. 그러나 그 후 가인은 죄를 다스리지 못하고 오히려 죄의 다스림을 받아 동생 아벨을 쳐 죽였다. 그로 인해 하나님은 가인에게 벌을 내리셨다. 죄를 벌하신 것이 아니라, 죄인을 벌하신 것이다. 때문에 벌을 받지 않으려면, 우리는 죄를 짓지 않아야 한다.

  하나님 앞에서 죄인들인 우리와 관련하여 다행스러운 것은, 하나님은 우리의 희망 없는 삶을 내버려두지 않으시고, 희망 있는 삶에로 변화를 시키기 위해 복음을 주셨다는 것이다. 이 복음은 하나님이 선지자들을 통하여 자기의 아들에 관하여 성서에 미리 약속하신 것이다(롬 1:2). 복음은 우리에게 구원을 가져다준다. 사도 바울은 "내가 복음을 부끄러워하지 아니하노니 이 복음은 모든 믿는 자에게 구원을 주시는 하나님의 능력이 됨이라 첫째는 유대인에게요 또한 헬라인에게로다"(롬 1:16)라고 말한다. 그러므로 우리가 예수 그리스도를 주로 영접하고 그 안에서 살아가면 하나님으로부터 죄 사함을 받고 구원을 얻게 된다. 죄와 죄인 사이의 결별은 과거의 모든 죄를 회개하고 하나님을 섬기는 삶을 살 때만 가능하다.

구원은 존재의 변화를 뜻한다. 복음을 통해 인간은 '영적으로 죽은' 존재에서 '영적으로 산' 존재에로 변화되는 것이다. 때문에 우리에게 필요한 것은 변화를 이루는 복음을 받아들이고 생명에 참여하는 것이다. 복음의 가장 큰 특징은 변화에 있다. 복음은 인간을 변화시키고 상황을 변화시킨다. 쉽게 변하지 않는 인간을 변화시킬 수 있는 힘을 지닌 것이 바로 복음이다. 복음을 향하여 마음을 개방하고 삶을 개방하면 복음이 우리 안으로 들어와 우리의 삶을 움직여 간다.

예수 그리스도와 참된 변화의 시작

그러면, 복음은 무엇인가? 다름 아닌, 하나님의 아들 예수 그리스도의 오심의 이야기이다. 구원의 기쁜 소식인 것이다. 마가복음의 저자는 "하나님의 아들 예수 그리스도 복음의 시작이라"(막 1:1)라는 말로 복음서를 시작한다. 복음서는 모두 이와 같은 증언으로 일관한다.

복음서를 보면, 그리고 교회 역사적으로 보면, 예수 그리스도를 참되게 만난 사람은 모두 변화를 빚고 새로운 사람이 되었다. 그가 어떤 사람이든, 새 사람이 되도록 복음이 그 사람 안에서 변화를 일으

컸다. 그것이 참되게 복음을 받는 자의 모습이다.

예수님이 골고다의 십자가에 달리셨을 때, 함께 십자가에 달렸던 강도 중 한 사람이 예수님을 비웃으면서 "네가 그리스도가 아니냐 너와 우리를 구원하라"(눅 23:39)라고 말했다. 그러자 옆에 있던 다른 강도는 그를 꾸짖으면서, "네가 동일한 정죄를 받고서도 하나님을 두려워 아니하느냐 우리는 우리의 행한 일에 상당한 보응을 받는 것이니 이에 당연하거니와 이 사람의 행한 것은 옳지 않은 것이 없느니라"(40-41절)라고 말했다. 그리고는 "예수여 당신의 나라에 임하실 때에 나를 생각하소서"(42절)라고 부탁했다. 그 때 예수님은 "내가 진실로 네게 이르노니 오늘 네가 나와 함께 낙원에 있으리라"(43절)라고 하셨다. 참된 변화의 시작의 중심에는 예수 그리스도가 있다. 그리고 예수 그리스도를 향해 죄를 뉘우치는 사람의 고백이 있다.

뿐만 아니라, 복음의 변화시키는 능력의 핵심은 하나님의 영이신 성령의 사역이다. 새롭게 하시는 성령이 우리 가운데에 변화를 이루어 가시는 것이다. 그러나 새롭게 되고자 하는 우리의 결단이 없이는 성령의 능력은 우리 안에서 작용하기 어렵다. 성령의 역사는 언제나 인격적이다. 때문에 복음에 의한 참된 변화는 성령의 변화시키는 사역에 대한 우리의 자발적인 응답을 필요로 한다. 수잔 존슨(Susanne Johnson)은 "그리스도인은 구속을 받은 존재에 대한 약속 아래서 살아가는 사람이다. 이 삶은 인간 공동체뿐만 아니라 각 신자의 참된 변화를 포함한다. 기독교적 변화와 성장의 과정은 우리를 위한 하나님의 객관적인 행위들과 그런 행위들이 우리에게 미치는 주관적인 영향 또는 효과 사이의 창조적 긴장을 수반한다"라고 말한다. 진정으로 우리가 성령께 온전히 의존할 때, 우리 안에서 행하시는 그분의 능력으로 인해 우리는 날마다 새롭게 변화되어 갈 것이다.

변화는 삶을 통해 드러난다

사도 야고보는 말로는 믿음이 있다고 하면서도, 전혀 행위로 그런 믿음을 나타내지 못하는 교인들을 향하여 이렇게 말한다.

> 혹이 가로되 너는 믿음이 있고 나는 행함이 있으니 행함이 없는 네 믿음(faith)을 내게 보이라 나는 행함(deeds)으로 내 믿음을 네게 보이리라… 아아 허탄한 사람아 행함이 없는 믿음이 헛 것인 줄 알고자 하느냐 우리 조상 아브라함이 그 아들 이삭을 제단에 드릴 때에 행함으로 의롭다 하심을 받은 것이 아니냐 네가 보거니와 믿음이 그의 행함과 함께 일하고 행함으로 믿음이 온전케 되었느니라(약 2:18-22).

여기에서 행함은 단순한 동작이나 어떤 몸짓이 아니다. 신앙의 실천을 말한다. 복음에 근거한 변화된 삶을 말한다. 복음은 변화를 지향하고 변화를 낳는다. 그래서 복음에 합당한 삶이 없는 신앙은 불완전하다. 그렉 로리(Greg Laurie) 목사는 이렇게 말한다. "그리스도인이 된다는 것은 단순히 몇 가지 신조를 고백하거나 주일에 예배당에 가는 것이 아니다. 자신의 삶과 심장(heart)에 예수 그리스도 그분이 거하시도록 하는 것이다. 예수님은 이렇게 말씀하셨다. '볼지어다 내가 문밖에 서서 두드리노니 누구든지 내 음성을 듣고 문을 열면 내가 그에게로 들어가 그로 더불어 먹고 그는 나로 더불어 먹으리라'(계 3:20)."

예수 그리스도가 우리 안에 거하시면, 그분이 우리를 통해 나타나기 마련이다. 그분이 우리 안에 거하시면, 우리는 변화되지 않을 수 없다. 그분은 변화시키는 분이시기 때문이다. 그것이 바로 복음이 지닌 변화의 능력이다.

> 믿음의 사람이 사슴과 같은 신앙인으로 사는 것,
> 그것이 바로 하나님이 바라시는 것이다.
> 하나님은 그런 삶을 복되다고 하신다.

낙타 같은 신앙인, 사슴 같은 신앙인

인간은 환경을 초월하며 살아가기도 하지만, 환경에 적응하면서 살아가기도 한다. 달리 말해, 한편으로, 인간에게는 어떤 환경이 자신에게 맞지 않을 때 그것을 바꾸어 자신에게 맞는 환경으로 만들어 가는 능력이 있다. 다른 한편으로, 인간에게는 새로운 환경을 접할 때 생존을 위해 그 환경에 자신을 적응시킬 수 있는 능력도 있다. 자신이 지닌 이 두 가지의 능력으로 인해, 인간은 많은 변화에도 불구하고 생존할 수 있었고, 또 새로운 문화를 이루고 문명을 창출하며 살 수 있었다.

반면, 동물은 그렇지 않다. 동물에게는 적응능력은 있지만, 초월능력은 없다. 그래서 동물은 얼마만큼의 적응 능력을 지니고 사느냐에 따라 생존할 수도 있고, 소멸될 수도 있다. 물론, 경우에 따라서는 본래적으로 특정한 환경에서 살 수 있도록 내적으로 적응능력을 지니고 있는 동물도 있다. 그 중 하나가 바로 낙타이다.

낙타와 사슴

낙타는 속성상 물 없이도 3개월을 지낼 수 있다고 한다. 놀랍게도, 한번 물을 마시고는 자기 몸에 비축하여 그 물로 아주 오랜 시간을 버틸 수 있게 된다는 것이다. 모양이 조금 별나기는 하지만, 낙타는 물이 귀한 사막에서 살기에 적합한 능력을 지니고 있는 것이다. 아마도 그것은 사막을 위해 창조된 동물임에 틀림없다.

반면에, 다른 동물들은 그렇게 살 수 없다. 낙타를 제외하고, 3개월을 물 없이 살 수 있는 동물은 거의 없다. 대부분의 동물들은 목이 마를 때마다 수시로 물을 마셔야 살 수 있다. 그래야 생존할 수 있게 된다. 특히, 사슴은 낙타와는 다르다. 사슴은 매일 물을 필요로 한다. 필요할 때 물을 마시지 않으면 갈증을 느끼게 되고 생명이 위험할 수 있다.

살아가는 데 낙타가 물에 덜 민감하다면, 사슴은 물에 아주 민감하다. 그것이 바로 낙타와 사슴 사이의 큰 차이다.

사슴과 같은 신앙인이 되라

그런데 우리 주변을 보면, 신앙인도 그와 같이 나뉠 수 있다고 여겨진다. 교인 중에는 낙타와 같은 신앙인이 있는가 하면, 사슴과 같은 신앙인이 있는 것이다. 조셉 스토웰(Joseph M. Stowell)은 자신이 사막을 여행한 경험을 회상하면서 이렇게 말한다. "우리들 중 많은 사람들은 사슴보다는 훨씬 더 낙타와 같은 상태에 있다. 우리는 하나님에 대한 필요를 거의 의식하지 못한 채, 거의 몇 달 동안 하니님을 바라지 않고 지낸다. 실제로, 어떤 사람에게 있어서, (비록 그들이 교회에 다닌다 할지라도) 삶은 하나님을 향한 어떤 의존의식이나 열망하는 마음이 없이 장기간에 걸친 종교활동에 지나지 않는다. 문제는, 우리는 영적 사막에서 살아가도록 지음 받은 존재가 아니라는 데 있다. 우리는 우리의 영혼 속에서 하나님의 새롭게 하시는 임재에로 꾸준히 나아가 영적 만족을 얻도록 지음 받았다."

낙타와 같은 신앙인은 하나님에 대해 덜 민감하다. 그래서 대부분 일상 속에서 하나님을 등한시하면서 오랜 시간을 자신이 가진 것으로 자신이 원하는 대로 살아간다. 그러다가 에너지가 떨어져 그것이 다시 필요하다 느껴지면 다시금 하나님께 나아와 영적 만족을 구한다. 그러나 그것은 바른 신앙생활의 모습이 아니다. 하나님은 우리가 필요할 때만 찾아가 영적 필요를 채우는 영적 충전소가 아니다. 오히려 그분은 우리의 영적 삶의 토대요 영적 환경이다. 그래서 우리는 늘 그분의 은혜를 바라며 살아야 한다.

반면에 사슴과 같은 신앙인은 낙타와 같은 신앙인과는 질적으로 다르다. 늘 하나님을 갈망한다. 어떤 상황, 어떤 환경에 있든지 하나님을 찾는다. 하나님께 민감하다. 하나님이 없으면 영적으로 궁핍해져 한시도 살아갈 수 없기 때문이다. 영적으로 민감한 사람에게 영적 단절감은 말할 수 없는 큰 고통이다. 죽음과도 같은 것이다.

믿음의 사람이 사슴과 같은 신앙인으로 사는 것, 그것이 바로 하나님이 바라시는 것이다. 하나님은 그런 삶을 복되다고 하신다. 시인은 이렇게 읊는다. "너희는 내 얼굴을 찾으라 하실 때에 내 마음이 주께 말하되 여호와여 내가 주의 얼굴을 찾으리이다 하였나이다"(시 27:8). 하나님은 아모스 선지자를 통해 자신을 떠난 이스라엘 백성에게 이렇게 말씀하셨다. "너희는 나를 찾으라 그리하면 살리라"(암

5:4). 은혜는 하나님께 있지만, 우리가 그것을 받아 누리는 것은 우리의 응답적 삶을 통해서다. 그것이 은혜의 속성이다.

하나님을 찾는 일은 한 두 번하고 말거나, 특정 기간 동안 열심히 한 후 얼마동안 쉬는 것이 아니다. 늘 찾아야 한다. 그래야 살 수 있다. 그래야 영적 힘을 잃지 않게 된다. 모세는 이스라엘 백성을 향해 이렇게 말씀을 전했다.

> 너희 하나님 여호와께서 너희에게 명하신 모든 도를 행하라 그리하면 너희가 삶을 얻고 복을 얻어서 너희의 얻은 땅에서 너희의 날이 장구하리라 이는 곧 너희 하나님 여호와께서 너희에게 가르치라 명하신바 명령과 규례와 법도라 너희가 건너가서 얻을 땅에서 행할 것이니 곧 너와 네 아들과 네 손자로 평생에 네 하나님 여호와를 경외하며 내가 너희에게 명한 그 모든 규례와 명령을 지키게 하기 위한 것이며 또 네 날을 장구케 하기 위한 것이라(신 5:33-6:2).

우리는 삶을 위해 "평생에," 즉 우리가 살아가는 동안에 하나님과 관계를 맺으며 그분과 함께 살아야 한다. 때문에 신앙인이 물어야 할 첫 번째 물음은, '나는 평생 동안 어떤 방식으로 하나님을 섬기며 살 것인가' 하는 것이다.

사슴과 같은 신앙인이었던 시인

시편 42편의 시인은 하나님을 향한 자신의 목마른 심정을 이렇게 토로한다. "하나님이여 사슴이 시냇물을 찾기에 갈급함 같이 내 영혼이 주를 찾기에 갈급하니이다 내 영혼이 하나님 곧 생존하시는 하나님을 갈망하나니 내가 어느 때에 나아가서 하나님 앞에 뵈올꼬 사람들이 종일 나더러 하는 말이 네 하나님이 어디 있느뇨 하니 내 눈물이 주야로 내 음식이 되었도다"(1-3절).

시인은 하나님을 찾기게 갈급했던 사람이다. 그의 고백대로, 하나님을 향한 그의 갈급함이 말로 형용할 수 없을 만큼 컸다. 그래서 그는 자신의 그런 모습을 사슴에 비유했다. 사슴이 시냇물이 없이는 살 수 없듯이, 그도 하나님 없이는 살 수 없었다. 시냇물 없는 사슴을 생각할 수 없듯이, 하나님 없는 그도 생각할 수 없었다. 그 관계는 삶을 위해 절대적이었다.

그런데 오늘날 교인들 중에는 그 관계를 상대적으로 전락시키는 사람들이 적지 않다. 대신 다른 것을 절대적인 자리에 둔다. 그런 사람들에게 신앙은 부수적인 것이 되고, 하나님은 자신들의 삶을 위한 후원자에 지나지 않게 된다. 그리고는 뭔가 잘 되지 않으면 그것을 하나님의 탓으로 돌린다. 하나님의 교회 안에 이런 모습이 얼마나 많은가! 그런 사람들은 모두 낙타 같은 교인들이다. 예수님의 비유의 말씀처럼, 그들은 길가에 뿌려지고, 돌밭에 뿌려지고 가시떨기에 뿌려진 씨앗과 같다.

신앙은 생명이다. 그래서 시인은 주님을 찾기에 갈급했다. 사슴과 같은 신앙인에게 하나님은 살아 계신 하나님이다. 그의 최대 관심사는 하나님을 만나 그분과 동행하는 것이다. 그리워함과 갈급함의 정도가 관심의 정도를 나타낸다. 정말로 보고 싶은 사람은 사무치도록 그립다. 그리움으로 가슴이 시려진다. 시인은 하나님을 사무치게 그리워했다. 가슴 시리도록 만나고 싶어 했다.

매일 하나님을 갈망하며 살기

우리는 우리가 믿는 것을 산다. 유진 피터슨(Eugene H. Peterson)

은 이렇게 말한다. "사람들의 가치를 시험하는 한 가지 탁월한 방법은 우리가 아무 것도 할 필요가 없을 때 우리가 무엇을 하는지, 우리가 우리의 여가 시간을 어떻게 보내는지, 우리가 우리의 여분의 돈을 어떻게 쓰는지를 보는 것이다." 우리의 행동은 우리의 마음의 표현이다. 우리의 삶은 우리의 믿음의 거울이다. 그래서 우리의 삶을 보면, 우리의 믿음을 알 수 있다. 우리의 삶을 보면, 우리의 관심사를 알 수 있다. 예수님은 '입에서 나오는 것은 마음에서 나오는 것'(마 15:18)이라고 하셨고, "선한 사람은 그 쌓은 선에서 선한 것을 내고 악한 사람은 그 쌓은 악에서 악한 것"(마 12:35)을 낸다고 하셨다.

우리로 하여금 하나님의 사람이 되게 하는 것은 바로 하나님과 함께 하는 삶이다. 정기적으로 교회에 출석하고, 헌금을 드리고, 봉사를 하고, 교회의 여러 행사에 참석한다 하더라도, 그 삶에 하나님이 계시지 않으면 그는 하나님의 사람이 아니다. 이 말은 참 조심스러운 말이지만, 사실이다(마 5:17-23). 우리는 믿음에 서 있는지 늘 돌아보아야 한다. 사도 바울은 고린도 교인들을 향하여 "너희가 믿음에 있는가 너희 자신을 시험하고 너희 자신을 확증하라 예수 그리스도께서 너희 안에 계신 줄을 너희가 스스로 알지 못하느냐 그렇지 않으면 너희가 버리운 자니라"(고후 13:5)라고 말했다. 믿음생활은 늘 점검을 필요로 한다. 다른 사람이 아닌, 바로 자기 자신을 위해 자기가 정말로 참 믿음에 거하고 있는지 확인해 보아야 한다. 믿음은 하나님 나라에서의 영원한 삶과 관계가 있기 때문이다.

겉으로는 '믿는다' 고 하면서도, 속으로는 복음과 아무런 관계없이 사는 것을 '신앙인의 불신앙' 이라고 하며 '기독교적 무신론' 이라고도 한다. 영적인 면에서 볼 때, 그렇게 사는 사람은 외적으로는 산 것 같으나 실상은 죽은 것이다.

하나님은 우리 한 사람 한 사람을 절대적인 사랑으로 사랑하신다. 그분은 우리를 다른 사람과 비교하면서 상대적으로 사랑하시는 분이 아니다. 필립 얀시(Philip Yancey)는 이렇게 말한다.

> 하나님은 아흔 아홉 마리의 양을 우리 안에 남겨두고 길 잃은 한 마리 양을 찾아 여기 저기 다니는 목자와 같은 분이라고 예수님은 말씀하셨다. 예수님은 또 하나님은 착하고 순종적인 다른 아들이 있음에도 불구하고 반항적이고 배은망덕한 아들을 생각하기를 그만두지 않는 아버지와 같으신 분이라고도 말씀하셨다… 하나님은 사람들을 인종이나 유형으로 사랑하는 것이 아니라, 당신과 내가 그들을 사랑하는 것과 같이 한 번에 한 사람씩 사랑하신다. 우리는 하나님께 **중요한 존재**들이다.

우리 한 사람 한 사람 모두가 하나님께 소중하다. 그러나 하나님의 그 절대적인 사랑도 응답을 필요로 한다. 그리고 응답은 매일 매일 해야 하는 것이다.

하나님과의 친밀함은 관계를 통해서 자라간다. 목마른 사슴이 시냇물을 찾듯이, 우리가 하나님을 향해 그런 마음을 갖고 하나님 앞으로 나아갈 때 우리의 영적 삶은 생명력이 있게 된다. "나의 평생에 여호와께 노래하며 나의 생존한 동안 내 하나님을 찬양하리로다 나의 묵상을 가상히 여기시기를 바라나니 나는 여호와로 인하여 즐거워하리로다"(시 104:33-34). 시인의 이 고백이 우리의 입술의 고백이 되고, 우리의 삶의 고백이 되기를 바란다. 그렇게 되려면, 우리는 사슴 같은 신앙인으로 살아가야 한다.

> 우리가 하나님의 관점, 하나님의 비전의 각도로
> 현재의 상황과 미래를 보고 믿음을 따라 나아가면
> 하나님의 미래는 우리의 것이 된다.
> 우리의 삶은 하나님의 계획안에 있다.

두 관점

 고등학교 시절, 수학을 가르쳤던 선생님들 중에 수업시간에 종종 다음과 같은 말씀을 하시던 선생님이 있었다. 그 선생님은 공부하기 싫어하는 우리를 향해 흑판에 커다란 원 하나를 그리고는 이렇게 물으셨다. "이것이 무엇이라고 생각하나?" 그러면 우리는 잠시 머뭇거리다가 선생님의 물음에 답을 하기 시작했다. "둥근 달 같아요." "풍선 같아요." "반지 같아요." "그냥 원이에요."

 이런 저런 우리의 생각을 말할 때, 그 선생님은 그것에 대한 대답은 하지 않으시고 갑자기 이렇게 이야기했다. "양상은 같다고 본다. 결과는 너희들이 어떻게 생각하고 어떻게 보느냐에 따라 달라진다…너희들은 새싹이 돋고 꽃이 피는 봄은 그것들을 보느라 공부를 못하겠다고 하고, 여름은 더워서 공부하기 힘들다고 한다. 단풍들고 낙엽 지는 가을은 로맨틱해져서 못하겠다고 하고, 겨울은 날씨가 추워서 공부를 못하겠다고 한다. 그러면, 공부는 언제 할 수 있겠나? 환경에 상관하지 말고 공부해라. 모든 것은 생각하기 나름이고 보기 나름이다."

우리는 이런 이야기를 그 선생님의 수업시간마다 자주 들었다. 그런데 여기서 "생각하기 나름이고 보기 나름이다"라는 말은 일종의 관점에 관한 언급이다. 그것은 '생각과 봄의 방식'을 말한다.

삶과 관점

어떤 사물을 볼 때, 어느 쪽에서 보느냐에 따라 그 모습이 사뭇 다르게 보인다. 보는 각도에 따라 모습이 다르게 보이는 것이다. 그래서 사물은 봄의 위치에 따라 다르게 보인다. 상황에 대한 이해도 마찬가지이다. 우리가 상황을 어떻게 이해하고 어떻게 보느냐에 따라 인식의 결과에 차이를 낳는다. 그래서 관점의 차이를 낳는 것 중에 하나가 바로 생각이며, 봄의 각도이다.

우리는 일생동안 저마다 나름의 관점을 가지고 산다. 사람들이 가지고 사는 관점은 일반적인 면들도 있지만, 각기 독특한 것도 사실이다. 성장 과정이나 배경 또는 문화에 따라 각기 다를 수 있다. 그래서 우리는 관점의 차이를 인정하며 살 필요가 있다. 모두 다 나와 같을 수 없을 뿐더러, 내가 가진 관점이 다른 사람들의 관점보다 낫다는 보장이 없기 때문이다.

이런 면은 하나님께도 해당된다. 하나님의 관점은 우리의 관점과 다르다. 하나님은 이사야 선지자를 통해 이렇게 말씀하셨다. "내 생각은 너희 생각과 다르며 내 길은 너희 길과 달라서 하늘이 땅보다 높음 같이 내 길은 너희 길보다 높으며 내 생각은 너희 생각보다 높으니라"(사 55:8-9). 하나님의 생각이 우리의 것과 다른 것은 관점의 차이에서 비롯된다.

관점과 세계관

생각은 대부분 생각하는 이의 세계관에 근거한다. 관점도 세계관에 근거한다. 세계관(worldview)은 세상을 보는 방식을 말한다. 브라이언 월쉬(Brian J. Walsh)와 리차드 미들턴(J. Richard Middleton)은 이렇게 말한다.

> 세계관은, 우리가 그것이 실제적인 삶의 방식으로 구현되고 구체화되고 되는 것을 볼 때 가장 잘 이해된다. 세계관은 신학이나 철학과 같은 사상 체계라기보다는 오히려 인식의 틀(perceptual framework)이다. 그것은 (사물을 보는) 봄(seeing)의 방식이다. 만일 우리가 사람들이 보는 것을 이해하거나 사람들이 얼마나 잘 보는가를 이해하기 원한다면, 우리는 그들이 어떻게 행동하는가를 볼 필요가 있다. 만일 그들이 특정한 대상들과 부딪치거나 그것들에 채여 비틀거린다면, 우리는 그들이 그것들을 모르고 있다고 가정할 수 있다. 바꿔 말하면, 그들의 눈은 아마도 어떤 다른 대상들을 볼뿐만 아니라 그것들에 잠겨 있는 것이다.

관점의 차이는 대부분 세계관에서 비롯되며, 관점은 세계관에 의해 영향을 받는다. 그래서 우리가 인간답고 풍성한 삶을 살기 원한다면, 좋은 세계관을 습득하고 그것에 영향을 받으면서, 그것에 따라 살 필요가 있다.

그리스도인의 삶은 하나의 세계관에 따른 삶이다. 그 세계관은 하나님의 세계관이며, 그것은 성서에 근거한다. 그러므로 우리의 삶이 성서적·기독교적 세계관에 근거하지 않거나 그것에 부합되지 않는다면, 우리의 삶은 실제적으로 기독교적(Christian)이라고 말할 수 없다.

하나님의 세계관은 우리의 세계관과는 다르다. 실제로 우리는 성서를 읽어갈 때, 하나님의 생각과 관점이 인간의 그것들과 다른 경우가 많이 있음을 보게 된다. 따라서 하나님 앞에서 바른 삶을 살고자 한다면 우리는 하나님의 세계관을 따라야 한다. 하나님의 사람들은 하나님의 관점, 즉 하나님의 눈으로 세상과 상황, 그리고 사물과 삶을 보는 사람들이다. 예수 그리스도를 따라가는 그리스도인들은 성령의 도우심과 인도하심을 받으면서 예수 그리스도의 관점으로 세상을 보는 사람들이다. 하나님의 관점이 아닌 그리고 예수 그리스도의 관점이 아닌, 세상의 관점으로 그리고 우리 자신들의 관점으로 살아가면, 우리의 삶은 하나님의 뜻에 부합한 삶이 될 수 없다. 복음에 합당한 삶이 될 수 없다.

우리의 삶 속에서 하나님의 관점이 아닌, 우리의 관점이 지배적이 될 때, 우리는 우리의 삶 속에서 하나님을 제외시키는 결과를 초래하게 된다. 아담과 하와의 경우가 그 좋은 예이다. 우리가 그들과 같이 살아가면, 결과적으로 우리 자신이 우리 인생의 주인이 되고 만다. 그러나 하나님이 없는 우리의 삶은 바를 수 없다. 삶의 기준을 상실하기 때문이다.

사람의 관점으로 볼 때 무모하거나 불가능하게 보이는 것이 하나님의 관점에서 보면 지극히 일반적이거나 가능한 것일 수 있다. 반대로, 사람의 관점으로 볼 때 바르게 보이는 것이 하나님의 관점으로 보면 그른 것들이 많이 있다(잠 14:12; 16:25). 그래서 우선적으로 하나님의 뜻이 무엇인지 분별하는 눈을 기르는 일이 필요하다.

믿음의 사람들의 관점

민수기 13장에 나오는 이야기다. 이스라엘 백성이 애굽에서 나온 후 광야를 지나 바란 광야에 도달하게 되었다. 그 때 모세가 하나님의 명을 받아 각 지파 중에서 족장된 자 한 사람씩을 뽑아 정탐을 하도록 가나안에 보냈다. 그들은 곧바로 가나안으로 들어가 그곳을 탐지하였다. 그들의 눈에 보이는 가나안과 그곳에 사는 사람들은 자신들과는 사뭇 달랐다. 그곳의 사람들은 자신들과는 비교가 안 될 정도로 강해 보였고, 지역적으로도 풍족해 보였다. 그들은 가나안의 상황에 완전히 압도당했다.

40일 동안 가나안 땅을 탐지하고 돌아온 열두 사람들 중 열 사람은 자신들의 정탐 결과를 보고하면서 자신들의 입장(관점)에서 부정적으로 보고한다. 그들은 모세에게 그 곳에서 따온 실과를 보이면서 이렇게 말한다. "당신이 우리를 보낸 땅에 간즉 과연 젖과 꿀이 그 땅에 흐르고 이것은 그 땅의 실과니이다 그러나 그 땅 거민은 강하고 성읍은 견고하고 심히 클 뿐 아니라 거기서 아낙 자손을 보았으며 아말렉인은 남방 땅에 거하고 헷인과 여부스인과 아모리인은 산지에 거하고 가나안인은 해변과 요단 가에 거하더이다"(27-29절). 한마디로 말해, 자신들로서는 가나안 땅을 정복한다는 것은 무리일 뿐만 아니라 불가능하니 꿈도 꾸지 말라는 이야기였다.

그들은 모두 각 지파의 지도자들이었다. 각 지파를 대표하고 이끄는 수장들이었다. 그러니 그들의 지도력에는 하나님의 자리가 없었다. 그들은 하나님의 관점과 입장이 아닌, 자신들의 관점과 입장에서 상황을 보고 이해했다. 그들은 하나님의 능력이 아닌, 자신들의 능력을 의지하는 사람들이었다. 때문에 그들이 그렇게 본 것은 당연한 것이었다.

그 때 갈렙이 모세 앞에서 동요하는 백성들을 안심시키며 "우리가 곧 올라가서 그 땅을 취하자 능히 이기리라"(30절)라고 말한다. 하지만 한번 겁에 질린 그들의 귀에는 그의 말이 옳게 들릴 리가 없었다. 오히려 그들은 갈렙의 말을 반박했다(31절). 뿐만 아니라 자신들이 탐지한 땅을 악평하면서, "우리가 두루 다니며 탐지한 땅은 그 거민을 삼키는 땅이요 거기서 본 모든 백성은 신장이 장대한 자들이며 거기서 또 네피림 후손 아낙 자손 대장부들을 보았나니 우리는 스스로 보기에도 메뚜기 같으니 그들의 보기에도 그와 같았을 것이니라"(32-33절)라고 그들은 부정적으로 말한다.

그로 인해 이스라엘 온 회중들은 크게 소리 높여 부르짖으면서 밤새도록 통곡했다. 뿐만 아니라 그들은 모세와 아론, 게다가 자신들을 애굽에서 이끌어 내신 여호와 하나님을 원망하면서 새로운 지도자를 뽑아 애굽으로 돌아가자고 했다. 그들의 말을 듣고 있던 여호수아와 갈렙은 분을 삼키며, 그곳은 하나님이 주신 약속의 땅이며 하나님께서 함께 하시기 때문에 두려워할 필요가 없음을 역설했다. 하지만 오히려 그들은 그 두 사람을 죽이려 했다. 그때 여호와 하나님이 영광 중에 나타나시며 모세를 향해 "이 백성이 어느 때까지 나를 멸시하겠느냐 내가 그들 중에 모든 이적을 행한 것도 생각하지 아니하고 어느 때까지 나를 믿지 않겠느냐"(민 14:11)라고 말씀하셨다.

하나님의 눈으로

인간적인 관점에서 볼 때 그리고 외적으로 볼 때, 그것은 실제로

4. 두 관점

불가능할 수도 있었다. 그러나 하나님의 관점, 믿음의 관점에서 볼 때 그것은 가능했다. 여호수아와 갈렙은 다른 열 사람과는 생각이 달랐다. 보는 관점이 달랐다. 그들은 자신들의 관점이 아닌, 하나님의 관점, 믿음의 관점에서 상황을 보고 이해했다. 하나님의 말씀에 순종하는 입장에서 상황을 이해했다. 이것이 바로 믿음의 사람들의 태도다. 이것이 바로 관점의 차이다.

생각의 차이가 행동의 차이를 낳듯이, 관점의 차이가 결과의 차이를 낳는다. 미래가 아무리 좋게 열려져 있어도 우리가 비전의 각도를 그 좋음에 제대로 맞추어 보지 못할 때 그 좋음은 우리의 것이 될 수 없다. 그러나 그 각도를 바르게 맞추고 앞을 향해 전진해 가면 거기 비전 속에 담겨져 있는 미래는 우리의 것이 된다. 하나님의 인도하심과 능력 안에서 그렇게 된다.

우리가 하나님의 관점, 하나님의 비전의 각도로 현재의 상황과 미래를 보고 믿음을 따라 나아가면 하나님의 미래는 우리의 것이 된다. 우리의 삶은 하나님의 계획안에 있다. 하나님의 궁극적 미래는 하나님의 나라의 완성이다. 하나님은 그 나라가 완성될 미래를 위해 오늘도 우리 가운데에서 일하신다. 우리가 믿음 안에서 그 나라를 위해 살면 우리는 그 나라의 백성으로 살게 된다.

우리는 인간적인 관점이나 우리 자신의 관점이 아닌, 하나님의 관점으로 우리의 삶과 상황을 볼 필요가 있다. 우리는 모두 하나님의 관점, 하나님의 시각으로 이 세상을 보는 삶을 회복할 필요가 있다. 예수 그리스도를 믿는 믿음 안에서 우리는 하나님의 백성이며 그 분의 자녀들이기 때문이다.

우리에게 모든 우선적인 것의 토대이신 궁극적인 하나님과 더불어,
우리는 우리에게 우선적인 다른 일들을 돌보며 살아가야 한다.
그렇게 사는 삶은 시간이 흘러도 결코 잊혀지지 않는,
복되고 아름다운 흔적을 남기는 삶이다.

삶에서 우선적인 것들

    토니 캠폴로(Tony Campolo)라는 사람이 있다. 다음은 그가 들려주는 이야기이다.

    어린 시절 그에게는 위대해 보였던 한 사람이 있었다. 그의 이름은 에드윈 베일리(Edwin Bailey)였고, 그는 필라델피아에 위치한 프랭클린 연구소(the Franklin Institute) 내의 천문대를 관리하는 일을 했다. 캠폴로는 그와 함께 시간을 보내기 위해 주말마다 그곳으로 가곤 했다. 캠폴로는 베일리의 해박한 지성에 매료되었다. 어린 시절, 그에게 있어서 베일리는 거의 모든 것을 아는 것처럼 여겨졌다.

    캠폴로는 베일리가 죽을 때까지 친분을 유지했는데, 그는 베일리가 뇌졸중으로 병원에 입원해 있을 때 그를 방문했다. 그리고 그는 말을 적게 하려고 하면서, 그가 방문했던 여러 곳과 그가 공항으로부

터 베일리가 누워있는 병실로 어떻게 왔는지에 대해 이야기했다.

베일리는 그의 말을 다 들은 후. 약간 냉소적인 태도로 이렇게 말했다. "자네는 지금부터 몇 년 뒤에는 자네의 이름을 기억조차 못할 사람들을 찾아 세상 곳곳을 다니고 있네. 그러면서도 자네는 정말로 자네를 염려해 주는 사람들을 위해서는 시간을 남겨 두지는 않지." 그의 짧은 이 말은 캠폴로의 마음을 두드렸고, 그의 삶을 바꾸어 놓았다. 베일리의 말대로, 캠폴로는 자신의 귀중한 시간을 자신의 삶에 별다른 의미를 주지 못하는 사람들을 위해 소비하면서도 자신에게 소중한 사람들을 위한 시간은 무시해 왔었다.

어느 날, 그의 친구들 중 한 사람이 백악관으로부터 전화 한 통을 받았다. 그 내용인즉, 미국의 대통령과 만나 어떤 일에 대해 상담을 해 달라는 것이었다. 그러나 그는 정중히 그 제안을 거절했다. 왜냐하면 그 날은 그가 자신의 손녀와 함께 해변으로 놀러 가기로 약속한 날이었기 때문이다. 정부는 그 사람이 없이도 잘 돌아갔고, 대통령은 그를 그리워하지도 않았으며, 그의 손녀는 그와 함께 아주 유익한 시간을 보냈다.

캠폴로는 이 이야기를 하면서, 이렇게 말한다. "우리는 우선적인 일들(first things)을 먼저 해야 한다"(Alice Gray).

삶과 우선 순위

인간의 삶은 유한하다. 이 말은, 우리의 삶은 필연적으로 선택적일 수밖에 없다는 말이기도 하다. 우리의 삶이 선택적일 수밖에 없는 것은, 우리는 우리가 원하는 것을 모두 하면서 살 수 없을 뿐만 아니라, 모든 일이 동일한 가치를 지니는 것이 아니기 때문이다. 그래서 우리는 우리의 삶에서 꼭 해야 하고 또 중요하게 여겨지는 것들을 우선적으로 하며 살지 않으면 안 된다.

삶의 우선 순위를 잃어버리는 것은 우리의 삶을 잘 가꾸지 않는 것이다. 잘못된 우선 순위 설정이나 적절하지 못한 선택으로 인해, 더 나아질 수 있는 우리의 삶을 그렇게 되지 못하게 하는 것이다. 우리의 삶의 많은 부분은 우리의 선택과 그 선택에 근거하여 최선을 다해 영위해 갈 때 많이 달라질 수 있다. 우리에게는 하나님으로부터 부여받은 잠재력이 있다. 그것은 우리의 삶의 모습에 따라 다르게 나타난다. 그래서 만일 우리의 삶이 소중한 시간을 허비하며 사는 사람들의 그것과 같지 않으려면, 삶의 바른 우선 순위를 정하고 그것에 근거하여 살아가는 지혜가 필요하다.

삶의 우선 순위는 관심사나 삶의 상황에 따라 저마다 다를 수 있고 또 다르다. 어떤 일이 한 사람에게는 우선적인 일이 될 수 있지만, 다른 사람에게는 관심 밖의 일일 수 있다. 마찬가지로, 어떤 일이 한 사람에게는 별로 중요하지 않을지 몰라도, 다른 사람에게는 인생에서 가장 중요하고 우선적인 일일 수 있다. 하지만, 각자의 이런 차이에도 불구하고, 그리고 우리의 인정하는 마음과는 상관없이, 본질상 우선적인 것으로 제시되는 경우도 있다. 하나님의 사람들에게는 더욱 그렇다.

인간과 하나님 그리고 그분의 나라

인간에게 가장 우선적인 것과 관련하여, 성서는 하나님을 사랑하고 섬길 뿐 아니라 그분의 뜻과 그분의 나라를 구하며 사는 것이라고 말한다. 모세는 이스라엘 백성을 향해 이렇게 설교한다. "이스라엘아 네 하나님 여호와께서 네게 요구하시는 것이 무엇이냐 곧 네 하나님 여호와를 경외하여 그 모든 도를 행하고 그를 사랑하며 마음을 다하고 성품을 다하여 네 하나님 여호와를 섬기고 내가 오늘날 네 행복을 위하여 네게 명하는 여호와의 명령과 규례를 지킬 것이 아니냐"(신 10:12-13).

하나님께서 인간을 창조하신 일차적인 목적은 인간으로부터 영광을 받으시고, 인간과 교제하며, 인간으로 하여금 창조세계를 돌보게 하시기 위함이다. 그래서 인간의 삶의 바탕을 이루는 것은 하나님을 섬기며 사는 것이다.

그런데 성서에서 하나님을 섬기는 삶은 필연적으로 정의의 차원을 지닌다. 그래서 정의가 결여된 섬김은 거짓된 섬김이다. 하나님은 이사야 선지자를 통해 이런 말씀을 주셨다.

> 여호와께서 말씀하시되 너희의 무수한 제물이 내게 무엇이 유익하뇨 나는 수양의 번제와 살진 짐승의 기름에 배불렀고 나는 수송아지나 어린 양이나 수염소의 피를 기뻐하지 아니하노라 너희가 내 앞에 보이러 오니 그것을 누가 너희에게 요구하였느뇨 내 마당만 밟을 뿐이니라 헛된 제물을 다시 가져오지 말라 분향은 나의 가증히 여기는 바요 월삭과 안식일과 대회로 모이는 것도 그러하니 성회와 아울러 악을 행하는 것을 내가 견디지 못하겠노라 내 마음이 너희의 월삭과 정한 절기를 싫어하나니 그것이 내게 무거운 짐이라 내가 지기에 곤비하였느니라 너희가 손을 펼 때에 내가 눈을 가리우고 너희가 많이 기도할지라도 내가 듣지 아니하리니 이는 너희의 손에 피가 가득함이니라(사 1:11-15).

당시 이스라엘 백성은 입으로는 하나님을 가까이 하며 입술로는 하나님을 존경한다고 했다. 하지만, 실제로 그들의 마음은 하나님으로부터 멀리 떠나 있었다(사 29:13). 우리의 삶에도 이런 위선적인 모습이 있다. 신앙 고백 따로, 삶 따로 가는 모습이 있다. 한 가지 분명한 것은, 그런 삶은 하나님이 인정하는 삶이 아니라는 것이다(시 1:6).

하나님을 참되게 섬기는 삶은 하나님께 온전히 다스림을 받으며 사는 것을 말한다. 그런 삶에는 거짓이 없다. 다윗은 이렇게 읊는다. "여호와의 산에 오를 자 누구며 그 거룩한 곳에 설 자가 누군고 곧 손이 깨끗하며 마음이 청결하며 뜻을 허탄한데 두지 아니하며 거짓 맹세치 아니하는 자로다 저는 여호와께 복을 받고 구원의 하나님께 의를 얻으리니 이는 여호와를 찾는 족속이요 야곱의 하나님의 얼굴을 구하는 자로다(셀라)"(시 24:3-6). 하나님은 우리의 바르고 정의로운 삶만을 받으신다.

인간의 삶에서 가장 우선적인 것과 관련하여, 예수님은 "너희는 먼저 그의 나라와 그의 의를 구하라 그리하면 이 모든 것을 너희에게 더하시리라"(마 6:33)라고 말씀하셨다. 실제로, 하나님의 나라는 기독교 신앙의 중심 주제이다. 따라서 피조물인 인간이 창조주 하나님 앞에서 가장 먼저 구해야 하는 것은 다름 아닌 하나님을 사랑하는 것이며 도래하고 있는 그분의 나라에 응답하는 것이다.

오늘날 많은 사람들은 영적으로 하나님으로부터 멀다. 하나님의 백성은 백성대로, 하나님을 인정하지 않고 사는 사람들은 그들 나름대로, 하나님으로부터 멀리 있다. 그것은 자기들이 자기 인생의 주인으로 살아가기 때문이다. 그런 사람들은 오직 자기 자신에게만 관심을 둔다. 그런 삶에서 하나님은 자기의 관심사를 이루는 수단으로 전락하게 된다. 캘빈 드위트(Calvin B. DeWitt)는 다음과 같이 말한다. "우리 인간들은 선택을 한다. (인류 역사의) 처음부터 계속해서, 우리는 선(good)과 악(evil)을 아는 선택을 했다. 지난 몇 세기에, 우리는 오래 동안 부도덕한 것으로 여겨진 탐욕과 욕심을 덕으로 재정의하는 선택을 해왔다. 자기의 이익만을 생각하는 것은 점점 더 자기(self)를 위하는 것을 뜻한다고 우리는 믿게 되었다. 우리는 이기주의(self-interest, 이기주의는 자기에 대한 지나친 관심에서 나온다-주)는 최고의 선을 가져오는 것이다 라고 고백한다. 나를 위해 하는 선택들로 인해, 창조세계와 창조자를 위해 하는 선택들이 침해당하고 있다." 오늘날 우리의 관심, 우리의 선택의 중심에는 '나'(I)가 있다. 나 외의 모든 것은 주변적이거나 부수적인 것으로 여겨진다.

하나님으로부터 멀리 있는 사람들에게 필요한 것은 하나님께로 가까이 나아가는 것이다. 우리가 하나님께 가까이 나아가면 그분은 우리를 포근히 맞아주신다(사 55:13). 하나님이 우리 인생에서 가장 우선적인 분이 될 때, 우리는 그분의 확실한 은혜를 입게 된다.

하나님께 우선적인 것들

하나님께도 일차적이고 우선적인 일들이 있다. 그러면, 하나님께 있어서 최고의 관심은 무엇일까? 그것은 하나님 나라 안에서 인간을 포함하여 창조세계의 모든 만물이 새롭고 좋게 되는 것이다. 하나님의 일차적인 관심은 바로 거기에 있다. "땅과 거기 충만한 것과 세계와 그 중에 거하는 자가 다 여호와의 것"(시 24:1)이기 때문이다. 하나님의 나라는 예수님의 메시지의 핵심이었다. "요한이 잡힌 후 예수께서 갈릴리에 오셔서 하나님의 복음을 전파하여 가라사대 때가 찼고 하나님 나라(the kingdom of God)가 가까왔으니 회개하고 복음을 믿으라 하시더라"(막 1:14-15). 우리가 하나님 나라 안에 있듯이, 창조세계도 하나님의 나라 안에 있다. 하나님의 창조세계는, 그분에게 몸(body)과 같은 것이다. 그런 점에서, 샐리 맥패이그(Sallie

McFague)가 지구를 "하나님의 몸"(the body of God)으로 비유하는 것은 적절하다.

우리가 우리의 몸을 가꾸고 돌보듯이, 하나님도 자신의 몸인 창조 세계를 가꾸시고 돌보신다. 하나님은 세상을 사랑하신다. 그래서 세상을 구속(redemption)하시기 위해 예수 그리스도를 보내 주셨다(요 3:16-17). 하나님은 지금도 죄로 물든 세상을 새롭게 하고 회복시키기 위해서 역사 안에서 활동하신다. 하나님 나라의 완성을 위해 일하시고 계신다.

모든 만물 가운데에서도 하나님은 유난히 인간에게 관심이 많으시다. 우리는 하나님의 특별한 관심을 받고 사는 귀한 존재들이다. 인간은 하나님의 형상을 따라 지음 받은 귀한 존재, 하나님과 영적인 교제를 이룰 수 있는 능력을 지닌 특별한 존재이기 때문이다. 그래서 "하나님은 모든 사람이 구원을 받으며 진리를 아는데 이르기를 원하"신다(딤전 2:4). 우리는 하나님의 사랑을 받고 사는 특별한 존재이다. 이 얼마나 기쁘고 놀라운 이야기인가! 그러나 이 특별성은 우리가 하나님께로 나아갈 때에만 빛을 발할 수 있다.

우리에게 우선적인 다른 것들

하나님 외에, 우리에게는 하나님이 주신 많은 우선적인 것들이 있다. 가정이 있고 친구가 있으며 이웃이 있다. 하나님께서 그들을 사랑하며 돌보시듯, 그들은 모두 우리가 사랑하고 돌보며 살아야 하는 관계의 대상들이다. 그들을 위해 시간을 내고 삶으로 헌신하는 것은 귀한 일이다. 우리의 삶과 우리가 사는 세상은 그런 삶을 통해 더욱 풍성해진다.

하나님의 사람으로서 우리에게 또 하나의 우선적인 것이 있다. 바로 하나님의 백성이요 그리스도의 몸인 교회이다. 우리가 속한 신앙의 공동체이다. 교회 역시 우리의 삶에서 우선적인 것으로 자리해야 한다. 교회를 세우고 섬기는 일은 그 머리이신 예수 그리스도를 섬기는 것이요, 그분의 아버지요 우리의 창조주이신 하나님을 섬기는 것이 된다. 그런 삶은 결코 헛되지 않는다.

우리에게 모든 우선적인 것의 토대이신 궁극적인 하나님과 더불어, 우리는 우리에게 우선적인 다른 일들을 돌보며 살아가야 한다. 그렇게 사는 삶은 시간이 흘러도 결코 잊혀지지 않는, 복되고 아름다운 흔적을 남기는 삶이다.

> 하나님을 참되게 존중하는 사람은 하나님의 이름을 결코 망령되게 부르지 않는다. 하나님을 경외하는 사람은 하나님의 권리와 명예를 존중하며 산다. 그것이 하나님의 형상을 따라 지음을 받은 인간이 추구하며 살아야 하는 바른 삶의 모습이다.

하나님의 형상, 사람의 모습

오늘날 전 세계적으로 많이 회자되는 말들 중 하나는 '권리'라는 말이다. 사전적인 의미로, 권리는 '어떤 일을 자유로이 행하거나 타인에 대하여 당연히 주장하고 요구할 수 있는 힘이나 자격'을 뜻한다. 이 정의에 따르면, 권리는 기본적으로 인간 중심적 개념이다. 그래서 권리 하면 먼저 인권을 떠올린다. 그러나 오늘날 권리라는 말은 인간의 범주를 넘어 더 폭넓게 사용되고 있는 것이 현실이다. 즉, 동물이나 환경과 관련하여서도 권리라는 말이 사용된다. 생태계의 문제가 심각한 수준에 이른 오늘날에 이런 강조는 꼭 필요한 것으로 여겨진다.

그런데, 이처럼 사람들이 여러 형태의 권리를 주장하면서도, 그 모든 것의 근원인 '하나님의 권리' 즉 신권에 대해서는 완전히 무시하고 함구하는 것은 커다란 모순이다. 인간의 이런 삶은 오늘날 우리가 살아가는 세상이 그만큼 인본주의적임을 말해 준다.

모든 것은 하나님으로부터 왔다

성서는 인간이 하나님에 의해 창조된 하나님의 피조물이라고 분명하게 말한다. "하나님이 가라사대 우리의 형상을 따라 우리의 모양대로 우리가 사람을 만들고…하나님이 자기 형상 곧 하나님의 형상대로 사람을 창조하시되 남자와 여자를 창조하시고"(창 1:26-27). "여호와 하나님이 천지를 창조하신 때에 천지의 창조된 대략이 이러하니라"(창 2:4). "땅과 거기 충만한 것과 세계와 그 중에 거하는 자가 다 여호와의 것이로다"(시 24:1).

이런 말씀들은 사람을 포함하여 이 우주 가운데 있는 모든 것이 하나님의 소유라는 선언이다. 그래서 그 모든 것이 하나님께 속하고, 이 세상의 모든 것에 대한 권리는 오직 이 세상을 지으신 하나님께만 있다는 것이다. 이런 점에서, 인간은 창조주 하나님과 관련하여서만 의미와 가치를 지닌다. 인간은 하나님으로부터 왔기 때문이다.

인간은 아무 것도 자기 스스로 지닌 것이 없다. 모두 하나님으로부터 받은 것이다. 생명을 받았고 삶을 받았다. 영혼을 받았고 몸을 받았다. 가족을 받았고 삶의 환경을 받았다. 직업을 받았고 물질을 받았다. 이런 '받음'의 토대는 하나님의 창조이다. 그 모든 것들은 하나님께서 창조하신 피조물에 근거한 것들이다. 그래서 인간이 이 땅에서 자기의 생명이 다하게 되면, 받은 것을 모두 하나님께 되돌리고 온 곳으로 간다. 빈손으로 왔다가 빈손으로 가는 것이다.

하나님의 권리, 사람의 권리

　이런 점에서, 인간의 권리는 하나님의 권리에 종속된다. 하나님의 권리는 인간의 권리에 우선하고 비교할 수 없을 만큼 존엄하다. 아무리 인간이 존엄한 존재라 해도, 인간은 인간이다. 인간 그 이상일 수 없다. 인간이 존엄한 존재라는 것은 대인(interpersonal) 개념이며 피조물과 관련되어 있다. 시인은 "저를 천사보다 조금 못하게 하시고 영화와 존귀로 관을 씌우셨나이다 주의 손으로 만드신 것을 다스리게 하시고 만물을 그 발 아래 두셨으니"(시 8:5)라고 읊었다. 인간은 천사보다 못하다. 하나님은 "만물을 그 발 아래 두셨지만," 하나님은 인간을 자신의 발 아래 두셨다. 하나님과 인간 사이에는 존재론적이고 질적인 차이가 있다. 그래서 인간은 하나님께 대해서는 권리를 주장할 수 없다. 물론 인간은 존엄한 존재이다. 그러나 피조물인 인간의 존재는 창조주 하나님 안에서만 본래적인 의미를 지닌다.
　인간에 대한 이해의 지평을 이 세상에 한정하고 또 인간을 만물의 척도로 여기는 한에서, 인간은 가장 고귀한 존재이다. 그러나 인간이 영원하신 창조주 하나님과 관련하여 자신의 자리를 설정하면, 인간은 일개 피조물에 불과하다. 하나님의 생기가 없다면, 인간은 흙이다(창 2:7). 아무 것도 아닌 것이다. 이런 점에서, 인간이 만물의 척도가 아니라, 하나님이 척도이다. 그분은 창조주이시기 때문이다.
　하나님을 저버린, 그래서 인간의 권리가 최고라고 여기는 교만한 현대 인간에게는 불쾌하게 들릴지 모르겠지만, 하나님의 권리는 인간의 생명을 다루시는데도 관계가 있다. 하나님께는 인간을 '살릴 능력'도 있고 '죽일 능력'도 있다. 뿐만 아니라, 하나님께는 '살릴 권리'도 있고 '죽일 권리'도 있다. 만물은 하나님의 것이기 때문이다.

그것은 하나님의 전적인 자유이며 하나님의 영역이다. 특히, 하나님의 섭리와 신권을 침해하는 인권은 어떤 것이라도 심판의 대상이다. 신권은 인권에 우선하며, 인권은 신권의 지배를 받는다.

구약에서 하나님이 이스라엘로 하여금 이방 민족을 죽이라고 명하는 것과 관련하여, "왜 죄 없는(innocent) 어린이들이 죽임을 당해야 하는가?"라는 질문을 받았을 때, 노만 가이슬러(Norman L. Geisler)는 이렇게 대답한다. "기술적으로 말해서, 진정으로 죄가 없는 사람은 아무도 없다는 것을 기억해야 한다. 시편 51편에서, 우리는 죄 가운데서 태어난다고 성서는 말한다. 즉, 우리는 반항하고 범죄를 저지를 성향을 지니고 태어난다. 또 우리는 생명에 대한 하나님의 주권을 명심할 필요가 있다. 한 무신론자가 언젠가 논쟁 중에 이 문제를 제기했다. 그 때 나는 이렇게 대답했다. '하나님은 생명을 창조하셨고 그분은 그것을 취하실 권리를 갖고 계신다. 만일 당신이 생명을 창조할 수 있다면, 당신은 그것을 취할 권리를 가질 수 있다. 그러나 만일 당신이 그것을 창조할 수 없다면, 당신에게는 그럴 권리가 없다. 그러자 청중이 박수를 보냈다.'" 하나님은 인간의 그리고 모든 만물의 생사화복의 권리를 갖고 계신다. 그것이 성서의 주장이다.

사람이 자신의 형상을 따라 하나님을 만들어 가고

자기 중심적인 인간이 저지르는 가장 큰 잘못들 중 하나는 하나님을 자신이 원하는 대로 만들어 가는 것이다. 다시 말하면, 인간이 자기의 형상을 따라 하나님을 만들어 가는 것이다. 이런 모습은 교회 안에도 있고 교회 밖에도 있다. 하나님 앞에 바로 서지 못하는 인간은 늘 그렇다. 그 대표적인 예가 애굽에서 나와 가나안으로 가고 있던, 광야의 아론과 이스라엘 백성이다(출 32장). 모세가 하나님의 부르심을 받아 시내산에 올라 오랜 동안 돌아오지 않자, 그들의 마음은 불안해졌다. 그래서 그들은 금송아지를 만들어 자신들의 신으로 삼았다. "아론이 그들의 손에서 그 고리를 받아 부어서 각도로 새겨 송아지 형상을 만드니 그들이 말하되 이스라엘아 이는 너희를 애굽 땅에서 인도하여 낸 너희 신이로다 하는지라"(출 32:4). 그 때 하나님은 진노하셨다.

  인간은 하나님의 형상을 따라 지음을 받았다고 성서는 분명하게 말한다(창 1:26-27). 즉, 인간이 자신의 형상을 따라 하나님을 만든 것이 아니라, 하나님이 자기의 형상을 따라 인간을 만드셨다는 것이다. 이것이 성서적 신앙의 기본적인 바탕이요 출발점이다. 따라서 그리스도인들은 인간의 형상을 따라 하나님을 만들어 가는 잘못된 문화를 거부해야 한다. 그것이 바른 신앙이다. 이런 맥락에서, 노만 가이슬러는 이렇게 말한다. "성서는 하나님이 자신의 형상을 따라 인간을 지으셨다고 선언한다(창 1:26). 그러나 현대 신학은 그 경의(the compliment)를 응수해왔다. 우리의 형상을 따라 하나님을 만들어 가는 데는 심각한 위험이 있다. 이런 것은 살아 계신 하나님으로부터 뒤돌아서는 불신자들에게서나 기대할 수 있는 것이며 그들 자신의 욕망에 따라 하나님을 만들어 가는 것이다(롬 1:21 참조). 그러나 그리스도인들은 영원하신 하나님의 본성을 바꾸지(tamper) 말아야 한다(딤전 1:17). 하나님은 그분 자신이 존재하는 대로 계시하는 분이지, 우리가 그분이 존재하기를 바라는 대로 존재하는 분이 아니시다." 인간이 자신 안에 있는 하나님의 형상을 부정하거나 그것을 격하시키는 것은 자신의 이익을 위해서다. 자신이 얻기 원하는 것을 위해 하나님을 부인하거나 그분의 형상을 저버리는 것이다.

하나님을 떠날 때 인간은 늘 자기 우상화에 빠진다. 하나님 앞에서 타락한 인간은 하나님의 형상을 잃어버렸다. 하나님의 형상을 잃어버린 인간은 늘 하나님의 형상을 왜곡해 간다. 때문에 하나님 안으로 들어와 다시 새로운 인간이 되지 않는 한에서, 인간은 늘 자신의 형상을 따라 하나님을 만들어가게 된다. 타락한 인간은 자신을 제대로 알지 못한다. 성서에서 인간이 자신을 아는 것은 하나님을 아는 것에 기초한다. 그래서 우리가 우리를 알려면 하나님을 알아야 한다. 죄의 노예 상태에 있으면, 사탄이 가르치는 대로 살아간다. 즉, 하나님의 형상과 자신의 모습을 왜곡하며 산다. 사도 바울은 이렇게 말한다. "썩어지지 아니하는 하나님의 영광을 썩어질 사람과 금수와 버러지 형상의 우상으로 바꾸었느니라 그러므로 하나님께서 저희를 마음의 정욕대로 더러움에 내어 버려 두사 저희 몸을 서로 욕되게 하셨으니 이는 저희가 하나님의 진리를 거짓 것으로 바꾸어 피조물을 조물주보다 더 경배하고 섬김이라 주는 곧 영원히 찬송할 이시로다 아멘" (롬 1:23-25).

구원은 하나님의 형상을 회복하는 것이며, 예수 그리스도를 통해 구원받은 자의 삶은 세상 속에서 하나님을 나타내는 것이다. 그러기 위해서는 하나님 안에 있어야 하고 하나님을 중심으로 살아야 한다.

하나님의 명예

우리는 한 사람의 명예를 짓밟는 행위를 '명예훼손'이라고 한다. 명예는 '훌륭하다고 인정되어 얻은 존엄이나 품위'를 말한다. 이런 의미에서, 명예훼손은 어떤 사람의 존엄이나 품위를 손상시키는 것을 말한다. 그래서 누가 나에 대해 거짓을 행하거나 나에 대해 다르게 설명하면, 우리는 명예를 훼손당했다고 말한다.

만일 인간에게 명예훼손이라는 말이 성립될 수 있다면, 그 말은 동일하게 하나님께도 적용되어야 한다. 하나님께도 명예가 있다. 그래서 하나님의 명예가 인간에 의해 훼손될 때, "하나님의 명예훼손"이란 말이 사용될 수 있다. 하나님은 이스라엘 백성들에게 주신 계명 중 두 번째 계명은 그것과 관계가 있다. "너는 너의 하나님 여호와의 이름(name)을 망령되이 일컫지 말라 나 여호와는 나의 이름을 망령되이 일컫는 자를 죄 없다 하지 아니하리라"(출 20:7). 하나님은 이렇게도 말씀하셨다. "너희는 나의 성호(my holy name)를 욕되게 말라 나는 이스라엘 자손 중에서 거룩하게 함을 받을 것이니라 나는 너희를 거룩하게 하는 여호와요 너희 하나님이 되려고 너희를 애굽 땅에서 인도하여 낸 자니 나는 여호와니라"(레 22:32-33).

하나님의 명예를 훼손하면, 하나님은 자신의 이름을 훼손한 인간을 자신의 법정에 세우신다. 이름은 인격을 의미한다. 하나님은 이렇게 말씀하셨다. "여호와의 이름을 훼방하면 그를 반드시 죽일지니 온 회중이 돌로 그를 칠 것이라 외국인이든지 본토인이든지 여호와의 이름을 훼방하면 그를 죽일지니라"(레 24:16). 우리는 이런 말씀을 들을 때, 하나님이 너무 잔인하다고 생각한다. 또한 이런 것은 인간의 도덕적, 윤리적 의식이 제대로 발달되지 못한 구시대적인 유물이라고 생각한다. 그러나 그렇지 않다. 하나님의 말씀은 오늘도 여전히 진리이고 유효하다. 거룩하신 하나님은 일개 피조물인 인간에 의해 자신의 이름이 훼손 당하는 것을 원치 않으신다. 죄 없다 하지 않으신다.

하나님의 이름을 존귀하게 여기라

오늘날 인간은 자신의 이름으로 그리고 자신의 권리의 이름으로 하나님의 권리와 하나님의 명예, 그리고 하나님의 말씀을 얼마나 짓밟고 무시하며 사는가? 미국인들이 지닌 하나님의 이름을 짓밟는 문화를 스테픈 카터(Stephen L. Carter)는 이렇게 비판한다.

> 대부분의 미국인들은 하나님에 관하여(about) 말하기를 원한다. 우리는 언제나 그것을 해 왔다…실제로, 십계명 중 세 번째의 계명이 있음에도 불구하고, 우리 미국인만큼 서양 세계에서 하나님의 이름을 이렇게 많이 공적으로 또는 많은 목적으로 사용하는 나라는 아마도 없을 것이다. 공무원 출마 후보자들 가운데 그들의 청중이나 국민이나 우리가 맡고 있는 큰 일들에 대해 복을 내려 달라고 하나님께 청하지 않고 그들의 연설을 끝내는 사람은 거의 없다. 그러나 모든 사람은, 그 이면은 거짓이라고 확신한다…많은 사람들이 주의 이름을 망령되이 일컫는다…어떤 사람들은 (하나님의 이름을) 진실을 말하는 맹세의 표시로 사용한다. 그 다음에는 거짓을 행한다. 다음의 두 말은 우리가 흔히 무심코 삽입해서 사용하는 말들 가운데 즐겨 쓰는 말이다. '도대체 뭐야?'(What in the name of God?) '제기랄.'(Oh! my God.) 우리는 하나님의 이름을 돈이나 충성 맹세문이나 우리의 국가의 가사에 사용한다.

우리는 우리의 편의를 위해 너무나 자주 하나님의 거룩한 이름을 남용한다. 하나님의 이름의 사용이 곧 경건의 표시로 인식된다. 그러나 단순히 이름을 부르는 것이 신앙의 표시는 아니다. 물론 유대인들을 향하여 설교할 때, 베드로는 선지자 요엘을 통하여 이스라엘 백성에게 주셨던 말을 인용하면서, "누구든지 주의 이름을 부르는 자는 구원을 얻으리라"(행 2:21)라고 말했다. 그러나 이 말은 하나님을 믿지 않는 자의 공허한 외침이 아니다. 특히, 이 말씀은 예수님이 하신 "나더러 주여 주여 하는 자마다 천국에 다 들어갈 것이 아니요 다만 하늘에 계신 내 아버지의 뜻대로 행하는 자라야 들어가리라"(마 7:21)라는 말씀과의 긴장관계 속에서 이해되어야 한다. 여기에서 아버지의 뜻의 행함은 열매로 나타난다고 예수님은 말씀하셨다. 단순히 이름을 부르거나 예수님의 이름으로 선지자 노릇하고 귀신을 쫓아내고 주의 이름으로 많은 권능을 나타내는 것에 있는 것이 아니다. '말씀의 열매들이 맺히는가 그렇지 않는가'에 근거하여, '사람이 하나님의 사람인가 아닌가'가 알려지게 된다는 것이다(마 7:17-27).

　우리는 하나님의 권리를 존중하며 사는가? 우리는 하나님의 이름을 헛되이 사용하고 있지는 않는가? 우리는 하나님의 명예를 존중하며 사는가? 하나님은 분명 자신의 권리와 이름을 무시하는 사람을 결코 죄 없다 하지 않으실 것이다. 하나님을 참되게 존중하는 사람은 하나님의 이름을 결코 망령되게 부르지 않는다. 하나님을 경외하는 사람은 하나님의 권리와 명예를 존중하며 산다. 그것이 하나님의 형상을 따라 지음을 받은 인간이 추구하며 살아야 하는 바른 삶의 모습이다.

우리가 하나님 안에 있기만 한다면, 하나님은
우리의 마음을 자신의 심장에서 나오는 기쁨으로, 행복으로 채우신다.
그 기쁨과 행복은 어떤
물질적인 것에서 오는 것과 비교할 수 없다.

뿌리 깊은 존재

중학교 시절에 신앙생활을 시작한 후, 성서를 읽어갈 때 내 마음속에 깊게 새겨진 말씀들이 여럿 있다. 처음에는 대부분 시편의 말씀들이 인상 깊게 다가왔다. 왜냐하면 시편은 내용이 실제적일 뿐만 아니라 생동감이 넘쳤기 때문이다. 시편 중에서도 특히 시편 1편과 시편 23편은 시골에서 자라는 나에게 친근감을 더해주었다. 굳이 그것의 의미를 이해하려고 노력하지 않아도, 읽는 순간에 그 이미지가 마음에 새겨졌다.

시편 23편의 "푸른 초장"이란 말은 뒷동산에 올라 푸른 잔디에서 뒹굴면서 놀던 때를 연상시켰다. 포근하고 풍성하고 아무런 걱정 없이 놀이에 열중할 수 있는 편안한 곳의 이미지로 다가왔다. 뿐만 아니라, 시편 1편의 "시냇가에 심은 나무"라는 표현은 그것을 읽거나 듣는 순간 한 폭의 풍경화가 아주 생생하게 내 마음에 그려졌다. 우리 집 바로 옆에 있던 큰 물 웅덩이에서 놀던 경험이 있기 때문이다. 그 웅덩이 옆에는 버드나무가 두 세 그루 있었는데, 정말로 가지마다 잎이 푸르게 우거졌고 그래서 풍성하게 보였다.

나무와 흙

나무는 삶을 위해 흙을 필요로 한다. 땅 속에 있는 수분과 양분을 얻기 위해서다. 그뿐이 아니다. 흙은 나무를 세워주는 역할도 한다. 나무가 땅 속 깊이 뿌리를 내릴수록, 그 나무는 바르게 서고 높게 자랄 수 있게 된다. 나무가 땅에 바르게 서고 높게 자랄 수 있는 것은 뿌리 때문이다. 뿌리는 땅 속의 양분을 빨아들이는 역할도 하지만 몸을 세우는 역할도 하는 것이다. 그래서 나무는 삶을 위해 흙을 필요로 하지만, 흙에서 살기 위해서는 뿌리도 필요로 한다. 땅에 뿌리를 내림으로 존재해 가는 것이다. 때문에 뿌리가 땅에 있지 않고 밖으로 나오면, 머지않아 시들어 죽게 되어 있다.

뿌리가 깊은 나무는 내적 힘이 강하다. 감추어진 부분에 생명의 힘을 지니고 있기 때문이다. 뿌리가 깊지 않은 나무는 오래 가지 못한다. 위로 충분히 자라지 못할뿐더러, 비바람이 몰아칠 때 뽑히기도 한다. 잉그리드 트로비쉬(Ingrid Trobisch)는 이렇게 말한다.

> 존재하기 위해 그리고 많은 다른 일들을 하기 위해 한 그루의 나무는 깊은 뿌리를 필요로 한다. 뿌리가 깊을 때만, 나무는 위를 향해 자랄 수 있고 강하게 될 있으며 폭풍우에 견딜 수 있다. 만일 한 그루의 나무가 생존하고 번성하려면 뿌리의 깊이는 나무의 높이와 정비례해야 한다는 말을 들은 적이 있다. 땅 위에 있어야

하는 만큼 땅 아래에도 있어야 한다는 것이다. 가장 큰 나무들은 시냇가와 강 옆에 있는 나무들이거나 세상의 열대 우림 지역에 있는 나무들이다.

뿌리가 땅에 깊게 내려야 줄기가 살 수 있다는 것을, 나는 어린 시절 모심는 과정을 통해 배웠다. 모를 심을 때 우리는 어린모를 손과 손 사이에 끼고는 물이 고여 있는 논의 땅속으로 바르고 깊게 질러 심었다. 그 때 제대로 심겨진 모는 머잖아 뿌리를 내리고 자란다. 그러나 제대로 심겨지지 않은 모는 얼마 있지 않아 수면 위로 떠오른다. 그런 모는 다시 깊게 심어주지 않으면, 물위를 떠다니다 결국은 죽게 된다.

이처럼, 삶의 견고성은 뿌리에 달렸다. 대지를 향해 힘차게 뿌리를 내려야 살 수 있다. 본래 뿌리는 영양분이 있는 곳을 향해 내린다고 한다. 본능적으로 물과 삶을 위해 필요한 양분을 찾아 뻗어간다는 것이다. 뿌리가 깊을수록, 나무는 목마르지 않다. 뿌리 깊은 곳에서 충분한 수분을 공급받기 때문이다.

하나님, 인간의 삶을 위한 토양

그렇다고, 모든 대지가 다 삶을 위해 적합한 것은 아니다. 어떤 흙은 기름진 옥토여서 뿌리 내리기가 쉬울 뿐만 아니라, 충분한 영양을 공급받을 수 있다. 그러나 어떤 흙은 사막과 같이 메말라서 뿌리 내리기가 쉽지 않을 뿐만 아니라, 영양분도 없어서 존재하기 어려운 땅도 있다. 나무는 생명을 지니고 있지만 독립적인 생명이 아니라, 의존적인 생명이다. 그래서 생명력이 가득하고 기름진 흙을 만나야만

나무는 제대로 생명의 꽃을 피울 수 있게 된다. 예수님은 씨뿌리는 비유를 통해 이 점을 분명하게 가르쳐 주셨다.

> 들으라 씨를 뿌리는 자가 뿌리러 나가서 뿌릴새 더러는 길가에 떨어지매 새들이 와서 먹어 버렸고 더러는 흙이 얇은 돌밭에 떨어지매 흙이 깊지 아니하므로 곧 싹이 나오나 해가 돋은 후에 타져서 뿌리가 없으므로 말랐고 더러는 가시떨기에 떨어지매 가시가 자라 기운을 막으므로 결실치 못하였고 더러는 좋은 땅에 떨어지매 자라 무성하여 결실하였으니 삼십 배와 육십 배와 백 배가 되었느니라(막 4:3-8).

바른 터전에 뿌리를 내리는 것은 깊이 뿌리를 내리는 것 못지 않게 중요하다. 바른 터전에 뿌리를 내리지 못하면, 깊이 뿌리를 내리기 원해도 내릴 수 없기 때문이다. 마찬가지로, 우리의 삶이 바르게 영위되려면, 확실한 터에 뿌리를 내려야 한다.

하나님은 시냇가다. 좋은 땅이다. 기름진 밭이다. 거기에는 우리의 존재가 번영하는데 방해가 되는 것이 전혀 없다. 하나님은 우리의 존재를 위한 가장 좋은 환경이다. 우리가 하나님 안에 있으면, 우리는 풍성한 삶을 살 수 있다. 우리는 예수 그리스도 안에서 하나님께 우리의 뿌리를 깊이 내리고 마음껏 자라고 풍성한 열매를 맺을 수 있게 된다. 그래서 하나님 안에 있는 사람은 복 있는 사람이다. 복의 근원이신 하나님이 그로 하여금 복된 삶을 살게 하시기 때문이다.

하나님께 뿌리를 내리고 살면

하나님을 섬기며 사는 사람은 시냇가에 심겨진 나무와 같다. 시편 1편의 시인은 이렇게 노래한다. "복 있는 사람은 악인의 꾀를 좇지 아니하며 죄인의 길에 서지 아니하며 오만한 자의 자리에 앉지 아니

7. 뿌리 깊은 존재

하고 오직 여호와의 율법을 즐거워하여 그 율법을 주야로 묵상하는 자로다 저는 시냇가에 심은 나무가 시절을 좇아 과실을 맺으며 그 잎사귀가 마르지 아니함 같으니 그 행사가 다 형통하리로다"(1-3절). 나무는 물줄기가 있는 곳에서 자라야 한다. 그래야 건강한 나무로, 큰 나무로 자라갈 수 있다. 건강하고 큰 나무는 뿌리 깊은 나무다. 그런 나무는 시냇가에 있다.

하나님께 뿌리를 내리고 사는 인간은 뿌리 깊은 존재이다. 반석 위에 세운 집과 같은 존재이다. 그런 사람은 가뭄이 와도 두렵지 않고, 비바람이 불어와도 두렵지 않다. 이 세상의 그 어떤 것도 그를 하나님의 사랑에서 끊을 수 없기 때문이다(롬 8:38-39). 그런 사람은 살아도 하나님 안에 있고, 죽어도 하나님 안에 있다. 살아도 주를 위하여 살고 죽어도 주를 위하여 죽는다. 사나 죽으나 하나님의 소유인 것이다.

그러나 오늘날 많은 사람들은 그렇지가 않다. 존재를 위해 필요한 바른 근원을 찾아 뿌리를 내리려고 하지 않는다. 오히려 잘못된 토양에 뿌리를 내리려고 애를 쓴다. 그리고 자신에게 주어진 자유의 능력을 늘 헛되이 사용하려고 한다. 그들은 자신의 영혼이 시들어 가고 뿌리가 말라 가는 것을 알지 못한다. 그래서 날마다 어둠 속으로 더 깊이 들어간다. 그리고 결국에는 사망의 음침한 골짜기를 다니다가 생을 마감하게 된다. 생명이 없는 곳에 뿌리를 내리려다 헛수고만 하고 고독하게 사라져가게 된다. 그것이 하나님께 뿌리를 내리지 않고 살아가는 모든 사람의 최후의 운명이다. 그런 삶은 불행하다. 인간으로서의 참된 삶의 의미와 만족을 제대로 누려보지도 못하고 헛된 욕망을 추구하며 살다가 죽어 가기 때문이다.

하나님으로부터 오는 행복

하지만 하나님께 뿌리를 내리고 사는 삶은 행복하다. 참된 행복은 하나님으로부터 오기 때문이다. 빌리 그래함(Billy Graham) 목사는 이렇게 말한다.

행복에는 두 종류가 있다. 하나는 우리의 환경이 즐겁고 우리가 상대적으로 문제가 없을 때 우리에게 온다. 문제는, 이런 종류의 행복은 일시적이고 피상적이라는 데 있다. 환경이 변할 때-그것들은 필연적으로 그렇게 되고 마는데-이런 종류의 행복은 아침 안개와 같이 한낮의 열기에 증발해 버린다. 그러나 다른 종류의 행복이 있다. 우리 모두가 갈망하고 찾는 그런 행복이다. 이 두 번째 유형의 행복은 어떤 환경에서도 지속되는 영구적인 (lasting) 내적 기쁨과 평화이다. 그것은 우리 앞에 어떤 것이 오든 지속되는 행복이다. 이상하게도, 그것은 심지어 역경을 겪을 때 더 강하게 된다.

이런 행복은 어떤 행복인가? 하나님의 행복이다. 우리는 이런 행복을 어디에서 찾을 수 있는가? 하나님 안에서 찾을 수 있다. 이런 행복은 어디에서 오는가? 하나님으로부터 온다. 시인은 이렇게 노래한다. "주께서 내 마음에 두신 기쁨은 저희의 곡식과 새 포도주의 풍성할 때보다 더하니이다 내가 평안히 눕고 자기도 하리니 나를 안전히 거하게 하시는 이는 오직 여호와시니이다"(시 4:7). 하나님은 그와 같은 분이시다. 하나님은 기쁨의 하나님이시고 행복의 하나님이시다.

7. 뿌리 깊은 존재

　우리가 하나님 안에 있기만 한다면, 하나님은 우리의 마음을 자신의 심장에서 나오는 기쁨으로, 행복으로 채우신다. 그 기쁨과 행복은 어떤 물질적인 것에서 오는 것과 비교할 수 없다. 물질적인 것을 통해 얻는 기쁨과 행복은 잠깐이지만, 하나님으로부터 오는 영적인 기쁨과 영적인 행복은 영원하며 다함이 없다. 이런 기쁨과 행복은 하나님의 생명 시냇가에 심겨진 뿌리 깊은 존재만이 누릴 수 있다.

　우리가 하나님 안에서 뿌리 깊은 존재가 되면, 광야에 있으면서도 하나님으로 인해 만족해했던 시인의 고백을 우리의 마음 깊은 곳에서 우리의 고백으로 받을 수 있게 된다.

> 하나님이여 주는 나의 하나님이시라 내가 간절히 주를 찾되 물이 없어 마르고 곤핍한 땅에서 내 영혼이 주를 갈망하며 내 육체가 주를 앙모하나이다 내가 주의 권능과 영광을 보려 하여 이와 같이 성소에서 주를 바라보았나이다 주의 인자가 생명보다 나으므로 내 입술이 주를 찬양할 것이라 이러므로 내 평생에 주를 송축하며 주의 이름으로 인하여 내 손을 들리이다 골수와 기름진 것을 먹음과 같이 내 영혼이 만족할 것이라 내 입이 기쁜 입술로 주를 찬송하되 내가 나의 침상에서 주를 기억하며 밤중에 주를 묵상할 때에 하오리니 주는 나의 도움이 되셨음이라 내가 주의 날개 그늘에서 즐거이 부르리이다 (시 63:1-7).

　평생 하나님의 뿌리 깊은 사람으로, 이런 고백을 드리며 사는 우리 모두가 되기 원한다. 그러기 위해서는 우리가 하나님께 뿌리를 깊게 내리고 살아가지 않으면 안 된다.

진리는 늘 구체적인 자리를 필요로 한다.
진리는 추상적인 말이 아니다. 그것은 구체적인 언어이다.
우리는 거짓 가운데 살든지, 진리 가운데 살든지 한다.
우리의 삶이 거짓으로 가득 차면 우리는 진정(truth)으로 예배를 드릴 수 없다.

하나님이 예배의 청중이 될 때

한 사람의 목회자로 그리고 그리스도인으로 살아가면서, 가끔씩 당혹하게 만드는 사람들을 만나게 된다. 그런 사람 중에, 자신은 하나님을 믿는 사람이라고 하면서도 전혀 주일을 지키지 않는 사람이 있다. 또 자신은 예배를 중요시한다고 하면서도 예배시간마다 줄기차게 졸거나 마음을 다해 예배에 참여하지 않는 사람이 있다. 그런 사람을 보면, 정말로 그가 하나님의 사람인지, 정말로 하나님에 대해 경외하는 마음이 있는지 의구심이 들곤 한다. 그 사람은 어떤 마음을 갖고 하나님을 믿는다고 하는지 의문이 생기며, 자신의 삶에 공적인 예배가 없는데 어떻게 하나님과 영적 교제를 이루어간다고 하는지 궁금해진다.

기독교 신앙과 예배

신앙생활과 교회생활의 중심에는 예배가 있다. 예배를 빼놓고서 기독교 신앙을 말할 수 없다. 물론 예배를 드리는 것이 신앙생활의 전부는 아니다. 그러나 예배를 드리지 않으면서 온전하게 신앙생활을 한다는 것도 말이 되지 않기는 마찬가지이다.

솔직히 말해, 예배를 드리지 않는 사람이 일상 중에 하나님에 대해 얼마나 생각하며 살까? 또 얼마나 하나님 중심적으로 살까? 자신의 삶을 자신의 생각으로 가득 채우며 살지는 않을까? 교회가 사람들에게 부정적으로 인식되기도 하지만, 내 경우에는 그렇지 않다. 교회생활과 신앙생활은 나의 삶에 활력이 되어 왔고 그 중심에는 예배가 있었다. 부정적인 면보다는 긍정적인 면이 훨씬 많았다.

사실, 특수한 경우를 제외하고, 대개 주일에 신앙 공동체에 속해 예배를 드리지 않고 사는 사람은, 하나님에 관해 별로 관심이 없는 사람이다. 왜냐하면, 정말로 하나님을 흠모하고 하나님을 사랑한다면, 그 심령의 중심에서 예배드리고자 하는 마음이 일기 때문이다. 하나님이 우리 인생의 가장 중요한 자리에 계시고 그분이 우리의 궁극적 관심으로 여겨진다면, 하나님의 임재 경험이 없는 우리의 삶은 고통스러운 것이 된다. 이것은 실로 그런 삶을 경험해 본 사람만이 안다.

필립 얀시의 경우

수상작을 많이 저술하였고, 『크리스천 투데이』(*Christianity Today*)의 편집자이기도 한 필립 얀시(Philip Yancey)는, 자신의 저서 『교회: 왜 마음 졸여야 하는가?-나의 개인적인 순례여행』(Church: Why Bother?-My Personal Pilgrimage)에서 자신이 처음 교회에 다닐 때 가졌던 생각들을 적고 있다.

필립 얀시는 어린 시절을 조지아(Georgia)에서 자라면서 교회를 중심으로 살았다. 그는 주일 낮과 밤 예배와 수요일 밤 예배뿐만 아니라 교회의 각종 행사들에 빠짐없이 참여했다. 그런 과정에서 그는 착색된(stained glass) 렌즈를 통해 세상을 보게 되었다. 더욱이 그가 다닌 교회는 매우 근본주의적인 교회였고, 인종차별적인 교회였다. 뿐만 아니라, 그 교회는 세상에 대해 부정적인 태도를 지니고 있었다. 그래서 세속적인 문화활동을 못하게 했고, 심지어 주일에는 신문조차도 읽지 못하게 했다. 그 이유는 그렇게 하는 것이 교인들을 세상의 죄로부터 보호하는 것이라고 믿었기 때문이다.

그러나 그는 더 넓은 세상을 접하면서 어린 시절의 율법주의적인 환경을 거부하게 되었다. 결국 그는 교회를 멀리하게 되었고, 심지어는 예수 그리스도로부터도 멀어지게 되었다. 그의 말대로 하면, 기독교가 자신을 예수님으로부터 멀어지게 했고, 결국 그는 신앙에로, 또 교회에로 돌아오는 데 그의 삶의 나머지 시간들을 쏟아 부어야 했다.

그가 신앙과 교회에 대한 태도를 바꾸게 된 것은 시카고에 있는 라셀 교회(LaSalle Street Church)에 참석하여 신앙생활을 하면서부터였다. 그 교회는 가난한 사람들과 부유한 사람들이, 그리고 여러 인종들이, 많이 배운 사람들과 못 배운 사람들이, 좋은 직업을 가진 사람들과 사회적으로 인정받지 못하는 직업을 갖고 사는 사람들이 함께 어우러져, 아름다운 신앙 공동체를 이루며 사회를 향해서도 복음의 삶을 실천해 가는 교회였다.

그는 그 교회에 출석하면서 다양한 사람들에게 동시적으로 전해지는 복음의 능력을 보고 놀라게 되었다. 그의 말대로, 교인들은 서로 간에 공통점이 거의 없었지만, 그러나 예수 그리스도에 대한 헌신이 그들이 갖는 큰 공통점이었다. 그는 그 교회에서 신앙을 다시 배우면서 조금씩 예수 그리스도의 복음 안으로 변화되어 갔다.

그는 그 책에서 예배와 관련하여 다음과 같이 말한다. "가장 문제가 되는 것은 무대 위의 사역자들(actors)사이에서가 아니라, 회중의 마음(hearts)안에서 생긴다. 우리가 예배를 마치고 돌아갈 때 물어야 하는 것은 '나는 예배를 통해 무엇을 얻었는가?'가 아니라 오히려 '(예배당 안에서) 있었던 모든 것에 대해 하나님은 기뻐하셨는가?' 하는 것이다." "교회는 일차적으로 여흥을 제공하거나 상처받은 마음에 용기를 북돋아주거나 자존감을 세워주거나 우정을 돈독히 하기 위해서가 아니라, 하나님께 예배를 드리기 위해서 존재한다." "전체적으로 볼 때, 성서는 분명 예배의 핵심인 하나님을 기쁘시게 하는 것을 강조한다."

예배에 대한 그의 이런 이해는 그가 하나님을 바르게 섬기는 신앙을 배우고 또 회복하면서 얻게 된 깨달음에서 나온 것이다.

하나님, 회중 그리고 예배

창조주요 구속주이신 하나님과, 그분의 피조물이며 구원받은 백성들인 교회/회중 사이의 일차적인 관계 방식은 신앙이다. 그리고 그 신앙의 일차적이고 핵심적인 표현 방식은 공동의 예배이다. 이런 점에서 신앙과 예배는 서로 분리될 수 없다. 그래서 히브리서 저자는 "믿음이 없이는 기쁘시게 못하나니 하나님께 나아가는 자는 반드시 그가 계신 것과 또한 그가 자기를 찾는 자들에게 상 주시는 이심을

제1부 믿음 안에서

믿어야 할지니라"(히 11:6)라고 말했다. 때문에 대개 예배를 드리는 모습을 보면 그 사람의 신앙의 실제적인 모습을 볼 수 있다.

예배와 관련하여 분명히 해야 할 것은, 예배의 중심은 '하나님' 이라는 사실이다. 예배가 존재하는 것은 인간을 지으신 하나님이 존재하시고 또 하나님 자신을 섬기도록 인간을 부르시기 때문이다. 예배는 전적으로 하나님 안에서만 가치와 의미를 지니는 용어이며 실천이다. 예배는 신적 용어인 것이다.

조셉 스토웰(Joseph M. Stowell)은 이렇게 말한다.

> 하나님을 향한 예배의 본질은, 예배는 하나님의 가치와 진가를 나타낸다는 것이다. 실제로, 영어의 단어 **예배(worship)**는 "worth-ship"의 개념에서 왔다. 참된 예배는 어떤 존재(someone)가 지닌 가치에 대한 표현이다. 하나님을 향한 예배는, 그분은 우리의 삶에서 그 어떤 것보다 더 귀한 분이라는 것을, 즉 그분은 최고로 가치 있다는 것을 나타낸다. 예배는 그 흠모하는 마음을 나타내는 것이다. 우리가 그분을 섬길 때, 우리가 말씀을 들을 때, 우리의 가진 것을 그분께 드릴 때, 그리고 우리가 철저하게 또는 말대꾸하지 않고 하나님께 순종할 때, 우리는 하나님을 향해 하나님은 말할 수 없이 귀하신 분이라고 말하는 것이 된다.

그래서 예배의 핵심은 하나님 편에서의 받으심과 우리 편에서의 드림이다. 우리 편에서의 봄과 참석이 아니다. 봄과 참석의 중심에는 사람이 있다. 사람이 주체가 된다. 개인적으로, 나는 오늘날의 예배의 문제는 '바로 여기에 있다'고 생각한다. 예배 후에 사람들은 "예

8. 하나님이 예배의 청중이 될 때

배가 좋았어 또는 은혜로웠어. 설교가 좋았어 또는 영 아니었어. 찬양이 좋았어 또는 별로 였어"등과 같은 반응을 한다. 이 말들을 가만히 들어보면, 모두 인간 중심적이다. 그들이 예배를 드린 것이 아니라, 그들 자신이 예배를 받은 것이 된다. 이런 예배-예배라고 부를 수도 없지만-에서 하나님은 예배를 받으시는 분이 아니라 청중 또는 관람객이 되고 만다.

더 구체적으로 말하면, 설교자가 신앙의 고백 없이 설교할 때, 그 사람은 연설자가 된다. 그 때 하나님은 예배를 받으시는 분이 아니라 청중이 된다. 찬양 인도자가 신앙의 고백 없이 찬양을 인도할 때, 그 사람은 가수가 된다. 청중을 즐겁게 하는 연예인이 된다. 그 때 하나님은 음악 감상을 하는 관객이나 청중이 된다. 교인들이 하나님을 향한 열정이 없이 종교적인 습관에 따라 예배당에 앉아 있을 때, 그들은 방청객이 된다. 하나님은 그런 예배를 받으실 수 없다.

교회 안의 현실이 이와 같을 때 하나님은 청중이 된다. 하나님은 예배를 받으시는 분이 될 수가 없다. 크레익 다익스트라(Craig Dykstra)는 다음과 같이 말한다.

> 알려지고 믿어지고 현존하는 실재로서, 그러나 공동체를 초월해서 계신 분으로서 하나님을 상실하는 것은 신앙 그 자체를 상실하는 것이다. 한 신앙 공동체의 활동의 모든 것-그것들은 종종 잘못되기도 하고 타락하게 되기도 하는데-의 궁극적 대상으로서의 하나님을 잃어버린다면, 신앙은 그저 사회적 수단을 통해 인간적으로 실재를 건설해 가는 행위로 축소되고 만다.

우리가 신앙생활을 하고 교회생활을 할 때, 특히 교회당에서 예배에 참여할 때 반드시 되새겨야 할 말이라고 여겨진다.

신령과 진정으로 드리는 예배를 향해

예수님은 예배와 관련하여, "아버지께 참으로 예배하는 자들은 신령(spirit)과 진정(truth)으로 예배할 때가 오나니 곧 이 때라 아버지께서는 이렇게 자기에게 예배하는 자들을 찾으시느니라 하나님은 영(spirit)이시니 예배하는 자가 신령(in spirit)과 진정(in truth)으로 예배할지니라"(요 4:23-24)라고 가르치셨다.

영(spirit)은 영(spirit)으로 만나고 교제하고 대화한다. 영이신 하나님과의 만남은 영적인 존재로서의 우리와 우리 안에 계신 하나님의 영이신 성령님의 인도하심 하에서 교통한다. 그래서 우리 안에 하나님의 영이 거하시지 않으면 우리는 신령(spirit)으로 예배를 드릴 수 없다.

진리는 늘 구체적인 자리를 필요로 한다. 진리는 추상적인 말이 아니다. 그것은 구체적인 언어이다. 우리는 거짓 가운데 살든지, 진리 가운데 살든지 한다. 우리의 삶이 거짓으로 가득 차면 우리는 진정(truth)으로 예배를 드릴 수 없다. 이것이 예배가 참되고 경건하고 엄숙해야 하는 이유이다. 우리는 하나님께 드리는 예배를 헐값으로, 값싼 은혜로 전락시킬 때가 많이 있다.

더욱이, "신령과 진정으로 예배할지니라"라는 말은 예배당 안에서의 예배의 태도만을 일컫는 말이 아니다. 그 말은 우리의 삶의 모든 자리와 관계있는 말이다. 하나님은 교회당 안에만 머무시는 분이 아니시다. 하나님의 활동의 자리는 전 역사이며 전 우주이다. 그분이 지으신 모든 창조세계이다. 그렇다면, 우리의 삶이 하나님과 관계를 형성하는 곳은 예배당만이 아니어야 한다. 우리가 걸어가고 살아가고 일하고 숨 쉬는 모든 곳이어야 한다. 그곳에서 하나님과 만나고 관계를 형성하는 것이어야 한다. 그럴 때만 우리의 예배의 삶에서 하나님이 청중이 되지 않으신다.

흔히, 직장이 복음전도와 선교의 현장이라고 말한다. 옳은 말이다. 자기의 삶을 예배적이 되게 하면, 사람들은 그의 삶을 통해 하나님을 느끼게 되고, 하나님을 향하여 나아오게 될 수 있기 때문이다. 모든 그리스도인은 하나님을 반영(image)하는 사람들이다. 우리의 모든 삶과 행동을 통하여 하나님이 나타난다면, 그것이 바로 복음전도이다. 우리의 삶이 바르면, 우리의 예배가 바를 수 있다. 우리의 예배가 바르면, 우리의 삶이 바를 수 있다.

우리의 예배는 하나님의 부르심에 응답하여, 불러주신 것에 감사하고 은혜를 주신 것에 감사하고, 나 같은 죄인을 예수 그리스도의 대속의 피로 구속해 주신 것에 감사해서 기쁜 마음으로 드리는 것이어야 한다. 우리의 삶의 중심에 이런 예배의 마음이 있어야 한다. 그러면 하나님은 예배의 청중이 아니라 예배를 받으시는 분이 된다. 그리고 그때 우리는 늘 신령과 진정으로 예배를 드리는 참된 예배자가 되고 참된 하나님의 사람이 된다. 우리의 신앙생활에 그리고 우리의 예배 생활에, 이와 같은 예배의 삶이 충만하기를 원한다.

> 우리에게는 부모의 나라가 가져다주는 희망이 있다.
> 그러므로 우리는 오늘도 이 희망 안에서
> 주어진 믿음의 길을 충실하게 걸어가는 사람들이어야 한다.

부모의 나라

몇몇 특수한 경우를 제외하고, 대부분의 경우 사람에게는 자신이 속한 나라가 있다. 경우에 따라서는 두 개 이상의 국적을 가지고 있기도 하지만, 대개는 한 나라에 속하여 살아간다. 사람에게 자신이 속한 나라가 없다는 것은 슬픔이다. 나라가 없다는 이유로 인해 인간으로서의 대접을 제대로 받을 수 없기 때문이다.

이와 같이, 인간의 삶에서 나라가 중요함에도 불구하고, 사람들은 종종 나라의 소중함을 잊고 살아간다. 늘 당연하게 있는 것처럼 여긴다. 하지만, 그렇게 살다가도 다른 나라를 여행할 때나 모국을 떠나 살게 될 때면, 사람들은 자기가 속한 나라의 소중함을 깨닫게 된다. 나라를 떠나보면 모두 애국자가 된다는 말을 실감하게 된다. 이런 점을 생각할 때, 우리는 늘 우리가 속한 나라에 대해 소중함과 고마움을 지니고 살 필요가 있다.

9. 부모의 나라

나의 나라와 부모의 나라

얼마 전, 이곳 캐나다에서 발행되는 한 교민잡지에 토론토에서 살고 있는 한 한국인 2세 청년과의 인터뷰 기사가 실린 적이 있다. 나는 요즘 여기에 살고 있는 한국인 2세들의 정신세계가 어떤지 알고 싶어, 관심을 갖고 그 기사 내용을 자세히 읽어 내려가기 시작했다. 그 기사를 읽어가면서, 캐나다인으로 사회화된 한 한국계 캐나다인 청년의 마음을 느낄 수 있었다.

그 청년은 어릴 때부터 한글학교에 다닌 덕택으로 우리말을 잘 할 수 있을 뿐만 아니라, 읽을 수도 있었다. 한국을 여러 번 방문한 경력도 있었다. 그럼에도 불구하고, 그는 주저 없이 자신을 캐나다인이라고 불렀다. 2세들 대부분이 생각하는 것처럼, 그에게 한국은 '부모의 나라'로 여겨졌다. 그는 그 말을 할 때, 자기 주변에 있는 대부분의 2세들도 같은 생각을 하고 있다고 했다. 한국과 캐나다가 운동시합을 할 때는 당연히 캐나다를 응원할 것이라고 말했다. 그럼에도 불구하고, 그는 한국에 대해 더 많이 알고 싶어 했다. 한국의 드라마를 보면서 한국의 문화를 접하고 있었고, 앞으로도 기회가 되면 한국과 이곳을 오가면서 살고 싶다고도 했다. 그럼에도 불구하고 그의 바탕은 한국인이 아니라 캐나다인이라는 의식이 깊게 새겨져 있었다.

한편으로, 이곳에서 태어나 자란 청년으로 그렇게 말하는 것은 당연하다는 생각이 들었다. 한국인 가정에서 한국인 부모와 함께 살아왔지만, 그의 정신세계는 철저히 이곳의 문화에 뿌리를 내리고 있었으니 그렇게 생각할 만도 하다는 생각이 들었다. 하지만, 다른 한편으로 나의 입장에서 이런 생각도 하게 되었다. 그가 자신의 정체성을 세우려고 할 때, 한국이라는 뿌리를 말하지 않고 바른 정체성을 세울 수 있을까? 바른 정체성을 지니기 위해서는, 캐나다인이라는 의식 이전에 자신의 뿌리는 한국인이라는 의식을 먼저 갖는 것이 좋지 않을까? '부모의 나라'가 없다면, 그가 현재 살아가는 나라에서의 삶도 있을 수 없기 때문이다.

그 기사를 읽어 가는 동안, 계속해서 한 가지 말이 내 입가에 맴돌았다. "부모의 나라"라는 말이 그것이다. 나는 여러 번 그 말을 되뇌었다.

예수 그리스도와 아버지의 나라

예수님은 생물학적으로는 유대인으로 태어나 이스라엘에서 살았다. 정치적으로는 로마에 점령을 당한 로마의 속국으로서의 이스라엘에서 살았다. 나라 잃은 백성으로 산 것이다. 그것이 인간으로서의 예수님의 인종과 국적이었다. 하지만 그것이 예수님이 속한 나라의 전부는 아니었다. 예수님께는 자신이 속하고 자신이 주인인 또 하나의 나라가 있었다. 바로 하나님의 나라(the kingdom of God)다.

요한복음 18장을 보면, 자신 앞에 붙잡혀온 예수님을 향해 빌라도가 이렇게 묻는다. "내가 유대인이냐 네 나라 사람과 대제사장들이 너를 내게 넘겼으니 네가 무엇을 하였느냐"(35절). 그 때 예수님은 이렇게 대답하셨다. "내 나라는 이 세상에 속한 것이 아니라 만일 내 나라가 이 세상에 속한 것이었다면 내 종들이 싸워 나로 유대인들에게 넘기우지 않게 하였으리라 이제 내 나라는 여기에 속한 것이 아니니라"(36절). 이 세상에 속하지 않은 예수님의 "내 나라"는 다름 아닌 하나님의 나라였다.

이렇듯, 하나님의 아들 예수 그리스도의 가르침의 중심에는 하나님의 나라가 있다. 예수님은 인간을 죄에서 구원하실 뿐만 아니라 도래하고 있는 하나님의 나라를 전파하기 위해 이 세상에 오셨다. 인간의 구원은 도래하고 있는 하나님의 나라에서의 삶을 위한 것이다. 그래서 예수님은 "때가 찼고 하나님 나라가 가까왔으니 회개하고 복음을 믿으라"(막 1:15)는 선포와 더불어 자신의 공적 사역을 시작하셨다. 예수님의 하나님 나라를 위한 사역과 관련하여, 신약학자 제임스 던(James D. G. Dunn)은 이렇게 말한다. "사람들을 감동시키고 주목하게 하신 예수님의 사역의 특징들 중 하나는 **하나님의 나라에 대한 그분의 메시지**였다. 다른 사람들도 하나님을 왕으로 말했고 또 왕으로서의 하나님에 관하여 말했다. 그러나 예수님이 하나님의 왕권(kingship)에 대해 하신 강조는 그의 가르침을 (다른 사람들의 가르침들로부터) 구별되게 했고 예수님의 사역의 독특하고 현저한 특징을 형성했다. 이것이 잠재적인 제자들을 뚜렷이 매혹시켰고, 그리고 따르던 사람들의 기억 속에 계속해서 살아있던 예수님의 선포의 한 면이다." 같은 맥락에서, 존 스토트(John Stott) 목사도 이렇게 말한다. "하나님은 그분의 유일한 아들을 이 세상에 보내셔서 살고 가르치고 죽고 그리고 다시 살게 하셨다. 예수 그리스도를 통해 하나님은 자신의 백성들의 삶 속에 자신의 나라를 세우셨다. 하나님의 나라는 그것이 지닌 변혁적(radical)인 가치들로 옛 질서들에 도전하며, 그것은 예수 그리스도가 재림하시고 역사가 끝나기 전에 온 세상으로 확장될 것이다."

다음은 예수 그리스도의 메시지의 중심에 하나님의 나라가 있음을 말해주는 많은 구절들 중 일부다.

"그러므로 너희는 이렇게 기도하라 하늘에 계신 우리 아버지여 이름이 거룩히 여김을 받으시오며 나라이 임하옵시며 뜻이 하늘에서 이룬 것같이 땅에서도 이루어지이다"(마 6:9-10). "너희는 먼저 그의 나라와 그의 의를 구하라 그리하면 이 모든 것을 너희에게 더하시리라"(마 6:33). "그러나 내가 하나님의 성령을 힘입어 귀신을 쫓아내는 것이면 하나님의 나라가 이미 너희에게 임하였느니라"(마 12:28). "그 때에 의인들은 자기 아버지 나라에서 해와 같이 빛나리라 귀 있는 자는 들으라"(마 13:43). "그러나 너희에게 이르노니 내가 포도나무에서 난 것을 이제부터 내 아버지의 나라에서 새것으로 너희와 함께 마시는 날까지 마시지 아니하리라"(마 26:29). "진실로 너희에게 이르노니 내가 포도나무에서 난 것을 하나님 나라에서 새것으로 마시는 날까지 다시 마시지 아니하리라"(막 14:25).

우리에게 있어서 예수님이 선포하신 하나님의 나라는 믿음을 통해서만 들어가는 나라이다. 그러나 우리에게 있어서 하나님의 나라인 그 나라는 예수 그리스도께 있어서는 '아버지의 나라' 이다(마 26:29). 다시 말하면, 예수님에게 있어서 하나님의 나라는 예수님이 이 땅에 사시는 동안 부모의 나라였다. 왜냐하면 성부 하나님은 성자 예수 그리스도의 아버지이시기 때문이다. 그래서 하나님의 나라는 아버지의 나라가 되며, 동시에 아들의 나라도 된다.

하나님의 나라와 예수 그리스도의 나라

사도 바울은 골로새서 13장 13-17절에서 이렇게 쓴다. "그가 우리를 흑암의 권세에서 건져내사 그의 사랑의 아들의 나라로 옮기셨으니 그 아들 안에서 우리가 구속 곧 죄 사함을 얻었도다 그는 보이지 아니하시는 하나님의 형상이요 모든 창조물보다 먼저 나신 자니 만물이 그에게 창조되되 하늘과 땅에서 보이는 것들과 보이지 않는 것들과 혹은 보좌들이나 주관들이나 정사들이나 권세들이나 만물이 다 그로 말미암고 그를 위하여 창조되었고 또한 그가 만물보다 먼저 계시고 만물이 그 안에 함께 섰느니라"(골 1:13-17). 여기에서 사도 바울은 '하나님의 나라'를 '그의(하나님의) 사랑의 아들의 나라'로 진술한다. 아들의 나라는 예수 그리스도의 나라를 말한다. 이 진술은 기독교 신앙의 정체성을 세우는데 매우 중요하다. 만일 하나님의 나라가 아들의 나라이고 아들의 나라가 하나님의 나라라면, 성서가 말하는 것처럼 그 나라에 들어가는 조건은 성부 하나님이 이 세상을 구속하기 위해 보내신 아들을 믿는 믿음이라는 사실을 우리는 부정할 수 없게 된다. 실제로 예수 그리스도는 하나님의 본체이다(빌 2:6). 그분은 성부 하나님이 천지를 창조하실 때 하나님의 영인 보혜사 성령과 함께 창조사역에 동참하셨다(요 1:1-3). 성부 하나님과 성자 예수님은 나뉠 수 없다. 그 두 분은 보혜사 성령과 더불어 거룩하신 삼위일체의 하나님(the triune God)이시다. 이것이 성부 하나님의 나라가 성자 예수 그리스도의 나라가 되는 이유이다.

그리스도인과 하나님 아버지의 나라

예수 그리스도는 하나님의 나라를 전하기 위해 이 땅에 오셨다. 하나님의 나라는 믿음과 관계가 있다(막 1:15). 그래서 그 나라에 들어가기 위해서는 믿음이 있어야 한다. 예수 그리스도의 십자가의 대속의 죽음을 믿고 그 보혈의 능력을 힘입어 죄사함을 받고 예수 그리스도를 따라가면서 하나님의 자녀로 살아갈 때, 그 나라가 우리에게 선물로 주어진다. 우리가 예수 그리스도를 믿고 그분을 따르는 그리스도인으로 살아가면 그분이 다스리는 나라에서 그분과 영원히 함께

제1부 믿음 안에서

살게 된다.
　그런데, 예수 그리스도께 있어서 하나님의 나라가 아버지의 나라 요 부모의 나라이듯이, 우리가 믿음 안에 있으면 하나님의 나라는 우리의 부모의 나라가 된다. 즉, 믿음 안에서 그리스도인들에게도 하나님의 나라는 우리 아버지의 나라요 부모의 나라인 것이다. 왜냐하면 우리는 예수 그리스도를 믿는 믿음 안에서 하나님의 자녀들이 되기 때문이다. 우리가 예수 그리스도와 관계를 맺으면, 자연적으로 우리는 하나님의 자녀가 되는 것이다. 그래서 사도 요한은 이렇게 쓴다. "참빛 곧 세상에 와서 각 사람에게 비취는 빛이 있었나니 그가 세상에 계셨으며 세상은 그로 말미암아 지은바 되었으되 세상이 그를 알지 못하였고 자기 땅에 오매 자기 백성이 영접지 아니하였으나 영접하는 자 곧 그 이름을 믿는 자들에게는 하나님의 자녀가 되는 권세를 주셨으니 이는 혈통으로나 육정으로나 사람의 뜻으로 나지 아니하고 오직 하나님께로서 난 자들이니라"(요 1:9-13).
　우리가 예수 그리스도를 믿는 믿음 안에 있으면, 우리는 하나님을 '아버지'라 부를 수 있다(갈 4:6). 존 스토트는 목사는 이렇게 말한다.

> "아버지"는 하나님에 대한 기독교의 독특한 칭호이다…그러나 하나님은 무분별하게 모든 사람들의 아버지는 아니다. 분명, 하나님은 모든 만물의 창조주이시다. 모든 인간은 그들이 하나님의 피조물이라는 의미에서 그분의 '자식들'(offspring)(행 17:28)이다. 그러나 "아버지"라는 호칭은 예수님이 그의 제자들에게 특별하게 가르치신 칭호이며, 바울과 요한은 우리 자신들이 하나님의 가족 안에서 그분의 아들들과 딸들이 될 수 있는 것은 오직 영원하신 하나님의 아들을 통해서라는 것을 분명히 했다…우리가 수

없이 듯이, 하나님의 우주적 아버지 되심과 인간의 우주적 형제 됨은 잠재적인 것이지, 실제적인 것은 아니다. 그것은 모든 인간이 예수 그리스도께 복종하고 다시 태어날 때까지는 일어나지 않는다.

뿐만 아니라, "성령이 친히 우리 영으로 더불어 우리가 하나님의 자녀인 것을 증거"(롬 8:16)하신다. 우리는 믿음 안에서 하나님의 자녀가 되고 그분의 나라의 백성이 된다. 예수 그리스도의 제자가 되면, 예수 그리스도의 아버지의 나라가 우리의 나라가 된다. 그곳에서 우리는 하나님의 자녀요 하나님 나라의 백성으로 영원한 삶을 살게 된다. 부모의 나라는 우리와 상관이 없는 나라가 아니다. 그 나라는 우리 자신의 뿌리이기도 하다. 마찬가지로, 우리의 부모의 나라인 하나님의 나라와 우리는 특별한 관계 안에 있다. 그 나라는 하나님의 백성으로서의 우리의 정체성의 토대요 우리가 영원히 살아가게 될 나라다. 사도 바울은 이렇게 증언한다. "오직 우리의 시민권은 하늘에 있는지라 거기로서 구원하는 자 곧 주 예수 그리스도를 기다리노니 그가 만물을 자기에게 복종케 하실 수 있는 자의 역사로 우리의 낮은 몸을 자기 영광의 몸의 형체와 같이 변케 하시리라"(빌 3:20-21).

믿음 안에서 살면, 우리는 그 나라의 시민이다. 예수 그리스도를 믿는 믿음을 통해, 우리는 오늘 여기에서 그 나라를 살아갈 뿐만 아니라, 우리가 하나님으로부터 궁극적인 부름을 받을 때 그 나라를 유업으로 받아 거기서 영원히 살게 될 것이다. 이처럼, 우리에게는 부모의 나라가 가져다주는 희망이 있다. 그러므로 우리는 오늘도 이 희망 안에서 주어진 믿음의 길을 충실하게 걸어가는 사람들이어야 한다.

기독교적 삶은 예수 그리스도를 깊이 체험하는 삶을 향한 계속적인 여행이다. 많은 사람들이 체험적으로 예수 그리스도를 만났고 그 만남을 통해 삶의 변화를 받아 새로운 존재로 복된 삶을 살았고 또 살고 있다.

10

예수 그리스도를 깊이 체험하라

    좋은 책과의 만남은 삶에 기쁨을 주는 요소들 중 하나다. 책을 통해 얻는 즐거움은 그 밖의 다른 것들을 통해 얻는 기쁨 못지않게 크다. 책과의 만남은 우리의 이해와 앎의 지평을 넓혀줄 뿐만 아니라, 우리로 하여금 삶의 새로운 세계로 나아가는 것을 도와준다. 그래서 좋은 책과의 만남은 귀하다.
    이런 점은 좋은 신앙 서적의 경우도 마찬가지이다. 성서는 두 말할 필요도 없고, 좋은 신앙 서적은 우리의 신앙생활과 영적 성장을 돕는다. 그래서 신앙에 관한 좋은 책과의 만남은 꼭 필요하며 또 유익하다. 우리는 책을 통해 저자와 대화하면서 신앙과 삶의 깊은 차원으로 들어간다. 이 만남에는 시간적, 공간적 제한도 없다. 어느 시대, 어느 곳에서 살았고 또 사는 것에 상관없이, 좋은 저자들은 저마다 우리에게 좋은 스승으로 작용하고 머문다. 풍성한 믿음의 삶과 말씀의 푸른 초장으로 우리를 이끈다. 그래서 우리는 늘 책을 사랑하고 가까이 하려는 마음을 지녀야 한다. 제대로 된 신앙인으로 책을 가까이하면서 믿음의 길을 가는 사람 치고, 영적으로 깊이 있는 삶을 살지 못한 사람은 거의 없다.

우연히 만난 한 권의 좋은 책

해밀턴 공공 도서관(Hamilton Public Library)에서는 매년 3월과 9월이면 정기적으로 책 세일을 한다. 기부를 받은 책들을 비롯하여, 중앙 도서관과 각 지역 도서관에서 방출할 필요가 있는 책들을 모아서 파는 것이다. 책 세일의 목적은 두 가지라고 한다. 하나는, 도서관의 도서 보유 공간에 한계가 있어서 새로운 책들이 들어올 때마다 다른 책들을 방출할 필요가 있을 때 도서관에 소장되어 있는 책들 중에서 선별하여 한 곳에 모아 파는 것이다. 다른 하나는, 그런 책들을 팔아 모아진 수입금과 책을 팔면서 기부 받은 기부금을 한데 모아서 지역사회와 어린이들을 돕는데 사용하는 것이다. 이 책 세일은 목적하는 바를 이루기에 도서관측에도 유익이 되지만, 구매자들의 입장에서도 유익이 크다. 비록 중고서적들이긴 하지만, 아주 싼 가격에 좋은 책들을 구입할 수 있는 기회가 주어지기 때문이다.

세일을 위한 책들 중에는 좋은 책들이 많이 있다. 그런 책들을 아주 싼값에 살 수 있는 기회여서, 그 때마다 나도 거의 빠지지 않고 그곳에 들르곤 한다. 그곳에서의 책 세일을 통해 구입하게 된 책들 중 하나가 17세기에 잔느 귀용(Jeanne Guyon)이 쓴 『예수 그리스도를 깊이 체험하기』(Experiencing The Depths of Jesus Christ)라는 책-이 책은 한국어로도 번역 출판되었음-이다. 책의 제목이 좋고 마음에 들어 구입하게 되었다. 그리고 그 책을 감명 깊게 읽었다. 책을 읽어가면서, 마음에 와 닿는 여러 부분들을 발췌하여 묵상도 했다. 다음은 그것들 중 일부이다.

주님과의 내적인 관계 형성

묵상 하나. 귀용은 이렇게 말한다. "대부분의 그리스도인들은 자신들이 주님과 깊이 있는 내적인 관계를 맺도록 부르심을 받았다는 것을 느끼지 못하고 있다. 그러나 우리가 구원에로 부르심을 받은 것처럼, 의심할 여지없이 우리는 그리스도를 깊이 체험하도록 부르심을 받았다."

이 말은 참 의미 심장하다. 흔히 기독교는 '체험의 종교'라고 한다. 그것은 기독교 신앙이 관념적인 신앙이 아니라, 하나님의 역사 안에서의 활동에 근거하기 때문이다. 기독교 신앙의 출발점은 창조주 하나님이 죄인인 인간을 향해 오심에 있다. 그래서 기독교 신앙은 하나님의 오심과 부르심에 대한 응답에서 시작된다. 즉, 기독교 신앙은 하나님과 인간 사이의 인격적인 만남에서 시작되는 것이다.

성서에서 하나님은 부르시는 분이고 인간은 응답하는 존재이다. 이 부르심은 하나님 자신의 현존 안으로 피조물인 인간을 불러들이는 부르심이다. 때문에 우리가 하나님의 부르심에 응답하여 그분 앞에 서면 우리는 하나님을 체험하게 된다. 이것은 성서 전체에 걸쳐 분명하다. 하나님이 아브라함을 부르셨을 때 그는 부르심에 응답한 후 하나님과의 관계 안에서 살아갔다. 그의 삶의 여정은 계속해서 하나님과 만나고 체험하는 시간이었다. 모세는 여호와의 산 호렙에서 하나님과 대면하고 그분으로부터 받은 소명을 따라 한평생을 살아갔다. 그의 삶은 늘 하나님의 임재 안에서 하나님과 동행하고 체험하는 삶이었다. 이처럼, 성서의 이야기는 믿음의 사람들이 하나님과 가졌던 만남의 이야기이고 체험의 사건이다.

그런데 하나님은 성자 예수 그리스도를 통해 이 세상에서 인간의 구속을 이루셨기 때문에 이 부르심의 중심에는 예수 그리스도가 있다. 그래서 존 웨스터호프(John H. Westerhoff III)는 "하나님은 예수 그리스도의 수난과 죽음과 부활을 통해 인간의 역사 안에서 행하시며, 따라서 모든 삶과 역사가 변형된다. 우리는 그 사실에서 오는 기쁨 안에서 살며 우리의 삶에서 그것의 실체를 축하한다"라고 말한다. 우리는 예수 그리스도를 만남으로 하나님을 만나게 되고 예수 그리스도를 앎으로 하나님을 알게 된다. 우리는 예수 그리스도를 체험함으로 하나님을 체험하는 것이다. 예수님은 "네 아버지가 어디 있느냐"라고 묻는 바리새인들을 향하여, "너희는 나를 알지 못하고 내 아버지도 알지 못하는도다 나를 알았더면 내 아버지도 알았으리라"(요 8:19)라고 분명하게 말씀하셨다. 또한 예수님은 "내가 곧 길이요 진리요 생명이니 나로 말미암지 않고는 아버지께로 올 자가 없느니라"(요 14:6)라고 선포하셨다. 그리스도인들은 바로 길이요 진리요 생명이신 예수 그리스도와 함께 살아가는 그리스도의 제자들이요 하나님의 사람들이다.

그리스도인이 된다는 것은 예수 그리스도를 통해 구원을 얻는 것만을 의미하지 않는다. 그것은 또한 예수 그리스도 안에서 계속적으로 그리고 전인적으로 자라 가는 것을 뜻한다. 사도 베드로는 "오직 우리 주 곧 구주 예수 그리스도의 은혜와 저를 아는 지식에서 자라 가라"(벧후 3:18)라고 권면한다. 여기에서 자라감의 궁극적인 목표는

"그리스도의 장성한 분량이 충만한 데까지 이르"(엡 4:13)는 것이다.

그리스도인들이 이 세상에서 그리스도인답게 살아가려면, 그분과의 내적, 외적인 관계 안에 있어야 하며 계속해서 그분을 깊이 체험해 가는 삶을 추구하지 않으면 안 된다. 영적으로 깊이가 있다는 것은 예수 그리스도께 깊이 뿌리를 내리고 사는 것을 말한다. 이것은 모든 그리스도인이 추구해야 하는 가장 우선적이고 궁극적인 것이다. 그래서 귀용은 "우리는 그리스도를 깊이 체험하도록 부르심을 받았다"라고 말했다.

영적 독서

묵상 둘. 귀용은 이렇게 말한다. "'성서로 기도하기' 라는 방법으로 기도할 때 당신은 당신이 읽고 있는 말씀 속에서, 즉 그 말씀 자체에서 주님을 발견하려고 하는 것이다. 따라서 이 방법으로 기도할 때 당신의 관심의 초점이 되는 것은 바로 성서의 내용이다. 당신의 목적은 본문으로부터 당신에게 주님을 드러내 보여주는 모든 것을 취하는 것이다."

성서로 기도하는 이 방법은 오늘날 우리에게 '영적 독서' (spiritual reading 또는 sacred reading)라고 알려져 있는, 성서의 내용으로 기도하는 기도의 한 방법을 말한다. 영적 독서는 4, 5세기에 처음 사용된 기도의 방법으로, 그것의 목적은 말씀과 기도에 근거하여 하나님을 더 깊이 체험하려는 것이다. 그래서 마이클 캐시(Michael Casey)는 『영적 독서』(*Sacred Reading: The Ancient Art of Lectio Divina*)라는 책에서, 영적 독서는 "우리 자신들을 은혜의 행위와 성령의 감화(inspiration)에 우리 자신들을 개방하는 하나의 구체적인 방법"이며, "하나님께로 향하는 평생 동안의 과정의 한 요소"라고 말한다. 신약학자 룩 티모시 존슨(Luke Timothy Johnson)은 신약성서의 관점에서 영적 독서와 관련하여 이렇게 말한다. "그와 같은 성서 읽기는 고대에 그리고 중세의 많은 기간에 걸쳐 영적 삶의 주요한 방법(mechanism)이었다. 요점은 답을 찾는 것이 아니라 질문하면서 머무는 것이다. 수수께끼를 푸는 것이 아니라 신비를 받아들이는 것이다. 고전적인 방식의 '영적 독서'는 여전히 복음서들에 관계하는 가장 유용한 방법이다. 만일 우리가 그와 같은 읽기로부터 그리스도의 이미지 안으로 우리 마음의 변형을 가능하게 하기 바란다면, 실제로 그것은 신약성서를 읽는 가장 좋은 방법이다."

특히, 성서로 기도하기의 좋은 점은 성서를 읽는 것과 기도하는 것 그 두 가지 모두를 한 번에 병행할 수 있다는 데 있다. 그러니까 말씀 읽기와 기도생활이 그 하나의 실천 속에서 함께 만나게 되는 것이다. 뿐만 아니라, 영적 독서의 장점은 세상에서 우리의 기독교적 삶의 성장을 돕는다는 것이다. 우리의 영적 삶에서 말씀과 기도가 바르게 자리 잡혀 있지 않으면, 세상에서 복음에 합당하게 살기란 쉽지 않다. 바꾸어 말하면, 우리가 말씀과 기도로 무장되어 있으면 있을수록, 우리는 세상에서 복음에 합당하게 살기가 더 수월해 진다.

하나님의 사람들에게 말씀과 기도는 궁극적으로 하나님의 나라를 위한 삶의 중요한 부분으로서 세상에서의 충실한 기독교적 삶을 지향한다. 영적 독서의 관점에서 이 둘 사이의 관계성과 관련하여, 제임스 사이어(James W. Sire)는 이렇게 말한다. "기도와 함께 우리는 이미 일상의 세계, 하나님의 말씀의 세계에 의해 조명되는 일상의 세계, 최종적으로 실제로 존재하는 유일한 세계 안에 있다. 기도는 우리가 하나님의 말씀을 묵상하고 우리가 일하는 날의 세계로 돌아갈 때마다 우리가 건너는 다리를 놓는다. 영적 독서(lectio divina)의 증거는 실제로 이 점에서 나타난다. 왜냐하면 우리가 성서의 세계에서 살아왔는지 아닌지를 입증하는 것은 우리가 일상에서 어떻게 사는가이기 때문이다."

성서로 기도하는 방법을 꾸준히 실천해 가다보면, 우리는 우리 자신도 모르는 사이에 우리의 존재의 가장 깊은 심연, 즉 내면 세계에 이르게 된다. 그리고 거기에서 우리는 하나님을 만나 그분의 임재를 경험하게 된다. 왜냐하면 우리의 존재의 가장 깊은 곳에는 우리를 창조하시고 돌보시는 하나님의 자리가 있기 때문이다. 우리는 바로 거기에서 하나님을 만나게 된다.

고난 중에 그리스도로부터 얻게 되는 위로

묵상 셋. 귀용은 이렇게 말한다. "당신이 십자가에 달려 있을 때 당신은 사람에게서 오는 어떤 위로도 찾지 못할 것이다. 당신이 십자가를 경험하고 있을 때 당신에게 찾아오는 위로는 모두 주님으로부터 오는 것이다."

모든 사람이 원하지 않음에도 불구하고, 우리가 살아가는 이 세상에는 고난이 있다. 그리고 우리가 살아가는 동안 고난은 끊이지 않을 것이다. 왜냐하면 이 세상에는 사탄의 권세가 있고 그로 인해 죄와 사망이 있기 때문이다. 그래서 모든 인간은 고통을 경험한다. 이것은 그리스도인이라고 해서 예외가 아니다. 그리스도인에게도 고난이 있다. 특히 애매히 받는 고난이 있다. 그래서 사도 베드로는 "애매히 고난을 받아도 하나님을 생각함으로 슬픔을 참으면 이는 아름다우나… 오직 선을 행함으로 고난을 받고 참으면 이는 하나님 앞에 아름다우니라 이를 위하여 너희가 부르심을 입었으니 그리스도도 너희를 위하여 고난을 받으사 너희에게 본을 끼쳐 그 자취를 따라 오게 하려 하셨느니라 저는 죄를 범치 아니하시고 그 입에 궤사도 없으시며 욕을 받으시되 대신 욕하지 아니하시고 고난을 받으시되 위협하지 아니하시고 오직 공의로 심판하시는 자에게 부탁하시며"(벧전 2:19-23)라고 말했다. 예수님도 고난을 겪으셨다. 그러나 예수님의 고난은 그분 자신이 무죄함에도 불구하고 죄와 사망 가운데에서 살아가는 인간을 위해 친히 당하신 것이다.

그리스도인에게는 그리스도인이기 때문에 당하는 고난도 있다. 십자가를 지는 삶이 있다. 예수님은 이렇게 말씀하셨다. "아무든지 나를 따라 오려거든 자기를 부인하고 자기 십자가를 지고 나를 좇을 것이니라 누구든지 제 목숨을 구원코자 하면 잃을 것이요 누구든지 나와 복음을 위하여 제 목숨을 잃으면 구원하리라"(막 8:34-35). 예수님 때문에 당하는 고난과, 자기 십자가를 지고 복음을 위해 당하는 고난은 예수 그리스도의 고난에 참여하는 것이며, 그래서 그것은 하나님의 나라와 영원한 생명을 위한 것이다.

우리는 고난을 당하고 고통을 느낌으로 해서 예수 그리스도의 십자가의 고통을 조금이나마 알고 느낄 수 있게 된다. 그런 이유로 귀용은 "만일 당신이 십자가를 느끼지 못했다면 당신은 고난을 받은 것이 아니다. 고난의 **아픔**을 느끼는 것은 고난을 구성하는 주요 부분들 가운데 하나이다. 아픔(pain)은 십자가의 피할 수 없는 한 면이다. 아픔이 없다면, 십자가도 없다. 고통은 십자가의 본질 속에 엮여 그것의 한 부분을 이룬다. 아픔은 고난의 중심부에 위치한다"라고 말한다.

그리스도인들에게는 고난을 당할 때 함께 하시는 예수 그리스도가 계시다. 고난을 당하셨던 예수 그리스도께서 고난의 아픔을 아시고 자신을 따르는 사람들을 도우신다. "자기가 시험을 받아 고난을 당하셨은즉 시험받는 자들을 능히 도우시느니라"(히 2:18). 그래서 그리스도인들의 삶에는 때를 따라 돕는 은혜가 있다(히 4:16). 그 분에게서 모든 위로가 나온다. 그러므로 우리가 고난을 당할 때 그 아픔을 가지고 예수 그리스도 앞으로 나아갈 필요가 있다. 그러면 그리스도께서 주시는 위로를 얻게 될 것이다. "찬송하리로다 그는 우리 주 예수 그리스도의 하나님이시요 자비의 아버지시요 모든 위로의 하나님이시며 우리의 모든 환난 중에서 우리를 위로하사 우리로 하여금 하나님께 받는 위로로써 모든 환난 중에 있는 자들을 능히 위로하게 하시는 이시로다 그리스도의 고난이 우리에게 넘친 것같이 우리의 위로도 그리스도로 말미암아 넘치는도다"(고후 1:3-5).

그리스도와 연합하는 삶

묵상 넷. 귀용은 또한 이렇게 말한다. "우리는 이제 기독교적 체험의 궁극적인 단계에 이르게 되었다. (그것은 바로) 신적 연합(Divine Union)이다."

기독교 복음의 핵심은 예수 그리스도를 통해 모든 인간이 하나님과 화해하고 구원을 얻음으로, 하나님과 연합하는 자가 된다고 하는 것이다. 그것은 예수 그리스도를 통해 새로운 존재가 되어 하나님의 영원하신 생명에 참여하며 그분의 나라의 백성이 되는 것을 말한다. 예수님은 아버지께로 돌아가시기 전에 제자들을 위해 아버지께 이렇게 기도했다. "아버지께서 내 안에, 내가 아버지 안에 있는 것같이 저희도 다 하나가 되어 우리 안에 있게 하사 세상으로 아버지께서 나를 보내신 것을 믿게 하옵소서"(요 17:21). 예수 그리스도가 아버지 안에 계신 것처럼, 우리도 하나님 안에 있을 수 있다. 하나님과 연합할 수 있다.

그러면, 어떻게 우리는 하나님과 연합을 이룰 수 있는가? 바로 예수 그리스도를 통해서다. 예수 그리스도와 성부 하나님은 하나이며(요 10:30), 예수 그리스도는 하나님과 우리의 하나됨을 위하여 하나님께서 이 땅에 보내주신 하나님의 아들이다(요 3:16). 그러므로 하나님과의 연합 이전에 그리스도와의 연합이 우선적이다. 예수 그리스도와 연합하면 저절로 하나님과 연합하게 된다. 요한복음 6장 51-57절에서 예수님은 이렇게 말씀하신다. "나는 하늘로서 내려온 산 떡이니 사람이 이 떡을 먹으면 영생하리라 나의 줄 떡은 곧 세상의 생명을 위한 내 살이로다…인자의 살을 먹지 아니하고 인자의 피를 마시지 아니하면 너희 속에 생명이 없느니라 내 살을 먹고 내 피를 마시는 자는 영생을 가졌고 마지막 날에 내가 그를 다시 살리리니 내 살은 참된 양식이요 내 피는 참된 음료로다 내 살을 먹고 내 피를 마시는 자는 내 안에 거하고 나도 그 안에 거하나니 살아 계신 아버지께서 나를 보내시매 내가 아버지로 인하여 사는 것 같이 나를 먹는 그 사람도 나로 인하여 살리라." 이 말씀과 함께, 예수님은 우리가 예수 그리스도 자신을 먹음으로 하나님과의 단절된 우리의 삶이 회복되며 하나님과의 죽은 관계가 다시 살아나게 된다고 가르치신다. 그러므로 우리는 믿음으로 예수 그리스도를 통해 하나님의 생명에 참여하게 되며 하나님과의 연합을 이루는 은혜를 입게 된다.

이렇듯, 예수 그리스도가 우리의 영원한 생명과 절대적으로 관계가 있고 하나님과 연합을 이루는 통로라면, 우리는 그분과 관계를 맺을 뿐만 아니라 그분을 더 깊이 알아가고 더 깊이 체험해야 하는 것은 당연하다. 기독교적 삶은 예수 그리스도를 깊이 체험하는 삶을 향한 계속적인 여행이다. 많은 사람들이 체험적으로 예수 그리스도를 만났고 그 만남을 통해 삶의 변화를 받아 새로운 존재로 복된 삶을 살았고 또 살고 있다. 우리 각자도 그들 중 한 사람이 되고자 하는 거룩한 열망을 가지고, 날마다 예수 그리스도를 깊이 체험하는 삶을 향해 믿음의 경주를 계속해 가는 순례자들이 되기를 원한다.

2부
사랑하면서

"그런즉 믿음, 소망, 사랑,
이 세 가지는 항상 있을 것인데
그 중에 제일은 사랑이라"(고전 13:13).

"사랑하는 자들아 우리가 서로 사랑하자
사랑은 하나님께 속한 것이니 사랑하는 자마다
하나님께로 나서 하나님을 알고
사랑하지 아니하는 자는 하나님을 알지 못하나니
이는 하나님은 사랑이심이라…
사랑하는 자들아 하나님이 이같이
우리를 사랑하셨은즉 우리도
서로 사랑하는 것이 마땅하도다"(요일 4:7-11).

우리의 삶에서 파트너십은 중요하고 본질적이다.
파트너십의 관계가 바르게 형성될 때 우리들 삶은
더 풍성해지게 된다. 그러므로 우리는 늘 파트너십을 생각하면서
우리의 삶을 영위해 갈 필요가 있다.

11

하나님의 파트너

레티 러셀(Letty M. Russell)은 『파트너십의 미래』(The Future of Partnership)에서 이렇게 말한다. "하나님과 함께 그리고 다른 사람들과 함께 우리의 (신앙) 여행을 충실히 해 갈 때, 우리는 한 사람의 파트너가 아닌, 많은 파트너들을 만나게 된다. 우리는 아무도 혼자가 아니다. 우리는 많은 사람들, 즉 가족과 친구들, 그리고 일터에서, 거리에서 그리고 전세계에서 만나게 되는 지인들과 더불어 파트너들이다. 우리가 절망케 하는 세상의 한복판에서 삶을 창출하는데 하나님과 함께 할 수 있는 것은 오직 혼자서가 아닌, 내일로 가는 길 위의 공동의 여행자들과 함께 할 때이다." 이 말은 그리스도인의 삶은 본질적으로 공동체적이요 관계적이라는 말이다. 그리스도인들로서 우리는 다른 사람들과 더불어 하나님의 백성이요 그리스도의 몸

을 이룬다. 그래서 우리는 예수 그리스도 안에서 하나님과 함께 서로에게 파트너들이 된다.

부여받은 파트너십

사람에게 파트너는 중요하다. 살아가는데 힘과 위로가 될 뿐만 아니라, 미래를 더 나은 삶의 세계로 창출해 가는데 꼭 필요하기 때문이다. 우리는 다른 사람들과 더불어 인간이 된다. 그래서 인간이 된다는 것은 파트너가 되는 것이다. 파트너 관계와 관련하여 한가지 유념해야 할 것은, 그 관계는 늘 복수라는 사실이다. 다시 말하면, 우리가 다른 사람의 파트너가 되고, 다른 사람이 우리의 파트너가 된다. 하나님이 우리의 파트너가 되시고, 우리가 하나님의 파트너가 된다. 이처럼, 우리의 파트너십이 바르게 맺어지고 제대로 형성되려면, 이 복수 관계가 중요하게 고려되어야 한다.

하나님께서 천지만물을 창조하신 후 인간을 지으셨을 때, 인간은 풍성한 삶을 위해 하나님으로부터 네 가지를 선물로 받았다.

첫 번째 선물은 생명이다. 하나님은 흙으로 사람을 지으시고 그 안에 생기를 불어넣으심으로 살아 있는 존재, 즉 생령이 되게 하셨다. "여호와 하나님이 흙으로 사람을 지으시고 생기를 그 코에 불어넣으시니 사람이 생령이 된지라"(창 2:7). 이것은, 인간이란 하나님의 생기를 바탕으로 사는 존재임을 뜻한다. 하나님의 생기를 떠나면 인간은 죽은 존재가 된다.

두 번째 선물은 하나님의 형상(the image of God)이다. "하나님이 자기 형상 곧 하나님의 형상대로 사람을 창조하시되 남자와 여자를 창조하시고"(창 1:27). 인간은 하나님의 형상을 따라 지음을 받았다. 그래서 하나님의 형상은 인간의 존엄성의 토대이며 인간의 정체성의 바탕이다. 인간이 존엄한 것은 인간이 하나님의 형상을 지닌 존재이기 때문이다. 인간이 미생물로부터 진화된 존재라면 인간으로서의 존엄성을 말할 근거를 상실하고 만다. 인간이 사유하고 진리를 추구하고 자신을 성찰하며 살 수 있는 것도 인간이 하나님의 형상을 따라 지음을 받은 내적인 능력을 지닌 존재이기 때문이다. 이것은, 인간은 자기 자신과도 관계를 맺을 수 있는 존재라는 의미이다. 다른 관계들뿐만 아니라 자기 자신과도 파트너십을 이루어 갈 수 있는 존재라는 뜻이다.

하나님의 형상은 인간의 영성의 토대이기도 하다. 인간이 영적 존재인 것은 영이신 하나님으로부터 왔기 때문이다. 하나님의 형상을 따라 지음 받은 존재이기 때문이다. 인간이 영적이라는 것은 자기 자신과의 관계를 형성해 갈 수 있는 존재일 뿐만 아니라 하나님과의 관계를 통해 자신의 영혼의 만족을 추구하며 살 수 있는 존재라는 의미이다.

세 번째 선물은 다른 사람들과의 파트너십이다. "여호와 하나님이 아담에게서 취하신 그 갈빗대로 여자를 만드시고 그를 아담에게로 이끌어 오시니 아담이 가로되 이는 내 뼈 중의 뼈요 살 중의 살이라 이것을 남자에게서 취하였은즉 여자라 칭하리라 하니라"(창 2:22-23). 하나님께서는 사람을 창조하시되, 남자와 여자를 창조하시고 가족공동체와 인간공동체를 이루게 하셨다. 우리로 하여금 다른 사람들과 파트너십을 이루며 복된 삶을 살도록 하셨다. 인간은 홀로 인간이 될 수 없을 뿐만 아니라 혼자서도 살아갈 수 없다. 하나님으로부터 인간은 '더불어 함께' 관계 안에서 살아가도록 사회적·공동체적 존재로 지음을 빚었기 때문이다.

네 번째 선물은 하나님과의 파트너십이다. "여호와 하나님이 그 사람을 이끌어 에덴 동산에 두사 그것을 다스리며 지키게 하시고"(창 2:15). 하나님은 인간에게 자신이 지은 창조세계를 돌볼 수 있는 권한과 책임을 부여해 주셨다. 창조주 하나님이 인간에게 자신의 창조세계를 위탁하신 것이다. 본래 창조세계는 하나님께 속한 것이다. 하나님의 것이다. 인간은 다만 하나님과 파트너십을 이루며 그것을 돌보는 청지기(steward)이다. 그래서 우리가 하나님 앞에서 바르고 풍성한 삶을 살고자 한다면, 이것을 기억함이 중요하다. 그럼에도 불구하고 오늘날 인간은 창조세계가 마치 자신에게 속한 것처럼 대한다. 자신의 이익을 위해 수단화한다. 그러나 그것은 하나님의 창조세계를 착취하는 것이요 하나님과의 청지기적 파트너십을 깨는 것이다. 그와 같은 삶은 결국 인간 자신의 위기로 귀결된다.

이처럼, 하나님은 인간에게 삶을 위한 네 가지의 선물을 주셨고, 파트너십 가운데 살도록 하셨다. 즉, 하나님은 인간으로 하여금 하나님과의 파트너십 안에서 살되, 동료 인간과의 파트너십을 바탕으로 자신이 지은 창조세계와 파트너십을 이루며 살게 하신 것이다.

깨어진 파트너십

그러나 이런 파트너십은 인간이 사탄의 말을 듣고 하나님과 같이 되고자 하나님께 불순종했을 때 깨어졌다. 인간은 하나님의 말씀을 거역함으로 생명을 상실하게 되었고, 부여받은 파트너십의 관계를 잃고 말았다. 하나님과의 파트너십 관계를 잃어버렸고, 자기 자신과의 파트너십 관계를 잃어버렸다. 뿐만 아니라, 타인과의 파트너십 관계를 잃어버렸고, 창조세계와의 파트너십 관계를 잃어버렸다.

11. 하나님의 파트너

파트너십 관계의 상실은 결국 인간의 삶을 황폐하게 만들었고 또 만든다. 인간은 내적으로 피폐해졌고 공허하게 되었다. 외적으로는 공존과 자유의 삶보다 경쟁과 억압을 낳는 삶의 방식을 추구하게 되었다. 창조세계는 인간의 그런 삶으로 인해 함께 고통을 당하게 되었고, 또 인간으로 인해 더욱 황폐해지고 있다.

파트너십이 깨어진 삶의 모습은 경쟁과 절망이다. 그런 삶에는 평온함이 없고 희망찬 미래도 없다. 파트너십이 회복되지 않는 한에서, 우리의 삶은 고독하며 진정 갈 바를 알지 못한다. 그러므로 우리의 삶에서 파트너십의 회복은 무엇보다도 시급하고 중요한 일이라고 할 수 있다.

파트너십의 회복

우리가 하나님으로부터 부여받은 파트너십을 회복하기 위해서는 무엇보다도 먼저 하나님의 말씀을 회복해야 한다. 모든 파트너십의 바탕은 하나님과의 파트너십이기 때문이다. 하나님의 말씀을 바르게 들으면 파트너십의 길이 보이게 된다. 인간의 모든 문제의 저변에는 하나님의 말씀을 저버리는 인간의 탐욕스럽고 죄로 물든 이기적인 마음이 있다. 아담과 하와가 그 좋은 예이다. 인간의 자기 중심성은 늘 삶의 관계를 깬다.

모든 관계의 중심, 파트너십의 중심에는 하나님과 함께 하는 삶, 즉 하나님을 섬기는 삶이 있다. 하나님을 인정하는 삶이 없이 우리의 파트너십은 바를 수 없다. 그래서 믿음이 중요하다. 믿음에서 벗어난 삶은 일시적으로는 자유롭고 편할지 모르지만, 늘 불만족스럽고 공허감을 느끼게 된다.

특히, 하나님과의 파트너십의 회복은 예수 그리스도 안에서 하나님을 섬기고 사랑하면서 사는 삶을 통해서 이루어진다. 하나님은 그분 자신이 먼저 인간과 파트너십을 회복하기 위해 외아들 예수 그리스도를 보내주셨기 때문이다. 예수 그리스도는 인간이 되신 하나님(God incarnate)이시다. 하나님과 함께 하는 삶에는 생명이 있고, 기쁨이 있다. 시인은 이렇게 노래한다. "주께서 내 마음에 두신 기쁨은 저희의 곡식과 새 포도주의 풍성할 때보다 더하니이다 내가 평안히 눕고 자기도 하리니 나를 안전히 거하게 하시는 이는 오직 여호와시니이다"(시 4:7-8).

나 자신과의 파트너십의 회복은 나의 삶을 믿음 안에서 지키고 돌보며 살 때 온다. 나의 삶은 나와 나의 영혼이 온전히 하나를 이룰 때 좋은 삶이 된다. 우리는 우리 영혼의 소리에 귀를 기울일 필요가 있다. 파커 파머(Parker Palmer)는 "나는 나의 삶을 향해 내가 나의 삶과 더불어 무엇을 하기를 원하는지를 말하기 전에, 나는 나에게 내가 누구인가라고 말하는 나의 삶에 귀를 기울여야 한다"고 말한다. 우리는 하나님께서 우리 안에 심어주신 하나님의 소리를 듣고 그 소리에 응답하는 삶을 통해 우리의 삶을 아름답게 할 수 있다. 그래서 내면의 소리를 듣는 것은 필수적이다.

이웃과의 파트너십은 우리가 하나님을 사랑하는 마음으로 이웃을 내 몸과 같이 사랑하며 살 때 회복된다. 내가 먼저 사랑의 손을 내밀어 이웃의 손을 잡을 때 관계의 지평이 새롭게 열린다. 이웃을 온전하게 맞이하는 것은 쉬운 일이 아니지만, 그럼에도 그것은 중요하다 이웃은 우리에게 소중하다. 하나님의 공동체는 이웃과 더불어 형성되고 확장되기 때문이다.

창조세계와의 파트너십은 하나님의 창조세계를 우리의 이익을 위

11. 하나님의 파트너

한 도구나 객체(object)로가 아닌, 하나의 주체(subject)로, 우리의 삶의 동반자로 여기며 존중하는 삶을 통해 회복된다. 우리는 이런 삶의 모델을 예수님의 삶에서 보게 된다. 창조세계와 바른 파트너십 관계를 맺는 문제는 오늘날 더 시급하고 중요하다. 그럼에도 불구하고 오늘날 여전히 파트너십 관계에서 이 차원은 우리가 가장 인식하지 못하는 부분이기도 하다.

우리의 삶에서 파트너십은 중요하고 본질적이다. 파트너십의 관계가 바르게 형성될 때 우리의 삶은 더 풍성해지게 된다. 그러므로 우리는 늘 파트너십을 생각하면서 우리의 삶을 영위해 갈 필요가 있다.

> 그리스도인들로서 우리는
> 믿음직스러운 사람이 되어야 한다. 그러기 위해서는
> 정직한 사람들이 되어야 한다. 그럴 때만 우리는
> 하나님이 기뻐하시는 삶을 살 수 있게 된다.

그리스도인은 믿음직스러워야 한다

한 젊은 여성이 플로리다 해변에 누워 일광욕을 즐기고 있었다. 그때 수영복 차림의 한 어린 소년이 그녀에게 와서는 이렇게 물었다. "당신은 하나님을 믿으시나요?" 그 여인은 그 질문에 다소 놀란 듯, "물론, 믿지. 그런데 왜 묻는 거지?"라고 대답했다.

그러자 그 소년은 "당신은 매주 교회에 가시나요?"라고 물었다. 그 여인은 다시 "그럼, 가고 말고"라고 답했다. 그 말을 듣고 나서, 그 소년은 그녀를 조사하듯 자세히 보고는 이렇게 묻는 것이었다. "당신은 성경을 읽고 매일 기도하나요?"라고 물었다. 조금 전과 같이, 그녀는 미소를 머금으면서 "물론이지"라고 말했다. 그녀는 그 소년이 왜 그런 질문을 던지는지 몹시 궁금해졌다.

그 소년은 잠시 말을 멈추었다가, 아주 안심한 듯 안도의 숨을 내

쉬면서 이렇게 말했다. "제가 물에 들어가 수영하는 동안 저의 25센트 짜리 동전을 맡아주시겠어요?"

이 이야기를 들려주면서, 찰스 밀즈(Charles Mills)는 이렇게 말한다. "정직. 그것은 죄가 가득한 우리 사회에서 아주 드물고 귀한 필수품이다. 어떻게 알았는지 자세히는 모르지만, 그 어린 소년은 그리스도인들-교회에 가고 성경을 읽고 매일 기도를 하는 사람들-은 한 사람의 전 재산인 25센트와 같이 귀한 것도 맡길 수 있는 특별한 사람들이라고 배웠다."

이것은 그리스도인들인 우리에게 정직한 삶에 관해 많은 것을 생각하게 해 주는 이야기이다.

정직과 거짓

정직한 삶에 관한 가르침은 실제로 성서 전체에 걸쳐 흐르는 중심적인 주제이다. 성서가 정직한 삶에 대해 강조하는 것은 하나님은 정직의 하나님이시기 때문이다. 시인은 이렇게 노래한다. "여호와는 선하시고 정직하시니 그러므로 그 도로 죄인을 교훈하시리로다"(시 25:8). 그리고 모세는 이렇게 설교했다. "그는 반석이시니 그 공덕이 완전하고 그 모든 길이 공평하며 진실무망하신 하나님이시니 공의로우시고 정직하시도다"(신 32:4).

하나님의 성품과 성격은 그분의 백성의 성품과 성격을 결정한다. 그래서 하나님은 이스라엘 백성들을 향해, "나는 너희의 하나님이 되려고 너희를 애굽 땅에서 인도하여 낸 여호와라 내가 거룩하니 너희도 거룩할지어다"(레 11:45)라고 명하셨다. 정직한 하나님의 백성들은 정직의 백성들이다. 때문에 하나님은 자신의 백성이 속이고 거짓되이 행하는 것을 절대 금하셨다.

그런데 정직을 깨는 가장 일반적인 것은 속이고 거짓말을 하는 것이다. 거짓이 나쁜 것은 정직한 삶을 방해할 뿐만 아니라 그것은 또 다른 거짓을 낳기 때문이다. 그래서 역설적이게도 거짓을 끊는 가장 좋은 방법은 솔직하고 정직하는 것이다. 최초의 인간이 상대방에게 쓴 최초의 의사소통의 방법 중 하나가 바로 거짓말이었다. 하와는 사탄을 향해 거짓말을 했고 사탄도 하와를 향해 거짓말을 했다. 하나님은 아담을 지으신 후 에덴 동산에 두시고는 그를 향해, "동산 각종 나무의 실과는 네가 임의로 먹되 선악을 알게 하는 나무의 실과는 먹지 말라 네가 먹는 날에는 정녕 죽으리라"(창 2:16-17)라고 말씀하셨다. 그러나 사탄이 하와에게 와서는 "하나님이 참으로 너희더러 동산 모든 나무의 실과를 먹지 말라 하시더냐"(창 3:1)라고 물었을 때, 하와는 사탄에게 "동산 나무의 실과를 우리가 먹을 수 있으나 동산 중앙에 있는 나무의 실과는 하나님의 말씀에 너희는 먹지도 말고 만지지도 말라 너희가 죽을까 하노라 하셨느니라"(2-3절)라고 대답했다. 하와는 하나님의 말씀에 자신의 말을 첨가해 말을 했다. 그러자 사탄은 거짓말로 이렇게 말했다. "너희가 결코 죽지 아니하리라"(4절). 결국 아담과 하와는 그 거짓말에 속아 하나님에 대하여 영적으로 죽게 되었다.

사탄은 하나님과 인간을 갈라놓기 위해 거짓말을 사용했다. 사탄은 오늘날도 여전히 우리와 하나님 사이를 이간질하기 위해 거짓을 사용한다. 거짓은 하나님과 우리 사이의 관계를 깬다. 거짓은 정직한 삶을 방해한다. 거짓은 사탄을 위한 봉사다. 그래서 거짓은 악이다.

아나니아와 삽비라의 경우

사도행전 5장에는 거짓을 행함으로 성령을 속이다가 죽은 아나니아와 삽비라의 이야기가 나온다. 그들은 하나님 앞에서 정직하지 못했다. 그들의 정직하지 못한 삶이 그들로 하여금 죽게 했다.

그 당시는 임박한 종말을 느끼며 성도들이 자발적으로 자신들이 가진 재산을 팔아 공동으로 소유하면서 공동 생활을 하곤 했다(행 4:32-35). 자신들이 받은 은혜를 따라, 자신들의 소유를 팔아 가난하고 궁핍한 사람들과 함께 나누는 실천이었다. 그와 같은 실천을 했던 사람들 중에는 바나바라는 요셉도 있었다. 그는 그리스도인들을 잡아 핍박하던 사울이 다메섹 도상에서 예수 그리스도를 만나고 변하게 되었을 때, 그의 변화를 믿지 못하던 사도들 앞에서 그를 변호했던 사람이다. 그에게는 밭이 있었는데, 그것을 팔아 사도들 앞에 내어놓았다.

아마도 이런 실천들이 아나니아와 삽비라에게 부담이 되었던 것 같다. 자기들은 그렇게 하기 싫은데, 주변 상황을 보니 생색은 내야 할 것 같았다. 그래서 그들도 소유를 판 후에 그 중 얼마를 따로 떼어 감추고는 나머지를 사도들에게 가져왔다. 본문에는 나와 있지 않지만, 그들은 분명, "이 돈이 저희가 땅을 팔아 번 전부입니다"라고 말했을 것이다.

그 때 베드로는 아나니아를 향해 "아나니아야 어찌하여 사단이 네 마음에 가득하여 네가 성령을 속이고 땅값 얼마를 감추었느냐 땅이 그대로 있을 때에는 네 땅이 아니며 판 후에도 네 임의로 할 수가 없더냐 어찌하여 이 일을 네 마음에 두었느냐 사람에게 거짓말 한 것이 아니요 하나님께로다"(행 5:3-4)라고 말한다. 이 말을 듣고 아나니 아는 죽었다.

얼마 후, 밖에 나가 있던 그의 아내 삽비라가 왔지만 그 일어난 일을 알지 못했다. 그 때 베드로가 그녀에게 땅을 판 값이 이것뿐이냐고 물었다. 그러자 삽비라 역시 그렇다고 거짓을 행했다. 결국 삽비라도 성령을 속인 죄로 죽게 되었다.

이 이야기의 핵심은 '하나님을 향해 정직한가 아니면 거짓되냐' 하는 것이다. 그들은 자신들의 땅을 그대로 둘 수도 있었고, 땅을 판 후 그 돈을 자신들의 것으로 소유하고 있을 수도 있었다. 그러나 문제는 땅을 팔아 바치기로 마음을 정하고 막상 땅을 팔고 보니 돈이 눈에 보였고, 갑자기 바치는 것이 아깝게 느껴졌다. 그래서 그들은 얼마를 감추었다. 아마도 그들은 마음에서 "이것 봐. 그 돈을 다 바치면 아깝잖아. 조금 떼어 놓아두고 바쳐도 아무도 모르니 그렇게 해"하는 사탄의 속삭임에 귀를 기울이고 그렇게 했을 것이다. 그래서 그들은 연극을 하다가, "사단이 네 마음에 가득하여 네가 성령을 속이고"라는 말을 듣고 성령을 속이는 죄로 죽게 되었던 것이다.

성령을 속이는 것은 하나님을 속이는 것이다. 왜냐하면 성령은 하나님이시기 때문이다. 존 스토트(John Stott) 목사는 이렇게 말한다.

> 성령에 관해 확언해야 할 필요가 있는 한 가지 사실은, 그분은 삼위일체의 세 번째 위(person)인 하나님이라는 것이다. 그러므로 그분은 영원하다. 그분은 또한 (성부 하나님이) 천지를 창조하실 때 활동하셨으며 지면을 새롭게 하시는 일을 함께 하셨다(창 1:2; 시 104:30). 하나님으로서 그분은 편재해 계신다. 그러므로 시편 기자는 "내가 주의 신을 떠나 어디로 가며 주의 앞에서 어디로 피하리이까"(시 139:7)라고 물었다. 성령께 거짓말을 하는

것은 하나님께 거짓말을 하는 것이다(행 5:3-4, 9). 그리고 우리가 진리라고 알고 있는 것을 반항적으로 거부하는 것은 성령을 훼방하는 것이다(막 3:29). 성령은 성부와 성자에 의해 보내심을 받았기 때문에, 그분은 한결 같이 "하나님의 영"과 "그리스도의 영"으로 불린다. 그에 더하여, 예수는 성령을 "아버지로부터 오시는" 분, 즉 그분의 신성(divine being)은 영원히 성부 하나님으로부터 파생되는 분으로 언급했다.

그의 말대로, 성령은 하나님이시다. 이런 점에서, 성령을 속이는 것은 하나님을 속이는 것이다. 아나니아와 삽비라는 성령을 속임으로 하나님을 속이는 죄를 범했다. 그들은 하나님의 영의 인도를 받는 정직의 사람들이 아니라, 사탄의 꾀임에 빠져 조종을 당하는 거짓의 사람들이었다.

정직한 하나님, 정직한 백성

시인은 "여호와는 의로우사 의로운 일을 좋아하시나니 정직한 자는 그 얼굴을 뵈오리로다"(시 11:7)라고 읊는다. 하나님께서 정직을 강조하는 것은 정직한 사람만이 하나님과 바른 관계를 맺을 수 있기 때문이다. 하나님은 거룩하시고 의로우시다. 그래서 하나님은 자신의 본성 때문에 거짓에 거할 수 없다.

거짓은 관계를 깬다. 하나님과의 관계를 깨고 신앙공동체와의 관계를 깨고 다른 사람들과의 관계를 깬다. 사회를 병들게 한다. 사회적 건강을 해친다. 그래서 거짓을 일삼는 사람들이 많은 개인과 사회는 병들어 제대로 기능하지 못하게 된다. 인간성이 상실되고 위선만

남게 된다. 병든 개인, 병든 사회가 되고 만다.

신앙 생활은 정직한 삶을 지향하는 삶이다. 그리스도인 됨의 표시 중 하나는 정직이다. 하나님의 말씀에 따르면, 사람들이 믿을 수 있고 신뢰할 수 있는 사람들이 그리스도인들이다. 그들은 사회에서 빛을 발하며 사는 사람들이다. 예수님은 "너희는 세상의 소금이니 소금이 만일 그 맛을 잃으면 무엇으로 짜게 하리요 후에는 아무 쓸데없어 다만 밖에 버리워 사람에게 밟힐 뿐이니라 너희는 세상의 빛이라 산 위에 있는 동네가 숨기우지 못할 것이요 사람이 등불을 켜서 말 아래 두지 아니하고 등경 위에 두나니 이러므로 집안 모든 사람에게 비취느니라"(마 5:13-15)라고 말씀하셨다. 이 말씀에 따르면, 그리스도인의 사회적 성격은 빛과 소금이다. 빛과 소금은 모두 정직하다. 그것들은 모두 사회를 지키는 역할을 한다. 빛은 사회가 어둠으로 물드는 것을 막아주고, 소금은 사회가 부패하는 것을 막아준다.

우리가 정직하지 못하고 거짓을 행하는 것은, 우리 자신의 이익과 우리의 행위를 정당화하려는 욕심 때문이다. 그러나 그런 삶에는 하나님이 없다. 그런 삶은 복음에 합당하지도 않다.

우리는 거짓된 사회에서 늘 거짓말에 노출된 삶을 살아간다. 우리가 살아가는 사회는 거짓말이 만연되어 있는 세상이다. 유진 피터슨(Eugene H. Peterson)은 사회의 이런 거짓된 면을 이렇게 비판한다. "그 거짓말들은 나무랄 데 없이 사실적(factual)이다. 그것들은 오류(error)를 포함하지 않는다. 왜곡된 사실이나 잘못된 데이터는 없다. 하지만, 그래도 그것들은 거짓말이다. 왜냐하면 그것들은 하나님 안에 있는 우리의 기원과 하나님 안에 있는 우리의 운명에 관한 모든 것을 빼놓은 채, 우리에게 우리가 누구인가를 말하기 때문이다. 그것들은 우리에게 하나님께서 세상을 만드셨다고 말하지 않고, 세상에 관해 말한다. 그것들은 우리에게 우리의 몸은 성령의 전이라는 것을 말하지 않고, 우리의 몸에 관해 말한다. 그것들은 우리에게 우리를 사랑하셔서 우리를 위해 자신의 몸을 주신 하나님에 관해 말하지 않고, 우리에게 사랑을 가르친다." 이렇게 말한 다음, 그는 시편 120편을 근거로 하나님은 "모든 것에 대한 단서"라고 말한다.

하나님을 빼놓고 진실을 이야기하는 거짓된 세상에서, 하나님의 말씀을 존중하며 정직하게 사는 것은 너무나 자주 바보 같이 사는 것으로 여겨지기도 한다. 뿐만 아니라 오늘날 우리가 사는 사회는 여러 면에서 거짓이 많아서, 우리로 하여금 정직하게 사는 것은 손해보고 산다는 느낌을 갖게 한다. 그럼에도 불구하고 하나님의 사람들은 이 세상의 이런 풍조를 거부하며 정직을 지향하며 살아야 한다. 하나님은 정직의 하나님이시며, 우리는 그 하나님을 섬기며 사는 그분의 백성이기 때문이다.

정직한 삶의 회복

오늘날 우리 사회에서 뿐 아니라, 교회 안에서도 가장 필요한 것들 중의 하나가 정직을 회복하는 일이다. 심지어는 교회 안에도 거짓이 많다. 우리가 정직한 삶을 살려면, 우리가 계속해서 회복해야 하는 것들 중의 하나는 정직한 영이다. 우리의 영, 우리의 내면이 늘 새롭게 되어야 하는 것이다. 시인은 "하나님이여 내 속에 정한 마음을 창조하시고 내 안에 정직한 영을 새롭게 하소서"(시 51:10)라고 기도했다. 정직한 삶은 깨끗한 마음, 순수한 심장에서 나온다. 그래서 성령의 새롭게 하시는 은혜를 힘입어 마음과 심장을 깨끗하게 하는 것이 중요하다. 마음은 삶의 뿌리이기 때문이다. 줄기의 삶은 뿌리에서 결정된다.

우리의 영이 정직하려면, 하나님의 영의 다스림을 받아야 한다. 거짓의 가르침이 아니라, 진리의 말씀을 배우며 진리의 말씀에 따라 사는 것이다. 우리가 진리의 영이신 성령의 인도하심을 따라 살면, 그분이 우리를 진리 가운데로 인도해 가신다(요 16:13). 사도 바울은 믿음의 아들 디모데를 향해 "디모데야 네게 부탁한 것을 지키고 거짓되이 일컫는 지식의 망령되고 허한 말과 변론을 피하라"(딤전 6:20)라고 권면한다. 디모데는 거짓이 없는 믿음을 가진 하나님의 사람이었다(딤후 1:5). 그가 그렇게 될 수 있었던 것은 믿음의 가정에서 하나님을 말씀을 배우며 그 말씀의 다스림을 받으며 살았기 때문이다. 우리가 성령의 가르침을 받으면서 진리의 말씀을 따라 정직한 삶을 지향하며 살면, "거짓이 없으신 하나님이 영원한 때 전부터 약속하신"(딛 1:2) 영원한 생명을 받게 된다.

그리스도인들로서 우리는 믿음직스러운 사람이 되어야 한다. 그러기 위해서는 정직한 사람들이 되어야 한다. 그럴 때만 우리는 하나님이 기뻐하시는 삶을 살 수 있게 된다. "거짓 행하는 자가 내 집 안에 거하지 못하며 거짓말하는 자가 내 목전에 서지 못하리로다"(시 101:7). "여호와께서 이같이 말씀하시되 지혜로운 자는 그 지혜를 자랑치 말라 용사는 그 용맹을 자랑치 말라 부자는 그 부함을 자랑치 말라 자랑하는 자는 이것으로 자랑할지니 곧 명철하여 나를 아는 것과 나 여호와는 인애와 공평과 정직을 땅에 행하는 자인 줄 깨닫는 것이라 나는 이 일을 기뻐하노라 여호와의 말이니라"(렘 9:23-24).

> 우리는 모두 매일 감사하는 삶에로 초대를 받는다.
> 그리고 그런 삶에는 하나님의 더 큰 은혜가 깃들게 된다.
> 우리 모두 매일 감사가 넘치는 삶을 향해 나아가자.

13

감사가 넘치는 삶

우리 집 둘째인 현서가 자주 가고 싶어하는 곳이 있다. 〈One Dollar Shop〉이 그곳이다. 한국식으로 하면, 일명 〈천냥 하우스〉이다. 그곳에 가면, 자기의 눈에 들어오는 물건들이 많이 있기 때문이다. 어쩌다 한번 그곳에 데리고 가면, 여기 저기 다니면서 사고 싶은 것을 고르느라 정신이 없다. 그럴 때, 내가 "한 개만 사!"라고 말하면, 이것저것 집었다 놓았다 하면서, 어느 것을 고를까 고민도 한다.

내 주머니에 잔돈이 생길 때마다, 나는 아들에게 1달러를 용돈으로 주곤 한다. 그럴 때마다 아들은 매우 기뻐하며 자기 지갑에 잘 넣어둔다. 아들의 마음속에 있는 '바로 그곳'에 가기 위해서다. 그리고는 생각날 때마다, "아빠, 이 돈이면 Dollar Shop에서 몇 개나 살 수 있어요?"라고 묻기도 한다. 때로는 그런 모습이 귀엽기도 하지만, 겨우 생각하는 것이 1달러 수준에 머무는 것 같아서, "이들, 돈이 생길 때마다 1달러 짜리 물건을 사는 것으로 좋아하지 말고, 더 모아서 조금 비싸고 좋은 것 좀 사라!"하면 "네"하기도 한다.

한 번은, 아이를 생각하여 조금 비싼 것을 선물로 사 준 적이 있다. 그 때 아들은 그것을 받고는 무척이나 감격해 했다. "오호호"라고 하면서, 연달아 "아빠, 고맙습니다! 아빠, 고맙습니다!"하는 것이었다. 그 모습을 보면서, "뭐가 그리 좋을까?"하고 생각한 적이 있다.

추수와 감사

누군가를 향해, 또 무언가에 대해 고마워하는 마음을 갖는 것은 정신적으로 건강한 인간됨의 한 표시이다. 한 사람의 삶에 감사가 결여되어 있다면, 그 마음은 내적으로 건강하지 못한 상태에 있을 것이다. 반면에 한 사람의 삶에 감사가 있다면, 그 사람은 틀림없이 내적으로 건강한 사람일 것이다. 사전적인 의미로, 감사는 "고맙게 여기는 것"을 말한다. 그래서 우리가 감사한다는 것은 누군가에게 그리고 무엇인가에 고마운 마음을 갖는 것이 된다.

가을은 유독 '감사'란 말을 생각하게 하는 계절이다. 가을이 되면, 이내 떠오르는 말 중 하나가 '감사' 다. 가을은 삶의 열매들이 풍성하게 맺히는 계절이다. 농부가 그 동안의 모든 수고의 대가를 거둬들이는 시간이다. 이처럼, 가을은 풍요를 의미한다. 그러나 감사는 뿌리는 자의 수고와 그로 인한 열매 맺음에서 비롯되지 않는다. 오히려 감사는 뿌리는 자의 수고를 헛되지 않게 해준 많은 요인들과 더불어 시작된다. 그래서 우리의 조상들은 추수 후에는 늘 하늘을 향해 감사제를 드렸고 이웃과 기쁨을 함께 나누곤 했다.

이런 점은 성서에서 더욱 두드러지게 나타난다. 인간의 삶 자체가 독립적이지 않고 의존적이기 때문이다. 특히, 추수감사절은 이것에 대한 확증이다. 성서에서 감사절은 하나님의 복 주심에 근거한다. 이스라엘의 소득은 철저히 하나님의 복 주심과 돌보심의 결과였다.

출애굽기 23장에서 하나님은 이스라엘 백성들을 향하여 이렇게 말씀하셨다. "너는 매년 삼차 내게 절기를 지킬지니라 너는 무교병의 절기를 지키라 내가 네게 명한 대로 아빕월의 정한 때에 칠일 동안 무교병을 먹을지니 이는 그 달에 네가 애굽에서 나왔음이라 빈손으로 내게 보이지 말지니라 맥추절을 지키라 이는 네가 수고하여 밭에 뿌린 것의 첫 열매를 거둠이니라 수장절을 지키라 이는 네가 수고하여 이룬 것을 연종에 밭에서부터 거두어 저장함이니라"(14-16절).

그러면, 왜 수고는 이스라엘 백성이 하고, 감사는 하나님이 받으시는가? 그것은 불공평한 요구가 아닌가? 아니다. 전혀 그렇지가 않다. 우리는 그것에 대한 답을 같은 장의 25절에서 보게 된다. 하나님은 "너의 하나님 여호와를 섬기라 그리하면 여호와가 너희의 양식과 물에 복을 내리고 너희 중에 병을 제하리니"라고 말씀하셨다. 이스라엘 백성의 삶, 특별히 복된 삶은 하나님을 떠나서는 있을 수 없었다. 때문에 그들이 복을 누리고 풍성한 삶의 열매를 누릴 수 있었던 것은 전적으로 그 모든 것을 하나님으로부터 받았기 때문이다. 그래서 추수절에 하나님께 감사하는 것은 당연했으며 또한 드려야 할 많은 감사의 이유들 중 한 부분이었다.

감사의 이유와 근원

성서는, 감사의 근원은 하나님이라고 가르친다. 그래서 성서에서 감사는 어떤 외적인 결과에서 비롯되지 않는다. 그것은 무엇보다도 하나님과 그분의 존재에서 비롯된다. 그분이 베풀어주시는 사랑과 은혜에 근거한다. 우리를 지으신 그분이 계시기 때문에 감사해야 하고, 그분이 우리를 사랑하시기 때문에 감사해야 한다는 것이다.

시편 107편 1절과 118편 1절에서 시인은 같은 목소리로 "여호와께 감사하라 그는 선하시며 그 인자하심이 영원함이로다"라고 노래한다. 그런데 주목할 것은 시편 136편도 처음 1절부터 마지막 28절까지 우리가 하나님을 향해 감사해야 할 이유로 하나님의 인자하심, 즉 사랑을 든다는 사실이다. 그 시인은 우리가 하나님께 감사해야 하는데, 그것은 그분의 "인자하심이 영원"하시기 때문이라는 것이다.

자녀가 자기의 부모를 향해 감사해야 하는 일차적인 이유는 자기를 낳아 주신 부모의 은혜가 크기 때문이며 자기를 길러주시는 노고가 이루다 말할 수 없기 때문이다. 마찬가지로, 우리가 하나님을 향하여 감사해야 하는 일차적인 이유는 하나님이 우리를 이 세상에 있게 하신 존재의 근원(창 1:27, 2:7)이시기 때문이며 우리를 돌보시는 하나님이시기 때문이다. 예수님은 이렇게 말씀하셨다.

> 너희 중에 누가 염려함으로 그 키를 한 자나 더할 수 있느냐 또 너희가 어찌 의복을 위하여 염려하느냐 들의 백합화가 어떻게 자라는가 생각하여 보라 수고도 아니하고 길쌈도 아니하느니라 그러나 내가 너희에게 말하노니 솔로몬의 모든 영광으로도 입은 것이 이 꽃 하나만 같지 못하였느니라 오늘 있다가 내일 아궁이에 던지우는 들풀도 하나님이 이렇게 입히시거든 하물며 너희일까 보냐 믿음이 적은 자들아 그러므로 염려하여 이르기를 무엇을 먹을까 무엇을 마실까 무엇을 입을까 하지 말라(마 6:27-31).

존재한다는 것 자체가 감사의 이유이며, 돌보심을 받으며 살아가고 있다는 것 자체가 감사의 이유라는 것이다. 이처럼, 하나님께서 우리의 존재를 있게 하심이 하나님을 향한 우리의 감사의 시작이다. 하나님은 우리의 생명의 근원이시다. 뿐만 아니라, 우리를 향한 하나님의 사랑과 은혜가 늘 넘친다. 그래서 우리는 하나님을 향해 감사하며 살아야 한다. 신앙생활의 바탕은 감사이기 때문이다.

그러나 하나님을 향한 우리의 감사가 온전하려면, 우리는 그분의 존재에 근거해서만 감사를 해서는 안 된다. 우리는 그분의 행하심을 인해서도 감사해야 한다. 왜냐하면 하나님은 그저 존재하시기만 하시는 부동의 하나님이 아니라, 우리의 구원과 인류의 구속을 위해 행동하시며 일하시는 하나님이시기 때문이다. 하나님은 예레미야 선지자를 통해서 이스라엘 백성에게 이렇게 말씀하셨다.

> 나 여호와가 이같이 말하노라 너희가 가리켜 말하기를 황폐하여 사람도 없고 짐승도 없다 하던 여기 곧 황폐하여 사람도 없고 주민도 없고 짐승도 없던 유다 성읍들과 예루살렘 거리에서 즐거워하는 소리, 기뻐하는 소리, 신랑의 소리, 신부의 소리와 및 만군의 여호와께 감사하라, 여호와는 선하시니 그 인자하심이 영원하다 하는 소리와 여호와의 집에 감사제를 드리는 자들의 소리가 다시 들리리니 이는 내가 이 땅의 포로로 돌아와서 처음과 같이 되게 할 것임이니라 여호와의 말이니라(렘 33:10).

하나님은 지금도 여전히 일하시고 계신다.

다른 한편으로, 시인은 "그의 능하신 행동을 인하여 찬양하며 그의 지극히 광대하심을 좇아 찬양할지어다"(시 150:2)라고 말한다. 이스라엘 백성은 '하나님의 능하신 행동'이란 말의 참된 의미를 개인적인 차원에서뿐만 아니라 공동체적이고 민족적인 차원에서 알고 있었다. 왜냐하면 그들의 존재는 하나님의 역사적 행하심을 떠나서는 있을 수 없었기 때문이다. 그들의 민족의 역사는 애굽에서 그들을 해방시키시고 젖과 꿀이 흐르는 땅으로 인도하신 하나님의 능하신 행동에 근거한다. 그리고 그들의 민족의 삶은 하나님의 돌보시는 은혜에 근거한다. 그래서 그들은 하나님을 찬양하지 않을 수 없었고 또 감사하지 않을 수 없었다.

이 점은 우리에게도 동일하다. 우리가 하나님께 감사해야 하는 것은 우리의 존재는 그분에게서 기인하며 우리의 삶은 늘 돌보시고 행하시는 하나님의 능하신 행동과 그분의 손길에 바탕을 두기 때문이다. 우리에게 하나님이 없다면 그리고 우리를 있게 하신 그분의 은혜가 없다면, 우리는 이 땅에 존재할 수 없을 뿐만 아니라 단 하루를 살 수도 없다. 우리의 존재와 삶은 전적으로 하나님께 의존한다. 그것이 우리가 하나님께 감사하고 그분을 찬양하며 살아야 하는 이유다.

감사하는 삶으로의 초대

사도 바울은 데살로니가전서 5장 16-18절에서 데살로니가 교인들에게 "항상 기뻐하라 쉬지 말고 기도하라 범사에 감사하라 이는 그리스도 예수 안에서 너희를 향하신 하나님의 뜻이니라"라고 권면한다. 분명, 감사의 삶은 우리를 향한 하나님의 뜻이다. 앞서 살펴본 바와 같이, 우리의 존재도 그리고 우리의 모든 삶도 하나님의 은혜에 근거하기 때문이다. 그런데 여기에서 바울은 "항상", "쉬지 말고," "범사에"와 같은 말들을 사용한다. 특히, "범사에"라는 말은 삶의 전 영역과 모든 순간과 관계가 있다. 그래서 "범사에 감사하라"라고 하는 말은 언제 어디서나, 즉 때와 장소에 상관없이 늘 감사하며 살라는 말과 다르지 않다.

그러면, 어떻게 늘 감사하며 살 수 있을까? 그것이 가능한가? 그것은 어떤 면에서는 불가능하다. 그러나 어떤 면에서는 가능하다. 예수 그리스도를 힘입어 모든 일에 감사하는 태도로 사는 것이다(골 2:7, 3:17). 실제로 우리의 삶이 나 자신이 아닌, 다른 존재들의 도움에 근거하여 살아간다는 것을 깨달으면 모든 것이 감사의 조건이 된다. 특히, 우리의 삶이 하나님의 은혜에 근거한다는 사실을 아는 것은 감사의 삶에 필수적이다. 하나님을 향한 믿음이 없이는 온전하게 감사하며 산다는 것은 불가능하다. 그래서 진정으로 감사가 넘치는 삶은 믿음의 삶에 근거한다.

때로는 불평할 일도 있고 어려운 일도 있는 힘든 세상살이이지만, 그때에도 하나님의 은혜와 돌보심을 기억하면서 미래를 보면 감사의 마음을 잃지 않을 수 있다. 설사, 일시적으로 그런 삶을 살지 못한다 해도, 다시금 감사의 마음을 지닐 수 있고 회복할 수 있게 된다. 나 자신의 삶의 시간을 뒤돌아보면, 내 삶에 감사가 있을 때는 삶의 넉넉함을 느꼈음을 보게 된다. 반면 내 삶에 감사를 잃어버렸을 때는 삶이 곤고하고 메말랐음을 보게 된다.

감사는 삶의 윤활유다. 그래서 감사하며 살면, 우리의 삶이 윤택해지고 기름지게 된다. 금방 해서 김이 모락모락 피어오르는 밥을 보면, 진기가 있어 기름지다. 우리의 삶에 감사가 있으면, 진기 많은 밥처럼 기름지게 된다.

감사하는 삶은 또한 베푸는 삶이다. 받은 것을 남에게 베풀며 사는 것이다. 그것이 복음의 삶을 이루는 길이다. 그것이 감사의 삶이 지닌 특성이다. 가을의 나무들은 가을의 열매들을 스스로를 위해 취하지 않는다. 남을 위해 베푼다. 열매를 맺도록 수고한 농부에게 베풀고, 하늘을 나는 새들에게 베풀고, 심지어는 벌레들에게까지 베푼다. 그리고 자신에게 생명의 기운을 제공해 준 대지에게 떨어뜨려 줌으로써 대지에게 보답한다. 그런데, 놀라운 사실은 나무가 대지에게 베푸는 것은 바로 자기 자신에게 베푸는 것이 된다는 것이다. 대지의 풍성함이 자신의 풍성함이 되기 때문이다. 우리의 삶도 마찬가지이다. 우리가 감사하며 우리의 삶을 다른 사람들의 삶을 윤택하게 하는 삶이 되도록 하면 결국은 우리의 삶이 윤택하게 된다. 그것이 바로 베풂이 지닌 능력이다.

  우리는 모두 매일 감사하는 삶에로 초대를 받는다. 그리고 그런 삶에는 하나님의 더 큰 은혜가 깃들게 된다. 우리 모두 매일 감사가 넘치는 삶을 향해 나아가자.

우리는 이 세상에서 혼자가 아닌 것이다. 그리고 우리도 다른 사람들,
즉 세상에서 아파하고 눈물 흘리는 사람들과 함께 하면서
함께 눈물 흘리며 사는 삶을 살 수 있어야 한다. 그것이 하나님의
은혜와 긍휼을 힘입고 사는 사람들의 삶의 모습이기 때문이다.

예수님의 눈물, 하나님의 눈물

사람은 슬플 때 눈물을 흘리기 마련이다. 너무 슬퍼서 눈물조차 나오지 않는 경우도 있지만, 그러나 대부분의 경우에 슬픔의 일반적인 표현은 눈물이다. 그렇다고 우는 것이 단순히 감정만의 표현은 아니다. 오히려 그것은 온 마음의 표출이다. 그래서 갈기갈기 찢겨진 삶의 터전, 조국의 산하를 보면서 예레미야 선지자는 자신의 슬픔의 심로를 이렇게 표현했다. "주께서 내 지경 안 모든 용사를 없는 것같이 여기시고 성회를 모아 내 소년들을 부수심이여 처녀 유다를 술 틀에 밟으셨도다 이를 인하여 내가 우니 내 눈에 눈물이 물 같이 흐름이여 나를 위로하여 내 영을 소성시킬 자가 멀리 떠났음이로다 원수들이 이기매 내 자녀들이 외롭도다"(애 1:15-16).

그러고 보면, 슬퍼하는 삶은 하나님의 사람들에게도 예외는 아니

다. 슬퍼하는 것이 믿음이 약하거나 부족한 것의 표시는 결코 아니다. 오히려 슬픔은 사람됨의 당연한 표시이다. 그래서 그랜저 웨스트버그(Granger E. Westberg)는 『좋은 슬픔』(Good Grief)이라는 책에서, "슬픔은 인간 경험의 자연적인 부분이다. 우리는 거의 매일 삶의 상황 속에서 작은 슬픔(minor grief)을 접한다. 어떤 사람이 종교심이 깊다고 해서 그는 슬픔의 상황과 맞닥트리지 않아야 한다고 말하는 것은 우스운 이야기다. 그것은 비현실적일 뿐만 아니라 전체적인(whole) 기독교 메시지와 맞지도 않는다"라고 말한다.

춤추며 기뻐하시는 하나님

성서가 담고 있는 하나님에 대한 많은 이미지 가운데에는 기뻐하시는 하나님의 이미지가 있다. 성서에서 하나님의 최초의 감정의 표현은 '기쁨'이다. 창세기의 첫머리에서, 하나님은 창조를 완성해 가실 때마다, 지어진 모든 것이 마음에 꼭 들어 기쁘고 흡족한 마음에 "좋았더라"라고 감탄하셨다. 게다가 사람을 지으시고는 "심히 좋았더라"라고 하셨다. 하나님은 크게 웃으셨다. 기쁜 마음을 감추지 않으신 것이다. 그 상황을 상상해 보면, 아마도 천사들은 "할렐루야"하면서 하나님을 찬양하고, 하나님은 신이 나서 덩실덩실 춤을 추시며 기뻐하셨을 것 같다. 그 순간만큼은 하나님은 분명 댄서였을 것 같다. 너무 기쁜 나머지 삼위일체의 하나님이 함께 흥겹게 춤을 추셨을 것 같다.

다윗은 블레셋에게 빼앗겼다가 되찾게 된 언약궤가 예루살렘 성으로 들어올 때, 왕임에도 불구하고 너무 기쁜 나머지 춤을 추면서 축하했다(대상 15:29). 춤은 기쁨과 흥겨움에 대한 당연한 반응이다. 마찬가지로, 하나님도 태초에 그러셨을 것이다.

하나님의 웃음은 이 세상을 살맛 나게 하는 힘이요 지탱하는 활력이다. 우리는 하나님의 웃음에서 이 세상의 희망을 본다. 그리고 하나님의 웃음은 여전히 그분의 창조세계에 깊숙이 스며 있어 이 세상에 생명을 제공한다. 이와 같이 하나님의 웃음, 하나님의 기쁨은 창조세계가 담고 있는 하나님의 첫 모습이다.

인간의 죄와 하나님의 상심

그러나 하나님의 그런 기쁨은 인간의 불순종의 죄로 인해 근심과 슬픔으로 바뀌었다. 하나님께 기쁨의 대상이었던 인간이 하나님께 근심의 대상이 된 것이다. 하나님의 마음에 슬픔이 찾아 들었다. 우리는 에덴 동산에서 아담과 하와를 찾아오셔서 아담을 향해 "네가 어디 있느냐" 물으시며 책망하시는 하나님의 모습 속에서 그 슬픔을 읽을 수 있다.

인간의 죄는 하나님을 근심케 하는 요인이다. 그래서 하나님은 자기의 분을 이기지 못하고 동생 아벨을 죽이는 죄를 범한 가인을 향해 "네가 선을 행하면 어찌 낯을 들지 못하겠느냐 선을 행치 아니하면 죄가 문에 엎드리느니라 죄의 소원은 네게 있으나 너는 죄를 다스릴지니라"(창 4:7)라고 명하셨다. 하나님은 "사람의 죄악이 세상에 관영함과 그 마음의 생각의 모든 계획이 항상 악할 뿐임을 보시고 땅 위에 사람 지으셨음을 한탄"하셨고 "마음에 근심"하셨다(창 6:5-6). 하나님의 한탄한 마음의 중심에는 인간의 죄로 가득한 삶이 있다. 인간이 짓는 죄는 하나님의 마음에서 기쁨을 빼앗아간다. 우리는 우리의 삶의 모습에 따라 하나님의 기쁨이 될 수도 있고 슬픔이 될 수도 있다. 하나님의 마음에 기쁨의 원인이 될 수도 있고 근심의 원인이 될 수도 있다.
 성서가 담고 있는 하나님의 이미지 가운데에는 분노와 질투도 있다. 하나님은 자비와 긍휼이 풍성하신 하나님이시지만, 또한 분노도 하시고 질투도 하시는 하나님이시다. 하나님은 이스라엘 백성들이 다른 신을 섬기며 영적으로 행음할 때, 그리고 정의를 깨고 불의를 일삼을 때 질투하시고 분노하셨다. 하나님은 약한 자들에 대해서는 한없이 불쌍히 여기시고 돌보셨지만, 자신을 떠나 악하게 살아가거나 자신에게 등을 돌리고 다른 신을 섬길 때는 심판하셨다. 하나님은 자신의 백성이 생명이 없는 신들을 섬기는 것을 용납하지 않으셨다.

눈물을 흘리시는 예수님

 이처럼, 성서는 여러 곳에서 하나님이 지닌 감정들을 묘사한다. 그런데 감정과 관련하여 성서가 묘사하는 하나님의 모습 가운데에는 슬퍼하시는 하나님의 모습도 있다. 슬픔은 하나님이 지닌 여러 감정들 중 중요한 한 요소이다.
 그러면, 하나님도 슬플 때 우실까? 극한 슬픔의 당연한 반응인 눈물을 흘리실까? 대답은 '그렇다' 이다. 영이신 하나님은 우리와 같은 물리적인 눈물을 흘리지는 않으시지만, 그럼에도 그분은 우시고 눈물을 흘리시는 분이다. 이사야 선지자는 하나님께서 모압과 관련하여 하신 말씀을 이렇게 전하고 있다. "그러므로 내가(하나님이) 야셀의 울음처럼 십마의 포도나무를 위하여 울리라 헤스본이여, 엘르알레여, 나의 눈물로 너를 적시리니 너의 여름실과, 너의 농작물에 떠드는 소리가 일어남이니라 즐거움과 기쁨이 기름진 밭에서 떠났고 포도원에는 노래와 즐거운 소리가 없어지겠고 틀에는 포도를 밟을

14. 예수님의 눈물, 하나님의 눈물

사람이 없으리니 이는 내가 그 소리를 그치게 하였음이라"(사 16:9-10). 이 말씀에 따르면, 하나님은 분명 우시고 눈물을 흘리시는 하나님이다. 그리고 우리는 그것에 대한 실제적인 단서를 하나님이신 예수님에게서 발견하게 된다.

하루는 예수님의 발에 향유를 붓고 머리카락으로 주님의 발을 씻었던 마리아와 동생인 마르다가 자신들의 오라비인 나사로가 병들어 죽게 되었을 때 사람을 시켜 그러한 사실을 예수님께 알렸다. 그러나 예수님은 "이 병은 죽을 병이 아니라 하나님의 영광을 위함이요 하나님의 아들로 이를 인하여 영광을 얻게 하려 함이라"(요 11:4)라고 말씀하시고는 아무렇지도 않은 듯이 계시던 곳에서 이틀을 더 머무시다가 나사로가 있는 곳으로 발길을 옮겼다.

그 곳으로 가는 도중 예수님은 그가 죽은 사실을 알았다. 그러나 그것에 아랑곳하지 않으셨다. 예수님이 그곳에 도착했을 때는 나사로가 죽은 지 이미 나흘이 되었을 때였다. 예수님이 오신다는 이야기를 듣고 나간 마리아는 슬픈 마음에 예수님을 향해 원망과 불평 섞인 말로, "주께서 여기 계셨더면 내 오라비가 죽지 아니하였겠나이다 그러나 나는 이제라도 주께서 무엇이든지 하나님께 구하시는 것을 하나님이 주실 줄을 아나이다"(요 11:21-22)라고 말했다. 그러자 예수님은 "네 오라비가 다시 살리라"(23절)라고 말씀하시고는 마리아를 향해 이렇게 물으셨다. "나는 부활이요 생명이니 나를 믿는 자는 죽어도 살겠고 무릇 살아서 나를 믿는 자는 영원히 죽지 아니하리니 이것을 네가 믿느냐"(25-26절).

그런 다음 예수님은 나사로의 무덤이 있는 곳으로 향하셨다. 마리아의 동생 마르다는 예수님을 보자마자 예수님의 발 앞에 엎드리고는 언니처럼 "주께서 여기 계셨더면 내 오라비가 죽지 아니하였겠나이다"(요 11:32)라고 말하고는 울었고 주변 사람들도 함께 울었다. 그들의 그런 모습이 예수님의 마음을 흔들어 놓았고, 예수님도 함께 우셨다. 요한복음 저자는 그것을 이렇게 쓰고 있다. "예수께서 눈물을 흘리시더라"(35절).

예수님은 눈물을 흘리신 후, 돌로 된 무덤 문을 옮겨 놓게 하셨다. 그리고 하늘 아버지를 향해 기도하신 후, 이미 썩고 있어서 냄새나는 죽은 나사로를 향해 나오라고 명하셨다. 그러자 나사로가 걸어 나왔다. 그가 다시 살게 된 것이다. 그때 사람들은 인간의 삶과 죽음의 문제가 하나님의 손에 달려 있음을 다시금 보게 되었다.

슬플 때는 예수님도 우셨다. 우리는 예수님의 눈물 속에서 인간을 향한 긍휼의 마음을 읽는다. 우리는 예수님의 눈물 속에서 하나님의 눈물을 본다. 예수님의 눈물은 하나님의 눈물이다. 예수님은 인간으로 오신 하나님이시기 때문이다. 우리는 나사로를 향한 예수님의 눈물 속에서 우리를 향한 하나님의 눈물과 예수님의 눈물을 본다. 우리는 나사로를 향한 예수님의 마음에서 우리를 향한 하나님의 마음과 예수님의 마음을 읽는다.

우실 수 있는 하나님은 자신의 백성의 고통의 소리를 들으신다. 인생의 아픔을 알고 느끼신다. 그래서 이스라엘 백성들이 고난 가운데 있을 때 그들의 고통 하는 소리를 들으시고(출 3:7-8) 그들을 애굽에서 구원해 주셨다. 예수님도 고통받는 자와 함께 아파했고 슬퍼하는 자와 함께 슬퍼했다. 그것이 하나님의 마음이다.

하나님을 향하여 울라

우리가 살아가는 세상에는 기쁨과 행복도 있지만, 슬픔과 눈물도 있다. 우리에게도 눈물을 흘릴 때가 있다. 슬픈 일들이 있다. 그러나 우리가 우리에게 찾아드는 슬픔의 시간에 신앙을 포기하지 않고 믿음 가운데 견디며 하나님 앞에서 충실하게 살아가면, 그분은 우리의 눈물을 닦아주실 것이다. 마지막 날에는 더욱 그러할 것이다. "저희가 다시 주리지도 아니하며 목마르지도 아니하고 해나 아무 뜨거운 기운에 상하지 아니할지니 이는 보좌 가운데 계신 어린양이 저희의 목자가 되사 생명수 샘으로 인도하시고 하나님께서 저희 눈에서 모든 눈물을 씻어 주실 것임이러라"(계 7:16-17).

물론 하나님은 지금도 우리의 아픔과 슬픔을 보시며 함께 아파하신다. 우리가 눈물 흘릴 때 함께 눈물 흘리신다. 보혜사 성령님도 우리를 위해 아픈 마음으로 탄식하면서 기도하신다. "이와 같이 성령도 우리 연약함을 도우시나니 우리가 마땅히 빌 바를 알지 못하나 오직 성령이 말할 수 없는 탄식으로 우리를 위하여 친히 간구하시느니라"(롬 8:26). 그러므로 이제부터는 우리의 삶에 슬픔이 있을 때, 우리의 슬픔을 아시는 하나님을 향하여 눈물을 흘리자. 그분으로부터 위로를 구하자. 참된 위로는 우리를 지으시고 우리를 가장 잘 아시는 하나님으로부터 온다. 욥은 "나의 친구는 나를 조롱하나 내 눈은 하나님을 향하여 눈물을 흘리고"(욥 16:20)라고 했다. 우리도 슬픔의 시간을 지날 때 그의 태도를 본받을 필요가 있다.

우리가 울 때 하나님도 우신다. 하나님은 우리의 슬픔과 아픔에 동참하신다. 하나님의 사람들은 하나님을 향하여 눈물을 흘린다. 하나님이 먼저 자기의 백성들을 향하여 눈물을 흘리셨기 때문이다.

하나님은 결국에는 눈물을 다시금 기쁨으로, 웃음으로 바꾸실 것이다. 하나님의 마음에 처음 일었던 환희의 찬가가 인간의 거역으로 슬픔으로 바뀌었지만, 그럼에도 하나님은 웃음을 잃지 않으시고 계속해서 슬픔을 기쁨으로, 울음을 웃음으로 바꾸어가고 계신다. 하나님 자신의 것뿐만 아니라, 우리의 것과 모든 피조물들의 것까지 그렇게 해 가신다. 그래서 궁극적으로는 기쁨과 웃음만이 있을 것이다. 사도 요한은 요한 계시록에서 이렇게 쓴다. "내가 들으니 보좌에서 큰 음성이 나서 가로되 보라 하나님의 장막이 사람들과 함께 있으매 하나님이 저희와 함께 거하시리니 저희는 하나님의 백성이 되고 하나님은 친히 저희와 함께 계셔서 모든 눈물을 그 눈에서 씻기시매 다시 사망이 없고 애통하는 것이나 곡하는 것이나 아픈 것이 다시 있지 아니하리니 처음 것들이 다 지나갔음이러라"(계 21:3-4).

하나님도 우시고 예수님도 눈물을 흘리셨다는 말씀이 우리에게 얼마나 큰 힘과 위로가 되는지 모른다. 사는 것이 결코 쉽지 않은 이 세상에서 살아가면서, 힘든 시간에 처할 때마다 우시고 눈물 흘리시는 창조의 주 하나님과 구속의 주 예수 그리스도를 생각한다. 우리는 그 하나님 안에서 그분과 동행하면서 더불어 산다. 그분이 보혜사 성령을 통해 우리와 함께 하신다. 기쁠 땐 기쁨으로, 슬픈 땐 슬픔으로 함께 하신다. 우리는 이 세상에서 혼자가 아닌 것이다. 그리고 우리도 다른 사람들, 즉 세상에서 아파하고 눈물 흘리는 사람들과 함께 하면서 함께 눈물 흘리며 사는 삶을 살 수 있어야 한다. 그것이 하나님의 눈물, 예수 그리스도의 눈물을 아는 사람들의 삶이요, 하나님의 은혜와 긍휼을 힘입고 사는 사람들의 삶의 모습이기 때문이다.

> 작은 일에 마음을 줄 줄 모르는 사람은,
> 큰 일에도 다를 바 없다. 우리가 예수 그리스도를 따르는
> 참 제자가 되려면, 우리 모두에게 한 사람부터
> 진실 되게 존중하는 삶이 있어야 한다.

한 사람

에드워드 킴블(Edward Kimble)이라는 사람이 있었다. 당시 그는 자신이 출석하는 교회의 평범한 주일학교 교사였다. 그는 어느 날 한 구두 수선공에게 복음을 전하도록 하나님이 이끄신다고 느끼게 되었다. 하지만 용기가 나지 않았다. 그래서 그는 몇 차례나 가게 주변을 서성이다 마침내 뒤쪽 저장실로 가서 드와이트(Dwight)란 이름의 그 청년을 발견하고는 그에게 복음을 전했다.

드와이트는 복음을 받아들이고, 말씀을 전하는 일을 시작했다. 그가 바로 교회사에서 가장 위대한 복음전도자들 중의 한 사람으로 알려진 무디(D. L. Moody)이다. 몇 년 후, 무디가 설교할 때, 프레데릭 마이어(Frederick B. Meyer)라는 목사가 그의 설교에 깊은 감명을 받고는 전국적인 말씀 사역을 시작했다. 그가 설교할 때, 윌버 채프

만(Wilbur Chapman)이라는 한 대학생이 예수 그리스도를 영접하였고 그도 복음 전도 사역을 하게 되었다. 그때 그는 빌리 선데이(Billy Sunday)라는 한 젊은 야구선수를 고용했는데, 하나님이 그를 복음 사역자로 부르셨고 당대에 유명한 복음전도자가 되었다.

한번은 선데이가 북 캐롤라이나의 샬롯(Charlotte)에서 복음 전도 집회를 열게 되었는데, 한 그룹의 사업가들이 하나님이 행하신 일들로 인해 깊은 감동을 받고, 다음 집회를 후원하기로 했다. 하지만 선데이가 집회 강사로 올 수가 없게 되자, 그 대신 몰데카이 햄(Mordecai Ham)이라는 설교자를 청하게 되었다. 그런데 그 집회에 참석한 사람들이 많지 않았을 뿐 아니라 결신자도 적었다. 그러나 마지막날 저녁, 키가 크고 깡마른 한 농장 소년(farm boy)이 중앙 통로로 나와 예수 그리스도를 영접함으로 결신자가 되었다. 그는 당시 친구들에게 빌리 프랭크(Billy Frank)로 불렸는데, 오늘날 우리가 빌리 그래함(Billy Graham)으로 알고 있는 사람이다(Greg Laurie).

예수님과 한 사람

오늘날 우리 사회에서 한 사람은 대개 상대적 가치를 지닌다. 그래서 한 사람을 그리 소중하게 여기지 않는 경향이 있다. 이런 모습은 개체성을 중시하는 서양 사회도 다를 바 없다. 특히, 인간을 상대적으로 이해하는 사회에서 한 사람의 가치는 종종 조직과 군중 속에 묻힌다. 그리고 조직과 군중 속에 묻혀 버린 한 사람의 가치는 그 조직이나 군중에 종속된다. 그것도 그 사람이 사회적으로 큰 비중을 차지하지 않는 약자거나 평범한 사람이라면 더욱 그렇다. 물질과 성과를 우선적으로 여기는 사회에서, 사람이 지닌 가치의 평가 기준은 사람이 본래적으로 지닌 존엄성이라기보다는 소유나 이익에 바탕을 둔다. 소유나 이익의 유무에 따라 사람을 다르게 대한다. 이것이 바로 오늘날 사회가 인간을 대하는 지배적인 방식이요 상황이다.

이런 모습은 예수님의 시대에도 있었다. 힘있는 자의 편에서, 가진 자의 편에서, 다수의 편에서, 남자의 편에서, 그리고 어른의 편에서, 사람에 대한 평가가 이루어졌다. 그러나 예수님은 당시 사회의 그런 가치관을 받아들이지 않으셨을 뿐만 아니라, 인간의 존엄성과 가치를 상대적으로 평가하는 것을 거부하셨다. 더욱이, 사회의 그런 문화를 깨뜨리며 사셨다. 창기나 세리, 또는 어린아이들의 인간됨을 존중하셨고, 모든 사람을 하나님의 피조물로 동일하게 대하셨다.

누가복음 15장에는 세 가지 비유-길 잃은 한 마리 양의 비유, 잃어버린 한 드라크마의 비유, 탕자의 비유-의 가르침이 나온다. 이 비유들은, 예수님이 말씀을 전하실 때 세리와 죄인들이 그 말씀을 들기 위해 가까이 나아오는 것을 보고 바리새인들과 서기관들이 "이 사람이 죄인을 영접하고 음식을 같이 먹는다"(눅 15:2)라고 원망하는 것을 들으시고 주신 말씀이다. 이 비유들은 모두 하나의 소중함을 가르치는 비유들이다. 우리는 이 비유들에서 하나를 소중히 여기시는 하나님과 그분의 아들 예수 그리스도의 마음을 읽을 수 있다. 예수님은 이 비유들을 통해, 당시의 사람들은 지위나 신분, 또는 특정 그룹에 근거하여 사람됨을 평가하고 나눌지라도, 하나님은 그런 것에 상관없이 모든 사람을 사랑하시는 하나님이심을 가르치셨다.

이처럼, 예수님은 자기 주변에 있는 아흔 아홉 마리의 양을 그 자리에 두고, 길 잃은 한 마리 양을 찾아 사방을 다니시는 분이다. 그분은 하나님의 잃어버린 자를 찾으러 이 세상에 오셨다. 그래서 잃어버린 자 하나를 얻으면 천하를 얻은 것보다 더 기쁘게 생각하신다. 우리는 예수님을 통해 이 세상이 무시해 버리는 하나의 가치의 중요성을 새롭게 깨닫게 된다.

하나님의 형상을 지닌 사람들

예수님의 비유를 통해서 보듯이, 대부분의 인간 사회는 하나보다는 아흔 아홉을 먼저 생각하는 사회다. 그러나 하나님은 여전히 하나를 먼저 생각하신다. 아흔 아홉도 생각하시지만, 하나도 생각하시고 소중하게 여기신다. 사실상, 하나가 없는 아흔 아홉은 있을 수 없다. 아흔 아홉은 하나를 바탕으로 한다. 그래서 하나가 인정되지 않는 사회는 실제로는 아흔 아홉도 인정되지 않는 사회이다.

하나님께는 한 사람이 절대적 가치를 지닌다. 한 사람, 한 사람 그 자체가 그 사람이 지니고 있는 것에 의해서가 아니라, 그 사람 자체로서 존엄성을 지니는 것이다.

그러면, 왜 그런가? 그것은 모든 인간이 하나님의 형상을 따라 지음 받은 존재이기 때문이다. "하나님이 자기 형상 곧 하나님의 형상대로 사람을 창조하시되 남자와 여자를 창조하시고 하나님이 그들에게 복을 주시며 그들에게 이르시되 생육하고 번성하여 땅에 충만하라, 땅을 정복하라, 바다의 고기와 공중의 새와 땅에 움직이는 모든 생물을 다스리라 하시니라"(창 1:27-28). 토저(A. W. Tozer)는 이렇게 말한다. "인간은 지음 받은 존재이며, 파생되고 의존적인 자아이다. 그는 생존을 위해 매순간 그분 자신의 형상을 따라 자기를 지으신 하나님을 의존하는 것 외에 아무 것도 가진 것이 없다." 이와 같이 인간은 하나님의 형상을 닮은 그분의 피조물이다. 그래서 모든 인간이 다 소중하다.

자기의 자녀들이 다른 사람들의 자녀들에 비해 더 소중하게 여겨지는 것은, 자기의 자녀들은 자신이 직접 낳고 기르기 때문이다. 자신을 닮고 자신의 계보를 이어갈 존재들이기 때문이다. 마찬가지로, 하나님이 인간에 대해 갖는 사랑과 애착은 부정과 모정에서 나온다. 하나님은 부모의 심정으로 한 사람, 한 사람을 소중하게 대하신다. 모든 인간은 하나님 앞에서 특별하며, 하나님은 우리 모두를 상대적으로 대하지 않으시고 절대적으로 고유하게 대하신다. 심지어는 심판 날이 이르기 전까지는 악한 자들의 인간됨까지도 존중하신다(마 5:45).

한 사람이 지닌 가치가 존중을 받기 위해서는 그 사람이 하나님의 형상을 지닌 피조물이라는 성서의 주장이 인정되어야 한다. 우리가 정말로 다른 사람들이 하나님의 형상을 따라 지음 받은 소중한 존재라는 것을 인정하며 산다면, 우리는 진정으로 다른 사람들을 존중하며 살지 않을 수 없다. 다른 사람들을 나를 위해 필요로 하는 존재들이 아닌, 나와 동등한 존엄성을 지니고 이 세상을 살아가는 하나님의 피조물들로 여기며 살 수 있게 된다. 그것이 다른 사람들을 대하는 바른 삶의 태도이며 방식이다.

그런데 하나님은 한 사람, 한 사람을 존중하시지만, 특히, 자신을 인정하며 충실히 섬기고 따르는 한 사람을 더욱 중시하신다. 그래서 예수님은 "아버지께 참으로 예배하는 자들은 신령과 진정으로 예배할 때가 오나니 곧 이 때라 아버지께서는 이렇게 자기에게 예배하는 자들을 찾으시느니라"(요 4:23)라고 말씀하셨다. 지금도 하나님은 악을 행하며 사는 다수의 사람들이 아닌, 그런 사람들을 자신의 말씀으로 변화시키는 일에 참여할 한 사람을 찾고 계신다. 하나님은 약한 한 사람을 들어 강한 여러 사람들을 부끄럽게 하시고, 자신의 말씀에 충실한 한 사람을 세워 자신의 구원 계획을 이루어 가신다.

한 사람을 소중히 여기는 교회

하나님은 아브라함을 찾아오셔서 세상 만민이 복을 얻을 수 있도록 그를 사용하셨다. 하나님은 모세를 부르셔서 민족의 지도자로 삼으시고 억압받는 삶을 살아가던 이스라엘 백성을 애굽에서 해방시켜 가나안 땅으로 인도하게 하셨다. 예수님은 무명의 촌사람들을 부르셔서 하나님 나라를 위해 영광된 삶을 살아가는 제자들이 되게 하셨다. 예수님은 이스라엘 백성의 한 사람이면서 자기 나라를 빼앗은 로마에 빌붙어 기생충 같은 삶을 살아가던 세리 삭개오를 불러 그의 인간성을 회복시키시고 구원받은 자의 삶을 살아가도록 해 주셨다. 예수님은 간음하는 현장에서 붙잡혀 온 여인을 비난하지 않으시고 그녀를 사랑과 긍휼로 감싸주시며 자유한 삶을 살도록 이끌어 주셨다. 예수님은 한 옥합을 가지고 와서 그것을 깨뜨려 자신의 머리에 부은 한 여인을 중시하셨고, 지금도 우리 한 사람 한 사람을 중히 여기신다.

교회는 하나님의 부르심을 받고 응답하여 하나님 나라의 백성으로 살아가는 사람들이요, 그분의 아들 예수 그리스도를 따르고 닮아가면서 그리스도의 몸으로 살아가는 사람들이다. 때문에 그 안에는 하나님의 마음과 예수 그리스도의 삶의 방식이 있어야 한다.

교회는 오늘날 더욱 하나의 가치, 한 사람의 소중함을 잊지 않아야 한다. 교회가 하나님의 바른 교회가 되려면, 진정으로 하나를 귀하게 여길 수 있어야 한다. 오늘날 교회도 물질의 유무로, 사회적 지위를 바탕으로 사람을 대하는 경향이 많다. 그러다 보니, 사회적 약자들은 교회 안에서도 무시를 당한다. 헌금을 많이 내는 사람들이 대접을 받고 목소리를 높이곤 한다. 그러나 하나님은 그런 것으로 사람을 평가하지 않으신다. 마음을 보시고 그 사람의 중심을 보신다.

목회자로 살아가면서, 다른 목회자들처럼, 나 자신도 숫자에 약해지는 모습을 가끔 보게 된다. 수적인 면에서 부흥이 안될 때, 그게 부담으로 다가오기도 한다. 충실하게 신앙 생활을 하던 사람이 아무런 말없이, 또는 별다른 이유를 말하지 않고 교회를 떠날 때면, 마음이 무척이나 무거워지기도 한다. 그러나 그럴 때마다, 한 사람의 가치에 대해 다시 생각한다. 수의 많고 적음에 상관하지 않고, 내게 맡겨진 책임에 충실하며, 함께 하는 믿음의 사람들의 마음에 하나님의 사랑과 예수 그리스도의 복음을 심는 일에 최선을 다하자고 스스로 다짐한다.

예수님은 "또 누구든지 내 이름으로 이런 어린 아이 하나를 영접하면 곧 나를 영접함이니"(마 18:5)라고 말씀하셨다. 그리고 이렇게도 말씀하셨다. "누구든지 나를 믿는 이 소자 중 하나를 실족케 하면 차라리 연자맷돌을 그 목에 달리우고 깊은 바다에 빠뜨리우는 것이 나으니라"(마 18:6). 소자는 사회적으로 가장 약한 자다. 그러나 그런 사람이 예수님으로부터 존중받고 가치를 인정받는다. 예수님은 한 사람을 귀히 여기시기 때문이다. 예수님께는 한 사람을 천하보다 귀하게 여기시는 마음이 있었다. 그래서 그 사람이 외적으로 어떤 사람이냐에 상관없이, 한 사람 한 사람을 소중하게 대하셨다.

하나를 소중하게 여길 줄 모르는 사람은 열도 소중하게 여길 줄 모르는 사람이다. 하나의 가치를 아는 사람만이 열의 가치를 알 수 있다. 작은 일에 마음을 줄 줄 모르는 사람은, 큰 일에도 다를 바 없다. 우리가 예수 그리스도를 따르는 참 제자가 되려면, 우리 모두에게 한 사람부터 진실 되게 존중하는 삶이 있어야 한다.

우리를 위해 아들의 생명을 주시는 하나님의 사랑을 깨닫게 되면,
우리는 저절로 하나님을 사랑하게 되고 그 사랑 안에서
다른 사람들을 사랑하고 싶은 마음이 생긴다. 그것이
인간의 머리로는 다 이해할 수 없는 하나님의 사랑이 지닌 위력이다.

16

구체적인 사랑

　인간이 살아가는데, 꼭 필요한 것들이 여럿 있다. 그 중에 빼놓을 수 없는 것이 사랑이다. 특히, 사랑은 이 세상의 형성과 존립의 바탕이다. 하나님이 세상을 창조하신 것은 전적인 하나님의 자유와 사랑 때문이다. 그리고 하나님은 그 자유와 사랑으로 여전히 이 세상을 돌보신다. 그래서 하나님을 말하지 않고 이 세상을 말할 수 없는 것처럼, 하나님의 사랑을 말하지 않고 이 세상의 존재를 말할 수 없다.
　사랑이 없는 세상은 메마르다. 그리고 그런 세상에서 살아가는 우리의 삶은 쉽게 황폐해지고 시들게 된다. 이런 점에서, 사랑은 보이지 않는 존재의 시작이며 양식이다. 인간은 존재를 위해 사랑을 필요로 한다. 인간은 사랑이 있어야 살 수 있다. 인간은 사랑을 먹고사는 존재이기 때문이다.

16. 구체적인 사랑

추상적으로 하는 사랑?

사랑의 가장 큰 특성은 구체성이다. 사랑은 추상적인 것이 아니다. 구체적인 삶이다. 그래서 말만 있고 실천이 없는 사랑은 진정한 의미에서 사랑이 아니다. 그것은 한낱 개념에 지나지 않다. 예수님은 제자들을 향하여 이렇게 말씀하셨다. "사람이 친구를 위하여 자기 목숨을 버리면 이에서 더 큰 사랑이 없나니 너희가 나의 명하는 대로 행하면 곧 나의 친구라"(요 15:13-14). 자기 목숨을 버리는 것은 실천이다. 계명을 지키는 것도 실천이다. 예수님은 사랑을 그렇게 정의하셨다. 이처럼, 말에 그치고 실천이 없는 사랑은 죽은 언어가 된다.

이런 이야기가 있다.

한 마을에 피트(Pete)와 쌤(Sam)이라는 사람이 살고 있었다. 그 두 사람은 은퇴를 했고 각자의 뜰에서 많은 시간을 보내곤 했다. 어떤 때는 서로 대화를 나누기도 했다. 그러던 어느 날, 쌤이 이웃에 사는 아이가 저지른 일에 대해 불평을 하고 있었다. 그 때 피트는, '애들이 다 그렇지, 뭐!' 라고 하면서, 불평하는 쌤에게 한마디했다. 그런 다음 피트는 자신이 아이들을 얼마나 사랑하는지에 관해, 그리고 아이들이 어떻게 우리의 미래가 되는지에 관해 계속해서 말을 했다.

며칠 후, 쌤이 뜰에 있을 때 갑자기 앞쪽에서 큰 소리가 나는 것을 듣게 되었다. 무슨 일인가 하고 둘러보다가, 쌤은 피트가 사유차도(driveway) 끝에 서서, 멀리 달아나고 있는 한 무리의 어린이들을 향해 성난 목소리로 고함을 지르는 것을 보게 되었다. 그것을 본 쌤이 이렇게 말했다. "피트, 무슨 일인데 그래? 자네가 아이들을 내쫓는 소리를 들었어. 진정 좀 하고, 무슨 일 때문인지 말 좀 해보게." 피트는 자신의 사유차도의 끝 부분에 새롭게 바른 콘크리트를 가리키며 이렇게 말했다. "저 녀석들이 여기서 공을 갖고 놀다가 말이시, 그 중

한 녀석이 정확하게 나의 새 콘크리트를 맞혀 거기에 큰 자국을 내고 말았단 말일세. 요즘 녀석들은 조심성도 없을 뿐더러, 제멋대로 군단 말이야. 게다가 남의 재산 같은 것은 안중에도 없어."

그와 같은 비난이 장황하게 계속되었다. 그러다가 잠시 피트가 숨을 고르려 할 때, 쌤이 큰 소리로 이렇게 말했다. "그런데 피트, 일전에 자네가 내게 말할 때, 자네는 어린이들을 무척 사랑한다고 하지 않았나?" 그러자 피트는 다급하게 이렇게 말했다. "암, 아이들을 사랑하지. 사랑하고 말고. 하지만, 추상적으로 사랑할 뿐, 구체적으로 사랑하지는 않는다네"(Karen B. Tye).

이런 이야기를 들으면, 우리들 대부분은 '말장난하고 있네'라고 말하면서 쓴웃음을 지을 것이다. 본래 참된 사랑은 그런 것이 아님을 알고 있기 때문이다. 사랑의 가치는 추상성에 있는 것이 아니라, 구체성에 있다. 사랑은 말에 있지 않고 행위에 있고 실천에 있다.

하나님의 구체적인 사랑

사랑의 특성과 가치는 구체적인 실천에 있다고 할 때, 그것은 하나님의 사랑에도 동일하게 적용된다. 하나님의 사랑의 특성은 구체성에 있다. 그것은 성서 전체를 통해 분명하게 드러난다.

성서는 하나님을 사랑으로 묘사한다. 자신이 쓴 서신에서 유난히 사랑이란 말을 많이 쓰는 사도 요한은 이렇게 말한다. "사랑하는 자들아 우리가 서로 사랑하자 사랑은 하나님께 속한 것이니 사랑하는 자마다 하나님께로 나서 하나님을 알고 사랑하지 아니하는 자는 하나님을 알지 못하나니 이는 하나님은 사랑이심이라"(요일 4:7-8). 그는 계속해서 이렇게 말한다. "하나님의 사랑이 우리에게 이렇게 나타난바 되었으니 하나님이 자기의 독생자를 세상에 보내심은 저로 말미암아 우리를 살리려 하심이니라 사랑은 여기 있으니 우리가 하나님을 사랑한 것이 아니요 오직 하나님이 우리를 사랑하사 우리 죄를 위하여 화목제로 그 아들을 보내셨음이니라"(요일 4:9-10). 요한복음에서는 이렇게 쓰고 있다. "하나님이 세상을 이처럼 사랑하사 독생자를 주셨으니 이는 저를 믿는 자마다 멸망치 않고 영생을 얻게 하려 하심이니라 하나님이 그 아들을 세상에 보내신 것은 세상을 심판하려 하심이 아니요 저로 말미암아 세상이 구원을 받게 하려 하심이라"(요 3:16-17).

우리는 이 구절들에서 하나님의 사랑의 구체성을 보게 된다. 위의 두 구절에서, '보내심' 과 '주심' 이란 말은 하나님의 사랑이 구체적임을 나타낸다. 예수 그리스도를 이 땅에 보내시고 십자가에 달려 죽게 하신 하나님의 실천은 인간을 향한 하나님의 사랑의 절정이다. 이 세상 그 어디에도 이 보다 큰사랑은 없다. 십자가는 하나님의 구체적인 사랑의 상징이자 표시이다. 사도 바울은 이렇게 쓴다. "우리가 아직 죄인 되었을 때에 그리스도께서 우리를 위하여 죽으심으로 하나님께서 우리에게 대한 자기의 사랑을 확증하셨느니라"(롬 5:8). 그리스도인들로서 우리는 예수 그리스도를 통해 확증된 하나님의 사랑 안에서 살아간다. 우리는 십자가를 볼 때, 이 사랑을 알게 되고 느끼게 된다.

하나님은 인간을 사랑하시되 말로만 사랑하지 않으신다. 구체적인 행동으로, 실천으로 사랑하신다. 하나님은 행동하시는 하나님이다. 실천하시는 하나님이다. 그래서 하나님의 사랑은 구체적이며 실천적이다. 하나님의 사랑이 위대한 것은 바로 이런 구체성 때문이다.

하나님은 이스라엘 백성이 애굽에서 고통을 당할 때 그들의 신음소리를 들으시고 구원의 손길을 펴셨다. 사랑 때문이었다. 모세는 광야에서 이스라엘 백성을 향하여 이렇게 설교했다. "여호와께서 네 열조를 사랑하신 고로 그 후손 너를 택하시고 큰 권능으로 친히 인도하여 애굽에서 나오게 하시며 너보다 강대한 열국을 네 앞에서 쫓아내고 너를 그들의 땅으로 인도하여 들여서 그것을 네게 기업으로 주려 하심이 오늘날과 같으니라"(신 4:37-38).

하나님의 사랑은 하나님의 행동을 낳는다. 하나님의 이런 성격은 오늘날도 동일하다. 하나님은 자신이 택한 백성들을 사랑하신다. 그 사랑이 얼마나 깊은지를 알고자 한다면, 성서를 펴고 읽어 보라. 그러면, 금새 그 사랑의 깊이를 느끼게 될 것이다.

예수님의 구체적인 사랑

인간을 구체적으로 사랑하시는 하나님은 아들을 세상에 보내심으로 그 사랑을 세상에 드러내셨다. 예수 그리스도는 하나님의 사랑의 구현이다. 하나님의 구체적인 사랑의 절정으로서의 예수 그리스도도 구체적인 사랑을 하며 사셨다. 하나님의 구체적인 사랑이 예수님의 삶을 통해 구체화되었다. 사도 요한은 이렇게 쓴다. "말씀이 육신이 되어 우리 가운데 거하시매 우리가 그 영광을 보니 아버지의 독생자의 영광이요 은혜와 진리가 충만하더라"(요 1:14). 예수 그리스도의 모습이 하나님의 모습을 반영했다. 그분은 성자 하나님이셨기 때문이다.

예수님은 신분에 따라 또는 소유의 유무에 따라 사랑의 정도와 범위를 정하지 않으셨다. 모든 인간을 골고루 사랑하셨다. 물론, 더 많은 사랑이 필요한 사람들, 즉 가난하고 약하고 소외된 사람들에게는 상황에 따라 필요한 만큼 사랑을 더하셨다. 하지만, 그것은 편애가 아니었다. 돌봄의 방식의 차이일 뿐이었다. 예수님은 모두를 사랑하셨고 지금도 모두를 사랑하신다. 그래서 전 인류를 위해 자신의 몸을 내어주셨다. 예수님은 인간을 사랑하시되, 죽기까지 사랑하셨다. 자기 몸을 내어주는 사랑을 하신 것이다. 그로 인해 우리는 그 사랑을 통해 믿음으로 영원한 생명을 얻게 되었다. 이런 점에서, 예수 그리스도 안에 있는 하나님의 사랑은 우리에게 생명을 주시는 사랑이다.

사랑을 받고 사는 사람은 또한 사랑을 주는 삶을 살아야 한다. 사랑하며 살아야 하는 것이다. 우리는 사랑을 받기 위해 태어났지만 또한 사랑하기 위해서도 태어났다. 그것이 성서가 말하는 사랑의 삶에 대한 바른 이해다. 예수님이 그렇게 가르치셨다. "새 계명을 너희에게 주노니 서로 사랑하라 내가 너희를 사랑한 것같이 너희도 서로 사랑하라 너희가 서로 사랑하면 이로써 모든 사람이 너희가 내 제자인 줄 알리라"(요 13:34-35). 세상에서 별 볼일 없던 사람들이 하나님의 아들로부터 부름을 받고 사랑도 받으며 살았다. 하지만, 예수님의 가르침처럼, 그들에게는 자신들이 받은 사랑으로 남을 사랑하며 살아야 하는 계명과 책임도 있었다.

우리의 구체적인 사랑

이스라엘 백성이 사랑하는 삶을 살아야 했던 것처럼, 그리고 예수 그리스도의 제자들이 사랑하는 삶을 살아야 했던 것처럼, 우리도 사랑하는 삶을 살아야 한다. 인간이 바른 사랑의 삶을 살려할 때 그 출발점은 하나님을 사랑하는 삶이다. 모세는 이스라엘 백성을 향해 이렇게 설교했다. "이스라엘아 네 하나님 여호와께서 네게 요구하시는 것이 무엇이냐 곧 네 하나님 여호와를 경외하여 그 모든 도를 행하고 그를 사랑하며 마음을 다하고 성품을 다하여 네 하나님 여호와를 섬기고 내가 오늘날 네 행복을 위하여 네게 명하는 여호와의 명령과 규례를 지킬 것이 아니냐"(신 10:12-13). 예수님도 서기관 중 한 사람이 찾아와 변론을 위해 '모든 계명 중 첫째가 무엇이냐'고 물었을 때 이렇게 대답하셨다. "첫째는 이것이니 이스라엘아 들으라 주 곧 우리 하나님은 유일한 주시라 네 마음을 다하고 목숨을 다하고 뜻을 다하고 힘을 다하여 주 너의 하나님을 사랑하라 하신 것이요 둘째는 이것이니 네 이웃을 네 몸과 같이 사랑하라 하신 것이라 이에서 더 큰 계명이 없느니라"(막 12:29-31). 우리의 삶에서 하나님을 사랑하는 삶은 그 무엇보다도 우선되어야 한다. 우리의 사랑하는 삶의 출발점은 하나님 사랑이다. 우리에게 하나님을 사랑하는 삶이 없다면, 다른 사람과 사물을 사랑한다해도 그것은 불완전한 것이 되고 만다. 사랑의 바탕이 없는 사랑은 쉽사리 무너진다.

    인간이 하나님의 사랑을 외면할 때 하나님은 고통을 경험하신다. 하나님은 자신에게 와야할 사랑이 다른 곳으로 갈 때 실연의 아픔을 겪으신다. 이스라엘 백성이 하나님을 외면할 때 하나님은 고통을 경험하셨다. 그들이 영적으로 간음할 때 하나님은 아파하셨고 분노하셨다. 사랑의 고통은 경험해본 사람만이 안다. 내가 모든 정성을 들여 사랑을 표현해도, 상대방이 외면할 때 우리는 말할 수 없는 절망과 고통을 느끼게 된다. 사랑에 있어서는 하나님도 마찬가지이다. 사랑과 관련하여, 하나님은 분명 질투하시는 하나님이시다.

    그러면, 우리는 어떻게 하나님을 사랑해야 하는가? 예수님은 우리가 하나님을 사랑할 때, "네 마음을 다하고 목숨을 다하고 뜻을 다하고 힘을 다하여" 사랑하라고 가르치셨다. 즉, 전인으로, 전 삶을 통해 사랑하라는 것이다. 시간을 드리고, 물질을 드리고, 몸을 드리는 사랑이어야 한다. 하나님을 향한 사랑은 그렇게 구체적이어야 한다. 물론 그 출발점은 예배이다. 그리고 매일의 삶 속에서 예수 그리스도의 가르침을 따르면서 하나님을 바르게 섬겨야 한다. 이 세상에서 우리의 사랑의 삶은 하나님을 나타내는 거울과 같다. 우리는 우리의 사랑의 삶을 통해 이 세상에 하나님을 비추게 된다.

뿐만 아니라, 우리는 서로를 사랑해야 한다. 사도 요한은 "사랑하는 자들아 하나님이 이같이 우리를 사랑하셨은즉 우리도 서로 사랑하는 것이 마땅하도다"(요일 4:11)라고 말했다. 어떤 의미에서, 하나님을 향한 우리의 사랑은 이웃에 대한 우리의 사랑에서 완성된다. 하나님을 사랑하는 삶을 바탕으로 이웃을 사랑하는 삶을 살 때, 참된 사랑의 열매가 맺히게 된다. 그것이 성서가 말하는 바른 사랑의 삶이다. 또한, 우리 자신을 사랑하며 살아야 하고, 하나님의 창조세계를 사랑하며 살아야 한다. 이 모든 사랑은 우리의 삶을 통해 구체적으로 나타나야 한다.

구체적인 사랑의 공간은 우리의 삶의 자리이다. 우리는 먼 곳이나 다른 어떤 곳에서 구체적인 사랑을 하려고 하지 않아야 한다. 우리의 삶의 자리와 그 주변이 우리의 사랑의 공간이다. 우리의 사랑은 우리의 신앙 공동체에서, 우리의 가정에서, 우리의 일터에서 그리고 우리가 살아가면서 만나게 되는 사람들 사이에서 구체적으로 열매를 맺어야 하는 것이다.

우리가 하나님을 사랑하고 이웃을 사랑하기 위해서는 우리를 사랑하시는 하나님의 사랑을 알아야한다. 우리는 하나님의 사랑을 알지 못한 채 이웃을 참되게 사랑할 수 없다. 하나님의 사랑을 알지 못하면서 이웃을 사랑하는 삶은 이기적인 사랑이 되고 만다. 그래서 우리는 하나님의 사랑의 성격을 알 필요가 있다. 우리는 하나님의 사랑에 대해서는 위에서 살펴보았다. 우리를 위해 아들의 생명을 주시는 하나님의 사랑을 깨닫게 되면, 우리는 저절로 하나님을 사랑하게 되고 그 사랑 안에서 다른 사람들을 사랑하고 싶은 마음이 생긴다. 그것이 인간의 머리로는 다 이해할 수 없는 하나님의 사랑이 지닌 위력이다.

우리에겐 사랑이 필요하다. 그리고 그것은 구체적이어야 한다. 그런 사랑만이 참되며, 우리 안에서 작용하게 된다. 하나님을 향해서, 그리고 나와 이웃과 모든 피조물을 향해서 변화를 낳는 사랑으로 머물게 된다. 이런 사랑의 삶을 지향하며 사는 우리가 되기 원한다.

> 하나님께서 우리와 자신의 생명을 나누신 것처럼,
> 우리에게 있는 것으로 감사하면서
> 다른 사람과 나누며 살아가는 우리가 되어야 하겠다.

나눔의 삶

얼마 전, 알고 지내는 몇 분을 집으로 초대해 함께 식사를 하면서 교제하는 시간을 가졌다. 그들은 우리 집에서 가까운 선교센터에서 선교훈련을 받는 분들로서, 얼마 전 모든 수업의 과정을 마쳤다. 그래서 얼마 있으면 이곳을 떠나 선교지로 가야 하기에, 아쉬운 마음도 있고 격려하고 싶은 마음도 있어서 식탁을 준비한 것이다.

풍요로운 식탁은 아니었지만, 그래도 아내가 종일 정성껏 마련한 음식이었기에 더욱 뜻 깊었다. 음식을 함께 나누면서 믿음 안에서 이어지는 교제는 더욱 풍성하게 우리의 자리를 채웠다. 서너 시간을 함께 하면서 맛있게 먹고, 함께 웃으면서 이야기꽃을 피웠다. 우리 집을 개방하고 아내의 수고를 통해, 나눔의 기쁨을 맛보게 되었다. 나눈다는 것은 참으로 좋은 것이라는 것을 다시금 느꼈다.

공존을 위한 나눔

나눈다는 것은 가진 것을 잘라서 부분화시키는 것을 의미하기도 하고, 또 어떤 것을 함께 공유하는 것을 의미하기도 한다. 그러나 참된 나눔은 공존의 공간을 넓히는 것이 된다. 나눔은 다른 사람 안에 생명의 자리를 마련하는 것이다. 우리말 속담, "슬픔을 나누면 반이 되고, 기쁨을 나누면 배가 된다"는 말은 그런 의미일 것이다. 나눔 속에서 새로운 삶의 지평이 열리게 된다.

나눔은 인간이 지닌 공동체적 삶의 특성을 나타낸다. 인간은 홀로 살수 없는 존재이다. 인간은 하나님으로부터 공동체를 이루고 사회를 이루며 살도록 지음을 받았기 때문이다. 인간의 내면에는 이기적인 마음이 있지만, 이타적인 마음도 있다. 긍정적인 측면에서, 이기적인 마음은 나의 존재를 유지하는데 필요하다. 아마도 인간에게 자기를 생각하는 마음이 없으면, 오래 전에 소멸했을 것이다. 이기적인 마음은 생존 본능에서 나온다. 그런 점에서, 우리의 삶에 어느 정도의 이기적인 마음은 필요하다. 그러나 인간이 이기적인 마음만 있으면, 내면은 궁핍해지고 메마르게 되며, 삶은 황폐해진다. 나만의 삶을 생각한 채, 너의 삶을 생각하지 않으면 결국에는 둘 다 해를 입게 된다. 그것이 바로 하나님께서 이 세상에 두신 삶의 원리이다.

1980년대 한국 민중가요의 가사 중에 이런 내용이 있다. 어느 깊은 산 속 오솔길 옆에 조그마한 연못이 하나 있었다. 그 연못에는 물고기 두 마리가 사이 좋게 살고 있었다. 그러나 어느 날, 힘센 물고기에게 그 연못을 독차지하고 싶은 마음이 생겼다. 그래서 약한 물고기를 공격하여 죽였다. 힘센 물고기는 기뻤다. 이제는 그 연못이 자신만의 것이 되었기 때문이다. 그러나 그런 기쁨은 잠시 뿐이었다. 죽은 물고기의 몸이 썩어 들어갔고, 연못의 물도 함께 썩기 시작했다. 결국 힘센 물고기도 죽게 되었고, 그 연못은 더 이상 물고기가 살 수 없게 되었다.

우리가 사는 세상이 정신적으로나 영적으로 오염되거나 썩지 않고 맑으려면, 나를 생각하는 마음과 너를 생각하는 마음이 균형을 이루어야 한다. 그런 균형을 이루는 가장 좋은 방법들 중 하나는 나눔의 실천이다. 고인 물은 썩기 마련이다. 우리 안에 고이는 이기적인 마음은 우리를 썩게 만든다. 흘러보내지 않으면 우리를 병들게 한다. 흘러보낸다는 것은 나눈다는 것이다. 나눔이 있어야 우리의 삶이 행복할 수 있고, 우리의 사회가 건강할 수 있다.

공존은 나눔의 실천에서 기인한다. 내가 된다는 것은 우리가 된다는 것이다. 인간이 된다는 것은 공동체가 된다는 것이다. 그래서 공동체 없이는 내가 있을 수 없고, 공존이 없이는 나의 개인적 존재도 없다. 겉으로는 있는 것 같으나, 실제로는 없다.

생명의 나눔

하나님은 삼위일체의 하나님이시다. 찰스 스탠리(Charles Stanley) 목사는 이렇게 말한다. "그리스도인에게 있어서 하나님의 임재(presence)를 경험하는 것은 언제나 삼위일체와의 만남이다. 비록 삼위일체라는 말이 성서에는 나오지 않지만, 하나님은 삼위일체의 하나님으로 뚜렷하게 나타난다. 즉, 하나님은 성부와 성자와 성령의 인격 안에서 존재하신다. 하나님은 본질상 한 분이시지만, 인격은 뚜렷이 셋이다. 모두 하나님이시다." 그래서 하나님은 공동체다. 사귐의 공동체요 친교의 공동체다. 삼위일체 하나님은 서로 존재를 공유하고 존재를 나눈다. 하나님은 공존의 하나님이시며 나눔의 하나님이시다. 나눔은 하나님의 존재방식이며 행위방식이다.

인간은 이 삼위일체 하나님의 생명을 나누는 삶을 통해 생명을 얻는다. 하나님은 인간을 흙으로 지으시고 그와 자신의 생기를 나누셨다. 그러자 인간이 살아 있는 존재가 되었다(창 2:7). 인간은 하나님이 생명을 나눌 때, 생명을 지니게 된다. 살아 있는 존재가 된다. 특히, 우리가 주목해야 할 것은, 성부 하나님의 인간과 생명을 나누는 삶은 삼위 일체적으로 나타난다는 사실이다.

태초에 인간을 창조하시고 생명을 주신 하나님은 자신 앞에서 영적으로 죽은 인간을 살리시고 영원한 생명을 주시기 위해 성자 하나님이신 예수 그리스도를 보내주셨다. 사도 요한은 이것을 이렇게 쓴다. "아버지께서 아들을 사랑하사 만물을 다 그 손에 주셨으니 아들을 믿는 자는 영생이 있고 아들을 순종치 아니하는 자는 영생을 보지 못하고 도리어 하나님의 진노가 그 위에 머물러 있느니라"(요 3:35-36). 예수님도 이렇게 말씀하셨다. "내가 진실로 진실로 너희에게 이르노니 인자의 살을 먹지 아니하고 인자의 피를 마시지 아니하면 너희 속에 생명이 없느니라"(요 6:53). 아들의 생명이 없는 사람은 하나님의 생명도 없다. 왜냐하면 아들의 생명은 아버지의 생명이기 때문이다. 예수님은 생명의 근원이신 성부 하나님의 완전한 생명이다(요 11:25, 14:6). 예수 그리스도는 십자가에 달려 죽으심으로 자신의 생명을 우리와 나누셨다. 그 나누심으로 인해 우리가 오늘을 살고, 내일을 산다. 영원한 생명을 사는 것이다.

헬라어에서 생명을 뜻하는 명사 '조에'는 '살다, 숨쉬다, 거하다'란 의미의 '자오'라는 동사에서 유래했다. 예수님은 살아 계시고 숨쉬고 거하시는 분이시다. 성부 하나님이 그와 같으시기 때문이다. 하나님은 살아 계시고 쉼쉬고 거하시는 분이시다. 하나님의 숨이 인간을 숨쉬게 한다. 생명을 있게 한다.

하나님은 숨쉬는 분이라는 것은 또한 하나님의 생명은 성령을 통해 나타난다는 것을 뜻한다. 성서에서 '숨'은 성령-구약에서는 '루아흐,' 신약에서는 '프뉴마'라는 단어가 쓰임-을 뜻한다. 성령은 바람이고 숨이다(창 1:2, 8:1; 출 15:10; 민 11:31; 요 3:8 등). 인간의 생명은 성령으로 말미암아 온다는 것을 우리는 에스겔 37장에 나오는 골짜기의 마른 뼈 사건을 통해 확인 받게 된다. 하나님은 에스겔 선지자에게 나타나셔서 하나님의 신이신 성령으로 그를 마른 뼈가 있는 골짜기로 인도하셨다. 그런 다음 하나님은 에스겔을 시켜 이렇게 말하게 하셨다. "너희 마른 뼈들아 여호와의 말씀을 들을지어다…내가 생기로 너희에게 들어가게 하리니 너희가 살리라 너희 위에 힘줄을 두고 살을 입히고 가죽으로 덮고 너희 속에 생기를 두리니 너희가 살리라 또 나를 여호와인 줄 알리라"(겔 37:4-6). 에스겔이 그렇게 말하자, 마른 뼈들이 소리가 나고 움직이면서 서로 들어맞아 붙었다. 그리고 힘줄이 생기고 살이 오르고 그 위에 가죽이 덮였다. 하지만 아직 생기는 없었다. 그 때 하나님은 에스겔을 시켜 생기를 향하여 이렇게 대언하게 하셨다. "생기야 사방에서부터 와서 이 사망을 당한 자에게 불어서 살게 하라"(겔 37:9). 에스겔이 그렇게 대언하자, 생기(루아흐)가 그들에게 들어가 그들이 곧 살아 일어나서 큰 군대가 되었다. 영적으로 죽은 인간은 생명을 위해 하나님의 '루아흐'를 필요로 한다.

하나님의 생명의 나눔은 생명을 주기 위한 것이다. 하나님의 생명은 완전한 생명이다. 영원한 생명이다. 인간의 불완전하고 일시적인 생명과는 질적으로 다르다. 인간은 하나님께서 생명을 나누시는 실천을 통해 생명을 얻는다.

신앙의 공동체는 나눔의 공동체다

하나님의 생명을 받아서 영적으로 살게 된 우리는 하나님의 자녀요 신앙의 공동체이다. 우리의 삶은 하나님의 나눔을 바탕으로 한다. 그래서 신앙의 공동체는 나눔의 공동체이다. 하나님은 우리로 하여금 나누게 하시기 위해 우리를 부르셨다. 하나님의 사랑과 은혜를 세상과 나누게 하시고, 예수 그리스도의 복음을 세상과 나누게 하신다. 하나님께서 우리에게 주신 것을 이웃과 나누게 하신다. 우리가 속한 신앙의 공동체 안에서 서로 나누게 하신다.

우리는 나누는 삶을 통해 하나님의 사랑을 전한다. 우리가 서로 나눌 때, 우리는 예수 그리스도를 볼 수 있게 되고, 다른 사람들로 하여금 그분을 보게 한다. 우리의 나눔 속에서 예수 그리스도가 나타나기 때문이다. 이런 사실은 엠마오 마을로 가던 예수님과 두 제자의 이야기 속에서 분명해 진다. 예수님의 죽음으로 인해 슬픔에 젖어 있던 두 제자는 엠마오 마을로 가고 있었다. 그 때 예수님이 그들과 동행하고 계셨다. 하지만 그들은 예수님을 알아보지 못했다. 그들이 엠마오에 가까이 갔을 때, 예수님은 계속해서 갈 길을 더 가시려고 하셨다. 그러자 그들은 날이 저물고 어두워진 것을 이유로 자신들과 함께 머물 것을 청했다. 예수님은 그들의 청을 받아들이고, 그들과 함께 음식을 나누었다. 나누기 시작할 때, 예수님은 빵을 가지고 감사하신 후에 그것을 떼어 두 제자에게 주셨다. 그러자 그들의 눈이 열려 예수님을 알아보게 되었다.

우리와 함께 하시는 예수님은 우리의 나누는 삶을 통해 나타나신다. 더 정확히는, 우리는 우리의 나눔의 삶을 통해 예수님을 분명하게 느끼고 보고 알게 된다. 교회의 삶에 나눔이 없다면, 그것은 바른 신앙 공동체가 아니다. 건강하지도 않다. 우리 자신이 바른 신앙인이 되려면, 그리고 우리가 속한 교회가 하나님의 신앙 공동체가 되려면, 우리의 삶에 나눔이 있어야 한다.

내게 있는 것으로

진정으로 나누는 것은 마음에서부터 시작된다. 결코 물질이나 소유에서 시작되지 않는다. 아무리 가진 것이 많다하더라도 마음이 없으면 나누지 못한다. 설사 나눈다하더라도, 거기에 마음이 담겨져 있지 않으면, 그것은 나누는 것이 아니다. 그런 의미에서, 나눔은 하나님의 은혜가 머무는 나의 마음 안에서 내가 가진 것을 토대로 하게 된다. 나중에 많은 것이 생기면 나누어야지 하다보면, 우리는 평생 나눔의 삶을 살 수 없게 된다.

사도행전 3장을 보면, 베드로와 요한이 기도 시간이 되었을 때 성전을 올라가고 있었다. 그 때 사람들이 나면서부터 앉은뱅이 된 자를 메고 왔다. 그것은 그 사람이 성전에 들어가는 사람들에게 구걸할 수 있도록 그를 성전 미문에 두기 위함이었다. 그 사람은 성전으로 들어가는 베드로와 요한을 보고는 구걸했다. 베드로와 요한은 그 사람에게 '자신들을 보라' 고 말하고는, 그가 자신들을 볼 때 베드로는 이렇게 말한다. "은과 금은 내게 없거니와 내게 있는 것으로 네게 주노니 곧 나사렛 예수 그리스도의 이름으로 걸으라"(행 3:6). 베드로에게는 은과 금이 없었다. 그러나 그들에게는 있는 것이 있었다. 예수 그리스도였다.

이것은 기본적으로 나눌 수 있는 것들 중의 으뜸은 복음이라는 것을 의미한다. 당연히, 모든 믿는 자들은 반드시 사람들과 복음을 나누어야 한다. 하지만 이 말은 또한 나눈다는 것이 꼭 우리가 물질적으로 넉넉하거나 물질이 있어야만 가능한 것이 아니라는 것을 말해준다. 즉, 그런 것이 없어도 어느 것이든 자신이 가진 것이 있다면, 그것으로 나눌 수 있다는 것이다.

헤아려보면, 우리에게는 있는 것이 많다. 상대적으로는 가진 것이 없어 보일지 몰라도, 절대적으로는 가진 것이 많다. 그러므로 하나님께서 우리와 자신의 생명을 나누신 것처럼, 우리에게 있는 것으로 감사하면서 다른 사람과 나누며 살아가는 우리가 되어야 하겠다.

> 다른 사람들이 우리의 삶을 보고
> 하나님을 보고 느낄 수 있어야 한다. 그것이
> 빛의 삶이요 소금의 삶이다.
> 그런 삶만이 하나님의 인정을 받게 된다.

18
네 믿음을 보여라

"백문이 불여일견"이라는 말이 있다. '한번 보는 것이 백 번 듣는 것보다 낫다'는 의미이다. 다른 말로 하면, 사실성에서 시각적인 것이 청각적인 것보다 더 확실하고 분명하다는 것을 나타내는 말이다.

하나님은 영(spirit)으로서 비가시적인 존재이지만, 인간은 가시적인 존재이다. 그래서 인간은 시각적인 것에 의해 많은 영향을 받고 산다. 하와의 경우를 통해, 우리는 그런 사실을 보게 된다. 하와는 사탄이 자신을 찾아와 선악을 알게 하는 나무를 따먹도록 유혹했을 때, 하와에게 그 나무는 "먹음직도 하고 보암직도 하고 지혜롭게 할만큼 탐스럽기도 한 나무"(창 3:6)로 보였다. 그래서 따먹었다.

인간은 가시적인 존재로서 보는 것에 의해 영향을 받는다는 것은 신앙의 면에서도 틀리지 않다. 신앙은 일차적으로 하나님과의 관계로서 보이지 않는 무형적인 것이지만, 그것은 우리의 삶을 통해 나타나게 된다. 그래서 예수님은 "너희는 세상의 빛이라 산 위에 있는 동네가 숨기우지 못할 것이요 사람이 등불을 켜서 말 아래 두지 아니하고 등경 위에 두나니 이러므로 집안 모든 사람에게 비취느니라 이같이 너희 빛을 사람 앞에 비취게 하여 저희로 너희 착한 행실을 보고 하늘에 계신 너희 아버지께 영광을 돌리게 하라"(마 5:14-16)라고 말씀하셨다. 빛은 자연적으로 세상을 밝히는 힘을 지니고 있어서, 빛은 세상이 볼 수밖에 없다는 말씀이다. 뿐만 아니라, 신앙인의 삶과 하나님께서 영광을 받으시는 것은 상관관계가 있다는 말씀이다.

다른 사람들이 우리가 참된 그리스도인인지, 아닌지를 아는 것은 우리의 신앙의 실천과 복음에 합당한 삶을 통해서이다. 하나님이 가시화 되는 것도 우리의 행위와 삶을 통해서이다. 우리가 세상에서 하나님의 사람답다면, 다른 사람들이 우리의 삶을 통해 하나님을 느끼게 된다.

이런 점에서, 신앙의 삶은 하나의 언어이며, 의사소통의 방법이다. 특히, 기독교 신앙의 관점에서 이것은 본질적이다. 때문에 하나님의 사람으로서 우리가 어떻게 사는가는 중요하다.

짐의 경우 – 예수님이 당신 같다면

어느 지역 교회 회중이 교회 지도자인 짐(Jim)에게 지역 공동체로 이주해 들어오는 새로운 사람들에게 복음 전하는 일을 맡아 달라는 요청을 했다. 그 무렵, 베트남 출신의 선(Sun Lee)이라는 사람이 그의 가족과 함께 난민의 신분으로 도착했는데, 그들은 당시 무일푼이었다. 그래서 당장 도움이 필요했다.

18. 네 믿음을 보여라

 그들이 가구라고는 거의 아무 것도 없는 작은 아파트에 정착하는 것을 도우면서, 짐은 그들에게 이렇게 말했다. "먼저 우리는 당신 가족에게 음식을 가져다 줄 것입니다. 그 다음에 당신에게 직업을 찾도록 도와줄 것입니다." 선은 그가 무슨 말을 하는지 전혀 알아듣지 못하면서도, 웃으면서 고개를 끄덕였다. 그 가족 중 영어를 할 줄 아는 사람이 아무도 없었기 때문이다.
 시간이 흘러 선은 직장을 얻게 되었다. 그 두 사람은 서로의 언어를 배우려고 애를 쓰면서, 서로 의사 소통을 하려고 노력했다. 그러나 진전이 거의 없었다. 짐은 그에게 예수님에 관하여, 그리고 그분이 세상의 죄를 위해 어떻게 돌아가셨는지에 관하여 말하고 싶었다. 그러나 그는 베트남어를 알지 못했기 때문에 그 아름다운 구원의 기쁜 소식을 전해 줄 수가 없었다.
 몇 주 동안 그 언어를 공부한 후 어느 날, 짐은 선에게 자신의 구주를 소개하기로 마음먹었다. 그는 하나님과 예수님에 관하여 설명하려고 무척 애를 썼다. 그러나 말을 하면 할수록, 모든 것이 더 혼란해지는 것 같았다. 선은 짐이 말한 것 중 아주 일부를 베트남어로 반복한 후에 그 단어들을 영어로 옮기려고 했지만, 어쨌든 의미 전달이 되지 않았다.
 짐은 괴로운 듯, "안되겠어요. 전혀 통하지가 않아요. 어떻게 하면 내가 당신을 이해시킬 수 있죠?"라고 말했다. 그의 얼굴에 슬픈 미소가 스쳤다. 그 말을 들은 선은 잠시 생각에 잠기더니, 불쑥 이렇게 말했다. "짐, 예수님이 당신과 같나요? 만일 그분이 당신을 좋아한다면, 나도 그분을 알고 싶어요."
 수개월 동안, 짐은 말로 복음을 전하려고 노력해 왔다. 그러나 실질적으로 선이 예수 그리스도의 성품을 느끼게 된 것은 바로 짐의 행동과 친절, 그리고 낯선 새로운 세계로 온 별 볼일 없는 가족에 대한 그의 관심을 통해서였다. 짐의 삶이 하나님의 말씀을 전하는 것이었고, 선은 짐이 상상했던 것 그 이상으로 듣고 배우고 이해하고 있었다(Charles Mills).

짐의 삶은 신앙의 언어였다. 짐은 자신의 삶을 통해 복음을 전하고 있었다. 짐의 실천 속에서 복음이 전해지고 있었던 것이다. 진정으로 마음을 움직이는 힘은 말에 있지 않다. 행위에 있고 삶에 있다.

코헨의 경우-기독교인 갱?

기독교적 삶과 관련하여, 짐의 경우와는 아주 대조적인 예가 있다. 복음을 받아들였지만 삶의 변화는 전혀 없었던 한 갱의 이야기다.

약 50년 전에, 믹키 코헨(Mickey Cohen)이란 이름의 한 캘리포니아 악당이 있었다. 그런데 그가 빌리 그래함(Billy Graham) 전도집회에 참석한 후, 결단의 시간에 앞으로 나가 신앙 고백을 하였다. 그 일은 모든 사람들을 놀라게 했다.

그러나 몇 달 후에, 사람들은 코헨의 삶에는 참된 회심자의 삶이라면 분명히 있어야 하는 변화가 나타나지 않음을 알게 되었다. 인터뷰를 하는 동안, 그는 갱으로서의 자신의 직업을 버릴 마음이 없음을 분명히 했다. 그는 자신의 입장을 고상하게 설명했다. 우리에게 기독교인 영화배우와 기독교인 정치인이 있는 것과 같이, 그는 첫 번째 기독교인 갱으로서 알려지기를 원했다(Ronald H. Nash).

이 이야기를 하면서, 로날드 내쉬(Ronald H. Nash)는 이렇게 말한다. "만일 어떤 사람이 자신을 그리스도인으로 여긴다면, 그 사람은 그리스도인답게 생각하고 행동하지 않으면 안 된다." 다시 말해,

그리스도인이 된다는 것은 그리스도인다운 삶을 사는 것이다. 그 삶에 그리스도가 나타나는 것이다. 이런 점에서 코헨은 진정으로 그리스도인으로 거듭났다고 할 수 없다. 그의 삶에는 진정으로 예수 그리스도가 나타나지 않았기 때문이다.

믿음과 삶

교육학 용어 중에 '암시적 커리큘럼'(implicit curriculum)이란 말이 있다. 이 말은 엘리옷 아이스너(Elliot Eisner)라는 교육학자가 자신의 저서 『교육학적 상상력』(Educational Imagination)에서 처음 사용한 용어로서, 커리큘럼의 내용에 포함되지는 않았지만, 암묵적으로 교육되는 내용을 일컫는다. 즉, 의도하지는 않았지만 나의 행동이 나의 자녀들에게 자동적으로 학습될 때 그것을 '암시적 커리큘럼'이라고 한다. 이런 점에서, 우리의 모든 삶은 다른 사람들과 의사소통하는 하나의 언어이다. 우리는 의도적이지는 않지만 무언의 행동으로 서로에게 말을 하는 것이다. 우리의 삶은 메시지이며 매체라는 말이다.

마찬가지로, 신앙인의 삶은 하나의 언어이다. 자신이 믿고 있는 것을 행위로 나타낸다. 그래서 행위는 믿음의 반영이다. 사도 바울은 "오직 너희는 그리스도 복음에 합당하게 생활하라"(빌 1:27)라고 권면한다. 사도 야고보는 "너희가 순종하는 자식처럼 이전 알지 못할 때에 좇던 너희 사욕을 본 삼지 말고 오직 너희를 부르신 거룩한 자처럼 너희도 모든 행실에 거룩한 자가 되라"(벧전 1:13-15)라고 가르쳤다. 하나님의 말씀을 바탕으로 복음에 합당하게 삶을 가꾸는 일은 모든 믿음의 사람들이 해야 할 중요한 과제들 중 하나다. 그리고 그것은 믿음의 중요한 척도들 중 하나가 된다.

야고보 사도는 이렇게도 말한다. "행함이 없는 네 믿음을 내게 보이라 나는 행함으로 내 믿음을 네게 보이리라"(약 2:18b). 믿음을 보인다는 것은 믿음이란 명목 하에 자신을 과시하는 것이 아니다. 자신을 과시하는 것은 자신을 나타내는 것이다. 그러나 믿음을 보인다는 것은 신앙의 삶을 사는 것이다. 즉, 믿음을 따라 사는 것이다. 실제로, 삶을 통해 하나님을 바르게 반영하는 것은 모든 하나님의 백성이 지닌 삶의 책임이다.

하나님께 인정을 받는 믿음

누가복음 18장을 보면, 예수님이 자신을 의롭다고 믿고 다른 사람들을 멸시하는 사람에게 한가지 비유를 들어 말씀하시는 이야기가 나온다. 이 비유의 초점은, 우리가 하나님 앞에 나아갈 때 어떤 태도로 나아가야 하며, 우리가 하나님께 기도할 때 그 기도는 어떠해야 하는가에 있다.

성전에 올라가 하나님께 기도하는 두 사람이 있었다. 한 사람은 바리새인이었고 또 한 사람은 세리였다. 세리는 자신이 죄인임을 잘 알고 있었기에 하나님 앞에서 감히 고개를 들지 못하고, 가슴을 치면서 이렇게 기도했다. "하나님이여 불쌍히 여기옵소서 나는 죄인이로소이다"(13절). 반면에, 바리새인은 따로 서서 "하나님이여 나는 다른 사람들 곧 토색, 불의, 간음을 하는 자들과 같지 아니하고 이 세리와도 같지 아니함을 감사하나이다 나는 이레에 두번씩 금식하고 또 소득의 십일조를 드리나이다"(11-12절)라고 말했다. 그는 기도를 한 것이 아니라, 자신의 행위를 설명하고 자랑했다.

예수님이 내린 이 비유의 결론은 이것이다. "이 사람(세리)이 저보다 의롭다 하심을 받고 집에 내려갔느니라 무릇 자기를 높이는 자는 낮아지고 자기를 낮추는 자는 높아지리라"(눅 18:14).

이 비유와 관련하여 한가지 분명히 해야 할 것은, 예수님은 결코 바리새인의 실천이나 행위 그 자체를 비난하거나 잘못되었다고 말한 적이 없다는 것이다. 바리새인들은 당시 다른 사람들에 비해 의롭게 살려고 노력했다. 실제로, 그들은 다른 사람들에 비해 의로운 면이 있었다. 그래서 예수님은 산상수훈의 청중들에게 "내가 너희에게 이르노니 너희 의가 서기관과 바리새인보다 더 낫지 못하면 결단코 천국에 들어가지 못하리라"(마 5:20)라고 말씀하셨다. 비록 그들의 마음의 태도와 의도가 바르지 못했을지라도, 의롭게 살려는 그들의 노력은 높이 살만하다. 그런 열심은 배울 필요가 있다. 그러나 바리새인들의 문제는 그들이 다른 사람들에게 자신들의 모습을 나타내 보이려고 했다는 데 있다. 그래서 그들의 노력은 하나님을 향한 헌신이 되지 못하고, 자신들을 과시하는 수단으로 전락하고 말았다.

다른 한편으로, 예수님은 세리의 삶을 옳다고 인정하지 않았다는 사실을 우리는 기억할 필요가 있다. 세리는 그의 고백처럼 합당하지 못한 삶을 살고 있었다. 그래서 그는 자신과 비슷한 상황에 있던 삭개오가 예수님을 만나면서 삶을 바꾼 것처럼, 자신의 삶을 바꿀 필요가 있었다. 그럼에도 불구하고 그가 예수님으로부터 인정을 받은 것이 있다. 그는 자신이 죄인이라는 사실을 잘 알고 있었다는 것이다. 그래서 고개를 들지 못한 채, 다만 불쌍히 여겨 달라고 하나님의 자비를 구했다. 하나님 앞에서 자신이 죄인이라는 사실을 자각하는 자는 모두 그렇게 하지 않을 수 없다. 우리의 삶은 다른 사람들과 비교하여 상대적으로 나은 점이 있을 수 있다. 그러나 하나님 앞에서는 절대적으로 나은 점이 없다. 인간은 모두 죄인이기 때문이다. 우리는 사람을 기준으로 신앙생활을 하는 것이 아니다. 하나님을 기준으로 하나님을 향해 신앙생활을 한다. 신앙은 하나님과 관련해서만 의미와 가치를 지니기 때문이다.

그리스도인은 예수님을 따르면서 그분으로부터 신앙과 삶을 배우고, 그 배움을 토대로 자신의 삶을 통해 하나님을 나타내는 예수님의 제자를 말한다. 기독교적 삶에는 이와 같이 복음으로 변화된 새 사람이 있다. 그래서 우리가 진정 복음을 통해 변화된 존재라면, 우리는 우리의 믿음을 보일 수 있어야 한다. 믿음을 보이되 우리 자신이 아닌, 하나님을 나타내 보일 수 있어야 한다. 다른 사람들이 우리의 삶을 보고 하나님을 보고 느낄 수 있어야 한다. 그것이 빛의 삶이요 소금의 삶이다. 그런 삶만이 하나님의 인정을 받게 된다.

> 우리가 하나님 앞에 바르게 서 있고
> 믿음 안에 바르게 거하고 있다면, 우리의 모든 삶은
> 어느 상황에 처하든지 언제나 확실한 근거를 지니고 있는 것이다.
> 하나님이 우리의 삶을 책임져 주실 것이기 때문이다.

19

필요한 아픔

언제부터인가 우리 집 셋째인 지인이의 목 아래 부분에 작은 혹이 하나 생겼다. 그것을 볼 때마다 '저것을 떼어내야 하는데' 하는 생각을 했다. 더 커지지 않게 하기 위해서이다. 간혹, 작은 혹이지만 그것을 그냥 놓아두면 사막이나 티눈처럼 커지는 경우가 있다. 그래서 종종 아내에게 "저것을 손톱 사이에 끼고 그냥 잡아당기면 떨어질 텐데"라고 말하곤 했고, 그 때마다 아내는 "그렇게 하면 아플 뿐 아니라 애가 울고불고 할 것인데…"라고 했다. 그러나 그럴 때마다 나는 "그것은 필요한 아픔이지!"라고 말은 하면서도 그냥 지나치곤 했다. 그러면서도 한 편으로는, "아니야, 꼭 잡아 떼어내야 해"하는 마음을 단념하지는 못했다.

그러다가 며칠 전에는 '안되겠다 싶어' 떼어내기로 마음을 먹었

다. 아이에게는 "조금만 참아, 떼어내지 않으면 더 커질 수 있어. 그러면 나중에는 더 큰 문제가 생기게 돼. 그러니까 당장은 조금 아프더라도 떼어내야 해"라고 말했다. 그리고는 조금 무식하게 나의 엄지와 검지 손톱 사이에 아이의 그 혹을 넣고 인정 사정 볼 것 없이 힘껏 잡아 당겼다. 즉시 혹이 떨어져 나왔고, 그 자리에서 피가 조금 났다. 그래서 그곳을 닦아주고 약도 발라 주었다. 지금은 그곳에 아무런 흔적도 없이 다른 부분과 같게 되었다. 혹을 떼어낼 때, 우리 아이가 아픔을 겪었지만, 그러나 그 아픔은 분명 필요한 아픔이었다.

아픔의 긍정적인 면

우리의 삶에는 아픔이 있기 마련이다. 그리고 아픔에는 여러 가지가 있다. 육체적인 아픔이 있는가 하면 심적인 아픔도 있다. 정신적인 아픔이 있는가 하면 영적인 아픔도 있다. 개인적인 아픔이 하면 사회적인 아픔도 있다. 심지어는 우리가 사는 이 땅, 더 정확히는 창조세계도 아픔을 겪는다(창 8:19-23). 이렇듯 우리의 삶과 우리가 사는 세상에는 아픔이 있다.

특히, 우리의 삶에는 우리가 원하지는 않지만 우리에게 다가와 고통을 주거나 아프게 하는 시간이 있다. 외적인 요인에 의해 아픔을 겪게 되는 것이다. 다른 한편으로, 내적으로 우리가 지니고 있는 여러 가지 기질이나 성질로 인해 아픔을 겪기도 하고 다른 사람들에게 아픔을 주기도 한다.

어떤 면에서, 아픔은 우리의 삶을 망가뜨리는 나쁜 힘이다. 대부분의 경우에, 우리가 아픔을 겪을 때 즐거워할 사람은 없다. 누가 아픔을 바랄까? 행여 그런 사람이 있다면, 정신적으로 문제가 있는 사람으로 받아들여 질 것이다. 우리는 대부분 아픔 앞에서 괴로워하고 절망한다. 인간으로서 자연스런 반응이라고 할 수 있다.

그러나 긍정적으로 보면, 아픔은 우리의 삶에 유익하게 작용할 수도 있고 또 그렇게 작용하기도 한다. 아픔은 우리로 하여금 우리의 삶을 다시 보게 하는 계기가 된다. 그래서 아픔은 절망감을 갖게 하기도 하지만, 우리의 삶을 반성하며 고치게도 하고 희망을 갖게도 한다. 그것이 하나님을 믿는 믿음 안에서 겪는 아픔이라면 더욱 그렇다.

우리가 살아가는 이 시대가 지닌 문제점들 중 하나는 아픔을 대하는 태도와 관계가 있다. 즉, 아픔을 부정적으로만 보는 것이다. 우리 시대에 아픔은 인간의 행복을 깨뜨리는 적으로서 우리의 참된 행복을 위해서는 떨쳐 버려야 하고 벗어나야 하고 없어야 하는 불필요한 것으로 여겨진다. 그러나 실제로는 아픔과 우리의 삶은 분리될 수 있는 것이 아니다. 산다는 것은 아픔을 겪는 것이며, 아픔을 겪는다는 것은 우리가 살아 있다는 것이다. 삶은 기쁨이지만 또한 아픔이다. 예로서, 어떤 것을 위해 하는 노력은 하나의 아픔이다. 어떤 일의 성취는 대가라는 아픔을 통해서 얻어진다. 힘든 시간을 보내지 않고 어떻게 좋은 결과를 얻기를 바랄 수 있을까?

분명 아픔에는 부정적인 면이 있지만, 긍정적인 면도 있다. 그래서 우리에게 중요한 것은 아픔에 대한 우리의 이해를 바르게 갖는 것이다. 우리의 삶에 있는 아픔과 관련하여, 저명한 성서 신학자이면서 에모리 대학교에서 교수하고 있는 룩 티모시 존슨(Luke Timothy Johnson)은 자신의 경험을 근거로 이렇게 말한다.

언젠가 내가 젊고 (소금 더) 어리석었을 때, 나는 큰 아픔을 겪고 있던 나의 아내에게 용기를 읽어 주려고 애쓴 적이 있다. (그러

제2부 사랑하면서

나) 나는 몸이 고통을 당하고 있는 사람에게 어떤 고상한 말도 전혀 들리지 않는다는 것을 이내 알게 되었다. 결국 나는 그냥 입을 다물고 아내의 손을 꼭 잡아주는 것이 어떤 달변의 말보다, 심지어는 성서의 구절을 읽어주는 것보다 더 낫다는 것을 배웠다. 그렇지만, 고통으로부터 자유롭기 때문에 어느 것이든 생각할 수 있는 상황에 있는 사람들이 고통에 관해 열심히 그리고 잘 생각하는 것은 중요하다. 왜냐하면 그것은 우리가 잘못되어 우리 또한 일이 잘 되지 않는 그런 근본적인 범주들 중 하나가 되기 때문이다. 그리고 나는 오늘날 우리의 세상에는 사람들의 고통을 증대시키는 아픔(pain)에 관한 잘못된 생각이 실제로 많이 있다고 생각한다.

개인적으로, 나는 그가 사용하는 "아픔에 관한 잘못된 생각"이라는 말은 매우 설득력 있고 통찰력 있는 말이라고 생각한다. 실제로, 편하고 즐거운 것만을 행복으로 여기는 경향이 있는 대부분의 사람들에게 고통은 행복을 깨는 악으로 간주되곤 한다. 그러나 아픔은 우리의 존재와 삶을 새롭게 깨우는 역할도 한다.

더 나음과 생명을 위한 아픔

신앙의 관점에서 볼 때, 신체적이든 심적이든, 정신적이든 영적이든, 또는 개인적이든 사회적이든, 우리에게는 우리의 더 나은 사람됨과 삶을 위해 우리에게 없어야 할 부분들이 있다. 떼어내어질 필요가 있는 부분들이 있다. 그런 것들이 우리의 삶에 있으면, 우리는 예수 그리스도를 통해 오는 하나님 안에 있는 풍성한 삶을 온전하게 누릴

19. 필요한 아픔

수 없게 된다.

  우리의 삶에 그런 모습이 있을 때, 우리를 위해 그리고 하나님의 선하신 목적을 위해 하나님은 우리에게서 그런 것들을 떼어내시는 일을 하신다. 우리로 하여금 아픔을 겪게 하시는 것이다. 때문에 우리가 바르게 응답만 하면, 하나님의 손안에서 그런 아픔은 분명 구속적이며 창조적인 아픔이 된다.

  모세는 고난의 상황 속에서 태어났지만, 하나님의 인도하심과 섭리 안에서 애굽의 왕 바로의 딸을 통해 구출 받고 왕자로서 살아가게 되었다. 그로 인해 그는 그 시절 좋은 것을 많이 누리며 살았다. 그러나 그 자리는 하나님의 사람으로서 그가 있어야 할 자리가 아니었다. 하나님의 마음에 있는, 하나님이 정하신 그의 삶의 자리는 다른 곳에 있었다. 광야였다. 그는 죽을 때까지 하나님의 사명을 감당하면서 광야에서 살아야 할 사람이었다. 그래서 하나님은 다른 곳이 아닌, 바로 "광야"로 그를 이끄셨다. 광야에서 살면서 "광야에서 사는 법"을 익히게 하기 위함이었다. 광야에서 사는 법은 오직 광야에서만 참되게 익힐 수 있다.

  왕궁에서의 삶은 편했다. 자기가 원하는 것은 대부분 가질 수 있는 상황에서, 삶의 다른 면을 보기란 어려웠다. 왕궁에서의 삶은 분명 모세로 하여금 자기 확신적인 사람이 되게 했을 것이다. 마음만 먹으면 뭐든 할 수 있다는 자신감을 갖게 했을 것이다. 단적으로 말하면, 하나님을 의지하지 않고도 사는데 별로 어려움이 없는 삶을 살 수 있다고 생각했을 것이다.

  그러나 광야는 달랐다. 손수 일해야 먹고 살 수 있었고, 늘 위험에 노출되어 있었다. 하나님은 바로 그런 곳에서 모세가 지니고 있던 삶의 군더더기를 다듬으셨고 마음의 불필요한 지방질을 빼내셨다. 보

제2부 사랑하면서

세는 광야의 삶을 통해 광야에서 사는 법을 배웠고, 하나님을 의지하는 법을 배웠다. 그에게 있어서 40년이라는 광야의 시간은 분명 아픔과 고통의 시간이었다. 그러나 그 아픔의 시간은 하나님의 사람으로 재형성되는데 없어서는 안 되는 시간이었다. 그리고 광야의 시간이 끝나는 시점에, 모세는 빛나는 하나님의 사람이 되었다. 하나님이 쓰시기에 합당한 모습으로 변했던 것이다. 더 놀라운 것은, 모세가 하나님을 뵙게 된 곳은 바로 그곳 광야였다는 사실이다.

마찬가지로, 우리의 입장에서 하나님이 우리를 훈련시키는 시간은 아픔일 수 있고 고통일 수 있지만, 그러나 그것은 필요한 아픔이다. 다른 한편으로 우리가 원하지는 않지만 우리에게 다가와 우리의 삶을 아프게 하는 것들이 하나님의 도우시는 손길 안에서 선하게 작용할 수도 있다. 하나님이 우리를 쓰시기 원하실 때, 하나님이 쓰시기 원하시는 모습이 되기 위해서 우리의 어떤 부분이 바뀌어야 할지를 하나님은 아신다. 우리가 지니고 있는 우리의 고쳐질 부분은 하나님이 결정하신다. 우리가 결정하는 것이 아니다. 우리에게 필요하다 여겨지는 부분도, 하나님이 보시기에는 고쳐져야 하는 부분일 수 있다.

한 가지 주목할 것은, 우리로 하여금 아픔을 겪게 하시는 하나님의 의도는 하나님 자신의 뜻을 이루어 가시고자 우리로 하여금 타인을 위해 고통 당하게 하는 것과도 관계가 있다는 것이다. 하나님의 선하신 뜻을 위해 우리로 하여금 아픔을 겪게 하시는 것이다. 모세의 아픔은 바로 그런 아픔이었다. 모세의 아픔은 넓게는 타인, 즉 이스라엘 민족을 위한 아픔이었고 궁극적으로는 하나님의 구원의 계획을 위한 것이었다.

예수 그리스도의 아픔도 그런 아픔이었다. 예수님은 죄도 없으시고 아무 흠도 없으신 하나님의 아들이셨지만, 십자가 위에서 아픔을 당하셨다. 왜 그런가? 인간을 구원하시기 위함이었다. 예수님의 아픔은 우리의 구원과 영원한 생명을 위해 꼭 필요한 것이었다. 그래서 예수님의 아픔은 구속적 의미를 지닌다.

우리가 하나님 앞에 바르게 서 있고 믿음 안에 바르게 거하고 있다면, 우리의 모든 삶은 어느 상황에 처하든지 언제나 확실한 근거를 지니고 있는 것이다. 하나님이 우리의 삶을 책임져 주실 것이기 때문이다. 그래서 사도 바울은 "우리 중에 누구든지 자기를 위하여 사는 자가 없고 자기를 위하여 죽는 자도 없도다 우리가 살아도 주를 위하여 살고 죽어도 주를 위하여 죽나니 그러므로 사나 죽으나 우리가 주의 것이로라"(롬 14:7-8)라고 확신 있게 고백할 수 있었다. 하나님의 섭리와 인도하심 안에 있는 아픔은 우리의 더 나음과 생명을 위한 아픔이다. 그것을 분명하게 그리고 바르게 아는 것이 중요하다.

우리를 위해 주시는 아픔

오늘날 대부분의 다른 가정과는 달리, 우리 부부는 아이들을 조금 엄하게 교육시키는 편이다. 아이들이 정신적으로 바르고 건강한 사람들로 자라려면, 사랑을 필요로 하지만 또한 엄격한 훈련도 필요로 한다고 믿기 때문이다. 그래서 때로는 벌을 주기도 하고, 목소리를 높이면서 혼을 내기도 한다.

한번은 무척이나 외향적인 둘째인 현서가 잘못을 하여 혼이 많이 난 적이 있었다. 그 다음날, 아내와 아이들이 함께 외출하게 되었을 때, 아내가 아이들에게 이렇게 말했나 보다. "아빠가 너희들을 혼내는 것은 너희들이 잘 되라고 하는 것이야. 아빠가 너희들을 사랑해서야. 그러니까 혼내는 것은 사랑의 표현인 거야." 그랬더니, 즉시 첫째 아이가 "혼을 내는 것이 어떻게 사랑의 표현일 수 있어요? 저는 이해가 안돼요"라고 말했다고 한다.

그 말을 전해듣고, 며칠 후에, 나는 첫째 아이에게 "너, 그것 알아? 너무 기쁘면 기쁨을 감당할 수 없어 울음이 나오고, 너무 슬프면 그 슬픔이 감당이 안되어서 눈물이 나오지 않는 것 말이야. 그리고 어떤 일이 너무 황당하면 어이가 없어서 웃음이 나오기도 하고. 마찬가지로, 너무 사랑하면 잘 되라고 혼을 낼 수도 있는 거야. 너희들이 잘못할 때 아빠가 그냥 내버려두면, 아빠는 너희들을 사랑하지 않는 것이 돼." 그랬더니, 가만히 있었다. 그래서 나는 "네가 커가면서 경험하게 되면 알게 될 거야"라고 말해 주었다.

만일 하나님이 우리와 아무런 관계가 없다면, 하나님은 우리가 어떤 사람으로 있든지 상관하지 않으실 것이다. 그러나 우리가 하나님께 소중한 사람들이라면, 그리고 우리가 하나님이 보시기에 좋은 사람이 되기를 원하신다면, 하나님은 분명 우리에게 아픔의 시간을 주실 것이다. 당장에는 우리가 보기에 불필요한 아픔이라 여겨질지 모르지만, 하나님이 보시기에는 '필요한 아픔'인 것이다. 우리가 진정으로 하나님이 살아 계신 창조주라고 믿고 그분을 신뢰한다면, 우리는 우리의 모든 것을 그분에게 맡기며 살 필요가 있다. 당장에는 고통일 수 있지만, 그럼에도 그 모든 것이 하나님의 부르심 안에 있다면 결국에는 '믿음 안에서' 그 모든 것이 합력하여 선을 이룰 수 있게 되기 때문이다(롬 8:28).

살아가면서 우리에게 오는 아픔을 '필요한 아픔'으로 여기면서, 믿음 안에서 충실히 견디어나감으로 더 성숙해져 가는 우리가 되기 바란다.

20

여백의 삶, 여백의 신앙

몇 해 전, 어떤 사람과 일상에 관한 대화를 나눈 적이 있다. 그는 매우 활동적이고 사교적인 사람이었다. 그는 일 때문에 바쁘게 살아가면서도, 사람들을 만나 함께 하는 시간을 무척 즐기는 사람이었다. 실제로, 그는 하루라도 사람을 만나지 않으면 이상하다고 했다. 일이 끝나면 친구를 만나거나 아는 사람을 만나서 저녁 시간을 보내고 집에 가야 마음이 편하다고 했다. 어쩌다 그런 시간을 갖지 못하거나 혼자 있는 시간이 되면, 기분이 유쾌하지 않고 답답하다고 까지 했다. 그에게는 혼자 조용히 있는 것을 못 견뎌하는 경향이 있었다. 아마도 그의 그런 삶의 모습은 현대인의 한 단면을 보여주는 예가 아닌가 싶다.

바쁜 현대인

분주함은 오늘날 우리의 삶의 문화가 되었다. 우리의 이런 문화에

제2부 사랑하면서

대해, 헨리 나우웬(Henry J. M. Nouwen)은 다음과 같이 꼬집어 말한다.

우리의 일상생활의 가장 분명한 특징들 중의 하나는 우리가 분주하다는 것이다. 우리는 우리의 매일의 시간을 해야 할 일들로, 만나야 할 사람들로, 끝내야 하는 프로젝트들로, 써야 할 편지들로, 걸어야할 전화로, 그리고 지켜야 할 약속들로 가득 채워진 상태로 경험한다. 우리의 삶은 종종 너무 많은 짐을 꾸려서 이어진 자리가 터져 갈라지고 있는 여행가방과 같다.

그의 말처럼, 실제로 우리가 살아가는 세상은 분주함이 미덕이고, 생산성을 의미한다. 그래서 조용히 있는 시간이나 재충전의 시간은 생을 허비하거나 소모하는 것으로 여겨지기도 한다. 때에 따라서는 아무 일도 하지 않고 있게 되면, 불안해하거나 스스로 남에게 뒤진다고 생각되기도 한다.

그러나 실은 그렇지가 않다. 오히려 쉼의 시간은 우리의 삶의 중요한 일부이면서, 다른 의미의 생산성과 창조성을 뜻한다. 우리의 삶은 그 지음 받은 성격상 채우는 시간뿐만 아니라, 비우는 시간도 있어야 한다. 다시 말하면, 우리의 삶은 여백을 필요로 한다. 그래야 우리의 삶이 바를 수 있고 건강할 수 있다.

한적한 곳의 예수님과 제자들

복음서에서 예수님의 삶의 이야기를 읽다가, 가끔씩 눈에 아주 낯설게 다가오는 구절들을 만나게 된다. 이해하기 어려울 정도로 심오

한 의미를 담고 있어서라기보다는, 내 머리로 그리는 기대와는 다른 행동을 하시는 예수님의 모습 때문이다. 예수님은 종종 분주한 삶과 사역의 자리를 피해 조용하고 "한적한 곳"을 찾으셨다. "예수께서 각색 병든 많은 사람을 고치시며 많은 귀신을 내어 쫓으시되 귀신이 자기를 알므로 그 말하는 것을 허락지 아니하시니라 새벽 오히려 미명에 예수께서 일어나 나가 한적한 곳으로 가사 거기서 기도하시더니"(막 1:34-35). "예수의 소문이 더욱 퍼지매 허다한 무리가 말씀도 듣고 자기 병도 나음을 얻고자 하여 모여 오되 예수는 물러 가사 한적한 곳에서 기도하시니라"(눅 5:15-16).

그러면, 예수님은 짧은 생의 기간 동안, 특별히 3년 남짓의 공생애 기간 중에 할 일도 많았는데, 그렇게 귀한 시간을 왜 한적한 곳에 가서 보내셨는가? 그것은 예수님께도 그런 삶의 시간이 필요했기 때문이다. 예수님께 있어서 한적한 곳은 여백을 위한 자리였다. 한적한 곳에서의 예수님의 시간은 휴식을 위한 시간이었고, 하나님과 교제하는 시간이었다. 예수님은 그처럼 삶의 본질적인 시간들(쉼의 시간들)을 잃어버리지 않고 사역하셨고 또 그렇게 사셨다.

예수님은 제자들에게도 삶 속에 여백을 남겨두라고 명하셨다. "너희는 따로 한적한 곳에 와서 잠깐 쉬어라 하시니 이는 오고 가는 사람이 많아 음식 먹을 겨를도 없음이라"(막 6:31). 이때 예수님과 그분의 제자들은 식사할 시간조차 없을 정도로 하나님 나라의 일을 하느라 분주했다. 그들은 일에 몰두해 있었고, 쉬는 시간을 갖지 못하고 있었다. 그래서 그들에게 필요한 것은 더 많은 일이 아니라, 잠시 그 일로부터 거리를 두는 것이었다. 잠시 하던 일을 중단하고 삶 속에 여백을 창출하는 것이었다. 그들은 여백의 시간에 자신들에게 필요한 또 하나의 중요한 삶의 일(쉬면서 먹는 일)을 해야했다.

예수님과 제자들의 삶에서 한적한 곳에서의 시간은 결코 헛된 것이 아니었다. 그것은 분주한 일상에서 여유를 찾고, 새로운 삶을 위해 활력을 회복하는 시간이었다. 하나님의 일을 하는 것보다 하나님과의 관계를 형성하는 것이 우선적인 것임을 되새기고, 계속해서 하나님과 깊은 교제 속으로 들어가는 시간이었다. 그래서 그들에게 그 시간은 가치 있고도 꼭 필요한 시간이었다.

우리에게도 필요한 한적한 곳

사도 바울은 예수 그리스도로부터 부르심을 받은 후에 곧바로 혈육을 만나 의논을 하거나, 먼저 사도된 사람들을 만나 공인을 받는 절차를 따르지 않고, 아라비아로 가서 그곳에서 3년을 보냈다(갈 1:17). 사도 바울은 부르심을 받고 사역을 시작하기 전에, 무엇보다도 자신의 삶 속에 하나님을 위한 여백을 남겨 두었다.

하나님의 사람들에게 있어서 일하는 것보다 더 중요한 것은 하나님의 소리를 듣는 것이다. 하나님의 소리를 듣지 않고 하나님의 일을 하는 것은 바르지 않다. 하나님의 일은 그 일을 대신하는 사역자에게 속하는 것이 아니라, 하나님 바로 그분에게 속하기 때문이다. 하나님의 일꾼들은 하나님의 말씀에 따라 자신에게 맡겨진 일을 해 가는 사람들이다. 하나님의 사람들에게, 하나님의 말씀은 대부분 여백이 있는 삶에서 들려진다.

우리에게도 여백이 필요하고 한적한 곳이 필요하다. 여백은 우리의 삶의 이야기를 구성하는 중요한 부분이다. 여백이 없는 삶은 답답하다. 책에서 각각의 페이지를 보면 여백은 전체를 균형 있게 하고 책을 더욱 책답게 한다. 한 페이지의 종이에 오직 검은 활자체의 문자만 가득하다면, 우리는 금새 질려 버릴 것이다. 그러나 적절한 여백은 책을 더 멋지게 한다. 책을 편집하면서 하는 중요한 일들 중의 하나는 바로 글자와 여백 사이의 균형을 잡는 일이다.

우리의 삶이 하나의 멋진 이야기책이 되게 하려면 우리의 삶을 편집할 때, 우리는 바로 그런 일을 해야 한다. 채워지는 일상의 이야기들이 여백과 적절하게 조화를 이루어야 우리의 삶의 이야기가 좋은 이야기책으로 남게 된다. 하나님의 사람들에게는 더욱 그렇다.

한적한 곳에서의 삶의 모습

그러면, 여백을 구성하는 삶의 이야기는 무엇이어야 하는가? 그리스도인의 삶에서 여백은 어떠해야 하는가? 우리의 여백의 삶이 가치 있으려면, 반드시 다음 세 가지의 실천은 있어야 한다.

첫째로, 우리의 여백의 삶에는 각자의 삶을 돌아보는 성찰의 시간이 있어야 한다. 우리가 우리 자신들의 삶을 돌아보지 않을 때 우리의 삶은 방향을 잃어버리게 된다.

둘째로, 우리는 여백의 시간에 하나님과 영적으로 교제하는 시간을 가져야 한다. 하나님의 사람들에게 하나님과 관계를 맺는 것보다 더 중요한 일은 없다. 그래서 헨리 나우웬은 이렇게 말한다. "독거(solitude) 없이, 영적인 삶을 산다는 것은 실제로 불가능하다. 독거는 하나님을 위한 시간과 자리와 함께 시작된다. 즉, 오직 그분과 함께 시작된다. 만일 우리가 정말로 하나님이 존재한다는 것과 그분이 능동적으로 우리의 삶 속에 임재-치유, 가르침 그리고 인도-한다는 것을 믿는다면, 우리는 그분에게 우리의 한눈 팔지 않는 주의를 드릴 시간과 공간을 떼어놓을 필요가 있다."

셋째로, 떼어둔 여백의 시간에 우리는 우리 자신의 부족한 삶의 영역들을 채워 가야 한다. 우리가 우리의 삶에서 꼭 필요한 일들을 하지 않고 살아가는 것은 우리의 삶을 창조적으로 만들지 않는 것을 의미한다.

믿음 안에서 잘 쉬는 것도, 여백의 삶을 갖는 것도 중요한 기독교적 실천이요 영적 삶의 한 형태이다. 하나님은 인간을 일하도록 만드셨지만, 또한 쉬도록 만드시기도 했다. 하나님의 창조사역에는 활동과 쉼이 함께 있었다. 활동은 쉼의 가치를 더 높여주고, 쉼은 활동을 더 활기차게 해 준다. 우리의 삶은 행위와 쉼이 적절하게 조화를 이룰 때, 하나님의 창조적 삶에 가장 근접하게 된다.

일상 속에 자신을 잃지 않을 때 그 일상이 가치가 있게 된다. 우리의 삶은 부지런함과 열심을 필요로 하지만, 또한 여백도 필요로 한다. 여백의 삶은 우리의 삶을 더 풍성하고 알차게 한다. 여백의 신앙은 우리의 신앙을 더 반성적이 되게 하고, 하나님과의 더 깊은 교제 안으로 그리고 그분이 주시는 더 풍성한 삶을 받아 누리게 되는 삶 속으로 들어가게 한다. 그래서 우리의 삶에도 그리고 우리의 신앙에도, 여백은 그 무엇보다도 필요하고 가치가 있다.

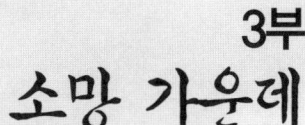

3부
소망 가운데

"주여 내가 무엇을 바라리요 나의 소망은 주께 있나이다"(시 39:7).

"소망의 하나님이 모든 기쁨과 평강을 믿음 안에서 너희에게 충만케 하사 성령의 능력으로 소망이 넘치게 하시기를 원하노라"(롬 15:13).

> 우리가 사는 세상을 더 나은 세상이 되도록
> 우리가 할 수 있는 것을 찾아 행해야 한다.
> 그것이 하나님께서 우리를 부르신 이유 중 하나이다.

21

이 땅에서도 이루어지게 하소서

찰스 템플턴(Charles Templeton)이라는 사람이 있다. 그는 한때 복음 전도자 빌리 그래함(Billy Graham) 목사의 동료였고 친한 친구였다. 그는 열 다섯 살 때 그리스도인이 되었다. 그러나 그는 본래 『토론토 글로브』(The Toronto Globe)의 직원이었다가, 점차로 그 일에 대해 혐오감을 느끼게 되었다. 그러던 어느 날 밤, 깊은 죄의식을 느끼고 하나님의 은혜를 구하게 되었다. 그리고 그날 밤, 그는 하나님의 은혜를 경험했다. 그로 인해 그는 저널리즘을 버리고 사역자의 길을 걷게 되었다.

그러나 어느 날 우연히 그는 『라이프』(Life)라는 잡지에 실린 한 장의 사진을 보고는 깊은 회의에 빠져들게 되었다. 그 사진은, 심한 가뭄으로 아들을 잃은 한 흑인 여성이 그 죽은 아들을 팔에 안고 있는 모습을 담고 있는 사진이었다. 그는 그 사진을 보면서 이렇게 물었다. "이 여성에게 정말 필요한 것이 **비**(*rain*)인데, (비가 내리지 않아 죽게 된 상황에서) 사랑의 창조주 또는 돌보시는 창조자가 있다고 믿는 것이 가능한가?"

그 이후, 그는 이 세상에 존재하는 수많은 고난의 문제로 인해 더 깊은 회의에 빠지고 결국에는 불가지론자가 된다. 그는 하나님을 믿고 싶어하지만, 여전히 믿지를 못하고 있다. 아니, 믿고 싶어도 믿을 수가 없다고 한다. 그는 지금도 여전히 "우리가 사는 이 세상에는 사랑의 하나님이 있을 수 없다"는 확신을 갖고 있다. 그는 현재 알츠하이머병에 걸려 죽어가고 있다(Lee Strobel).

평화가 깨어지는 세상

이 세상에는 템플턴으로 하여금 하나님을 떠나게 만든 굶주리고 병들어 죽어 가는 사람들이 많다. 여기 저기에서 고통 당하는 소리가 울려 퍼지고 있고, 갈등과 분쟁도 그치지 않고 있다. 전 세계적으로도 전쟁이 끊이질 않고 있고, 그로 인해 생기는 고통이 매일 우리가 살아가는 세상을 채우고 있다.

고등학교와 대학시절 많이 부르던 복음성가가 있다.

> 세상은 평화 원하지만 전쟁의 소문 더 늘어간다. 이 모든 인간 고통 두려움뿐 그 지겨움 끝없네. 그러나 주 여기 계시니 우리가 아들 믿을 때에 그의 영으로 하나돼 우리가 아들 믿을 때에 그의 영으로 하나돼. 하날세 하날세 하날세 하날세.

이 복음성가의 가사처럼, 세상은 평화를 원하는데 전쟁의 소문은 날마다 더 늘어가고 있다. 고통 당하는 사람들의 이야기도 계속되고 있다. 하나됨에 대한 열망은 큰데, 세상은 끊임없이 나뉘어지고 있다. 평화에 대한 열망은 큰데, 세상은 절망감이 더 깊어간다. 이것이 오늘날 우리가 살아가는 세상의 모습이다. 그러면, 우리는 절망이 가득한 이 세상의 이런 모습을 보면서 어디에서 희망을 찾을 수 있을까? 이런 상황에서도 희망을 말할 수 있을까?

땅을 위한 기도

우리가 흔히 〈주의 기도〉라고 부르는 예수님이 제자들에게 가르치신 기도 중에, "하늘에 계신 우리 아버지여 이름이 거룩히 여김을 받으시오며 나라이 임하옵시며 뜻이 하늘에서 이룬 것같이 땅에서도 이루어지이다"(마 6:10)라는 내용이 있다. 이 기도엔 우리가 깊게 되새겨야 하는 의미 있는 내용이 많다.

하나님은 자신이 창조한 이 우주 그 어디에도 계시지만, 특별히 하늘에 계신다. 성서에서 하늘은 하나님의 거하시는 자리를 나타내는 상징어이다. 시인은 하나님과 그분의 기름 부은 자를 조롱하고 대적하는 세상의 왕들을 향해, "하늘에 계신 자가 웃으심이여 주께서 저희를 비웃으시리로다"(시 2:4)라고 읊는다. 하늘은 하나님이 계신 자리요, 창조 세계를 향한 그분의 다스림이 시작되는 곳이다. 하나님이 거기에 계신다. 그래서 예수님은 제자들에게 "하늘에 계신 우리 아버지여"라고 기도하라고 가르치셨다.

반면에, 우리는 땅에 있다. 우리는 땅과 더불어 살아간다. 땅에서 나는 식물을 먹고 땅을 밟고 살아간다. 땅은 우리의 삶의 자리이다. 육신을 입은 채로 땅을 벗어날 수는 없다.

땅은 생명을 낳는다. 땅은 거짓이 없다. 땅은 심은 대로 낸다. 그런데 땅은 스스로 존재할 수 없다. 늘 하늘의 도움을 받아야 한다. 땅은 하늘을 의지한다. 땅은 하늘이 있어야 있을 수 있다. 땅이 지닌 생명을 내는 힘, 즉 내적 생명력은 늘 하늘에 의존한다. 아무리 비옥한 땅이라도 하늘이 물을 내지 않으면 그 땅은 메마르고 황폐해진다. 생명의 힘을 잃은 죽어버린 땅이 된다. 생명을 자라게 하지 못하고 시들게 한다. 그래서 땅에 있는 모든 것은 늘 하늘의 은혜를 입고 산다.

예수님은 미래에 대해 걱정하는 사람들을 향해 이렇게 말씀하셨다.

> 들의 백합화가 어떻게 자라는가 생각하여 보라 수고도 아니하고 길쌈도 아니하느니라 그러나 내가 너희에게 말하노니 솔로몬의 모든 영광으로도 입은 것이 이 꽃 하나만 같지 못하였느니라 오늘 있다가 내일 아궁이에 던지우는 들풀도 하나님이 이렇게 입히시거든 하물며 너희일까 보냐 믿음이 적은 자들아(마 6:28-30)

예수님의 말씀처럼, 들의 백합화나 우리가 하찮게 여기는 들풀도 하나님의 은혜를 받고 산다.

그런데도 이 땅에는 문제가 많다. 그것이 우리를 힘들게 만든다. 때때로 그 문제가 우리로 하여금 하나님의 존재와 은혜에 대해 회의하게 만들기도 한다.

그러면, 왜 그런가? 왜 이 땅에는 문제가 그렇게 많은가? 모두 사탄의 세력 때문이다. 사탄은 죽이고 나누고 황폐케 하는 영이다. 사탄은 하나님의 창조세계를 망가뜨리고 자유한 것들을 죽음에 붙들어 매어 놓았다. 그래서 창조세계가 본래의 질서와 모습을 잃고 고통을 당하고 있다. 창조된 모든 것이 죄의 영향을 받고 있다. 사도 바울은 이런 모습을 이렇게 말한다.

21. 이 땅에서도 이루어지게 하소서

> 피조물의 고대하는 바는 하나님의 아들들의 나타나는 것이니 피조물이 허무한데 굴복하는 것은 자기 뜻이 아니요 오직 굴복케 하시는 이로 말미암음이라 그 바라는 것은 피조물도 썩어짐의 종노릇 한데서 해방되어 하나님의 자녀들의 영광의 자유에 이르는 것이니라 피조물이 다 이제까지 함께 탄식하며 함께 고통하는 것을 우리가 아나니 이뿐 아니라 또한 우리 곧 성령의 처음 익은 열매를 받은 우리까지도 속으로 탄식하여 양자 될 것 곧 우리 몸의 구속을 기다리느니라(롬 8:19-23).

땅은 하늘의 은혜를 입어야 산다. 뜻이 하늘에서 이루어진 것 같이 이 땅에도 이루어져야 한다. 이 땅이 살려면 그래야 한다. 그래서 우리는 예수님이 가르치신 기도를 전심으로 드리지 않으면 안 된다. 예배 시간마다 또는 예배를 마치기 위해 형식적으로 드리는 기도가 아니라, 우리의 열정과 탄원의 마음을 담아 드려야 한다.

지금도 하나님께서는 이 세상 권세를 쥐고 있는 사탄의 세력을 무찌르시고 평화의 나라인 하나님의 나라를 완성하시기 위해 활동하시고 계신다. 그래서 궁극적으로는 사탄이 패하고 그 나라가 온전하게 이루어질 것이다. 하지만, 이 세상에는 여전히 우리가 어찌할 수 없는 사탄의 세력이 있다. 그런 이유로, 우리는 "뜻이 하늘에서 이루어진 것 같이 땅에서도 이루어지게 하소서"라고 기도해야 한다. 그의 나라가 속히 오도록 기도해야 한다.

하나님과 세상의 평화

예수님은 십자가를 지시기 전에 불안해하는 제자들을 향해, "이것을 너희에게 이름은 너희로 내 안에서 평안을 누리게 하려 함이라 세상에서는 너희가 환난을 당하나 담대하라 내가 세상을 이기었노라"

(요 16:33)라고 말씀하셨다. 그리고 죽음에서 부활하신 후에, 유대인들을 두려워하여 떨고 있는 제자들에게 오셔서 "너희에게 평강이 있을지어다"(요 20:19)라고 말씀하셨다.

세상 사람들은 세상의 것으로, 자신이 가진 것으로 평안을 누린다. 그래서 많이 가지려고 부단히 노력한다. 그러나 그런 것들은 우리에게 참 평안을 주지 못한다. 그래서 하나님의 사람들은 그런 것으로 평안을 누리지 않는다. 오히려, 하나님의 것으로 하나님과 더불어 평안을 누린다. 하나님만이 우리를 온전하게 책임지실 수 있기 때문이다.

구약에서 평화 또는 평안이라는 말은 히브리어 샬롬(shalom)-신약에서는 헬라어 에이레네(eirene)-을 우리말로 옮긴 것이다. 그러나 샬롬은 단순히 전쟁이 없는 평화의 상태를 의미하지 않는다. 그것은 그보다 더 넓은 개념으로 안녕 또는 복지를 의미하며, 개인의 안녕 뿐만 아니라 사회적 안녕을 포함한다. 즉, 이 세상에 있는 모든 것이 잘 되는 것이다. 그러면, 어떻게 그렇게 될 수 있는가? 오직 하나님 나라의 도래, 즉 하나님의 다스림이 온전하게 이루어질 때만 가능하다.

샬롬의 전형적인 모습을 보여주는 것이 하나님의 창조하실 때의 모습이다. 하나님은 이 세상을 창조하실 때마다 "보시기에 좋았더라"라고 기뻐하셨다. 좋음의 상태, 사탄에 의해 짓밟히지 않고, 죄에 의해 물들지 않은 모습이 바로 그것이다. 이런 창조 세계의 새 비전은 하나님의 구원 사역이 성취될 때 이루어지게 된다.

> 또 내가 새 하늘과 새 땅을 보니 처음 하늘과 처음 땅이 없어졌고 바다도 다시 있지 않더라 또 내가 보매 거룩한 성 새 예루살렘이 하나님께로부터 하늘에서 내려

21. 이 땅에서도 이루어지게 하소서

오니 그 예비한 것이 신부가 남편을 위하여 단장한 것 같더라 내가 들으니 보좌에서 큰 음성이 나서 가로되 보라 하나님의 장막이 사람들과 함께 있으매 하나님이 저희와 함께 거하시리니 저희는 하나님의 백성이 되고 하나님은 친히 저희와 함께 계셔서 모든 눈물을 그 눈에서 씻기시매 다시 사망이 없고 애통하는 것이나 곡하는 것이나 아픈 것이 다시 있지 아니하리니 처음 것들이 다 지나갔음이러라 보좌에 앉으신 이가 가라사대 보라 내가 만물을 새롭게 하노라(계 21:1-5).

그러나 지금 이 세상은 여전히 사탄의 권세에 붙들려 있다. 때문에 그것으로부터 놓임을 받을 필요가 있다. 해방되고 자유함을 얻을 필요가 있다. 그것을 위해 하나님의 아들이 오셨고, 그 일을 위해 우리가 부르심을 받았다. 우리가 그 일에 참여하는 가장 기본적인 것은 그 나라가 임하기를 바라는 기도이다. 그래서 하나님의 나라가 임하고 이 땅에 하나님의 뜻이 온전하게 이루어지도록 기도해야 한다. 예수님이 기도에서 가르쳐 주셨듯이, 하나님의 그 뜻은 반드시 이루어질 것이다.

기독교의 기도는 단순히 나의 필요를 채우기 위해 드리는 개인적인 기도만을 의미하지 않는다. 오히려 그것은 그것보다 더 큰 개념으로 하나님의 계획의 성취와 관계가 있다. 그래서 스탠리 그렌츠(Stanley Grenz)는 이렇게 말한다.

> 우리는 기도해야 할뿐만 아니라 기도의 본질과 작용을 성찰해야 한다. 우리가 그렇게 해 감에 따라, 우리는 궁극적으로 모든 기도는 하나님 나라를 위한 외침(a cry for the Kingdom)이라는 것을 알게 된다. 우리가 기도에 관한 이런 기본적인 진리를 이해하게 될 때, 우리는 하나님의 나라를 위해 효과적으로 기도하는 사람들로 더 잘 준비될 것이다.

제3부 소망 가운데

우리는 죄로 물든 세상과 도래하고 있는 하나님 나라 사이에서 살아가고 있다. 우리는 이 세상을 지으신 창조주 하나님께서 만물을 새롭게 하실 때까지, '나라이 임하옵시며 뜻이 하늘에서 이룬 것 같이 땅에서도 이루어지게 하소서' 라고 외치는 기도를 드려야 한다. 기도할 뿐만 아니라, 비록 약하지만 매일 우리들 삶이 하나님의 그런 뜻에 합당한 삶이 되도록 살아야 가야 한다. 우리가 사는 세상을 너 나은 세상이 되도록 우리가 할 수 있는 것을 찾아 행해야 한다. 그것이 하나님께서 우리를 부르신 이유 중 하나이다.

> 그리스도인의 삶은 예수 그리스도 안에서
> 하나님의 뜻을 구하며 그분을 위해 사는 삶을 말한다.
> 그런 삶은 하나님의 보시기에 가장 좋은 삶이다.

하나님이 보시기에

1924년 7월 5일 토요일에 45개국에서 온 4천 여명의 선수들과 6만 여명의 관중이 경기장을 가득 메운 가운데 프랑스 파리에서 제8회 근대 올림픽의 막이 올랐다. 평화를 선포하듯, 수천 마리의 비둘기들이 하늘로 날아올랐고 올림픽 선언문이 낭독되었다.

그 올림픽에 참가한 선수들 가운데에는 에릭 리델(Eric Liddell)이라는 영국의 100미터 육상 선수가 있었다. 그는 이 올림픽 경기에 참석하기 전부터 많은 스트레스로 고통을 받고 있었다. 왜냐하면 그는 주일에는 달리기 시합에 참가하지 않겠다고 말함으로써, 많은 사람들로부터 비판을 받고 있었기 때문이다.

그는 해롤드 아브라함스(Harold Abrahams)라는 선수를 만나러 갔는데, 그는 100미터 경기에 참가할 수 있는 영국의 남아있는 희망이었다. 에릭은 그가 잘 되기를 바랐다. 해롤드는 유대인이었기 때문에 아무런 부담 없이 일요일에 뛸 수가 있었던 것이다. 에릭은 일요일 경기에는 해롤드가 뛰는 것이 옳다고 여겼다.

7월 6일 일요일, 캠브리지 대학교의 젊은 학생 해롤드는 100미터 달리기 출발선에 섰다. 같은 시간 에릭은 파리의 근교에 위치한 한 교회에 가서 예배에 참석했다. 해롤드는 잘 뛰었고 그 다음날 준결승전을 거쳐 결승전에 올랐다. 그리고는 결승전에서 금메달을 획득했다. 그때까지 유럽사람으로는 아무도 100미터 경기에서 금메달을 따지 못했다.

에릭은 내심 후회의 마음이 생겼다. 그러나 시샘하는 마음은 없었다. 그는 해롤드의 성공을 진심으로 축하했다. 그는 이제 사람들의 비판으로부터 자유롭게 되었다. 그리고 그는 수요일에 200미터 경기에 참여하여 동메달을 획득했다. 비록 동메달이었지만, 그것은 대단한 성과였다. 스코틀랜드는 한번도, 그리고 영국 전체로서도 200미터 경기에서 동메달 이상을 받은 적이 없었기 때문이다.

더욱 놀라운 사실은, 그가 100미터 전문 선수임에도 400미터 경기에 나가 세계 신기록을 수립하며 금메달을 차지한 것이다. 그는 하나님을 존중하는 삶을 통해 하나님으로부터 존중받는 자리에 오르게 되었다(Alice Gray).

우리는 살아가면서 우리 보기에 좋은 것과 하나님 보시기에 좋은 것 사이에서 고민할 때가 있다. 분명 하나님 보시기에 좋은 것인 줄 알면서도, 그것이 나에게 손해를 가져다주는 것 같은 생각이 들 때, 우리는 망설인다. 그리고는 우리 보기에 좋은 것을 선택하는 우를 범하곤 한다. 그러나 그럴 때마다 하나님을 존중하고 존귀하게 하는 삶에 관해 깊게 되새기는 것이 필요하다.

창조세계를 향한 하나님의 만족

창세기 1장의 창조기사에서 눈에 두드러지게 나오는 말이 세 가지 있다. 하나는, '말씀하시니 그대로 되니라'이고, 다른 하나는 '저녁이 되고 아침이 되니'이다. 마지막으로, "하나님의 보시기에 좋았더라"이다. 특히, "하나님의 보시기에 좋았더라"는 일곱 번(1:4, 10, 12, 18, 21, 25, 31)이나 반복되어 나온다. 인간을 지으시고 모든 만물을 보셨을 때는 하나님의 보시기에 심히 좋았다.

창조세계는 하나님의 걸작품이다. 하나님 자신이 그것을 인정하셨다. 하나님은 자신이 지은 창조세계를 보시며 스스로 기뻐하셨다. 사람이 보기에 좋은 것이 아니라, 하나님이 보시기에 좋았던 것이다. 이처럼, 하나님의 일은 하나님 자신에게 온전하다. 만족을 가져다준다. 그것이 하나님이 하시는 일의 모습이고 결과이다.

어떤 일이든, 하나님 보시기에 좋으려면, 하나님의 보는 방식을 따라 진행되어야 한다. 창조세계가 하나님 보시기에 좋았던 것은, 하나님의 말씀에 따라 그대로 되었기 때문이다. 말씀에 따라 그대로 되는 것, 그것이 바로 하나님이 보시기에 좋은 것의 출발점이다. 내 말에 따라 내가 보기에 좋은 것을 선택하게 되면, 참다운 만족이 없을뿐더러 하나님의 보시기에 좋을 수 없게 된다.

그런데도 세상 사람들은 두 말할 것 없고, 오늘날 교인들 가운데도 하나님이 보시기에 좋은 것이 아닌, 자기 자신이 보기에 그리고 사람들이 보기에 좋은 것을 택하며 사는 사람이 얼마나 많은가! 뿐만 아니라 그런 삶을 합리화시키며 사는 이중적인 사람들이 얼마나 많은가!

자기 보기에 좋은 것을 좇다가

아담과 하와가 그 좋은 예이다. 하나님이 보시기에 좋았던 창조세계가 그들이 보기에는 좋지 않았다. 왜냐하면 자신들이 주인이 되지 못했기 때문이다. 그래서 아담과 하와는 사탄의 잘못된 가르침을 따라 자기들 보기에 좋은 길을 택했다. "뱀이 여자에게 이르되 너희가 결코 죽지 아니하리라 너희가 그것을 먹는 날에는 너희 눈이 밝아 하나님과 같이 되어 선악을 알 줄을 하나님이 아심이니라 여자가 그 나무를 본즉 먹음직도 하고 보암직도 하고 지혜롭게 할만큼 탐스럽기도 한 나무인지라 여자가 그 실과를 따먹고 자기와 함께 한 남편에게도 주매 그도 먹은 지라"(창 3:4-6).

아담과 하와는 하나님 보시기에 좋은 것이 아닌, 자기들 보기에 좋은 것을 좇다가 패가 망신한 사람들이다. 그들은 세상에는 고통을, 인류에게는 죽음을 가져다주었다. 그들은 하나님과의 관계를 잃어버렸을 뿐만 아니라, 부부 사이에 신뢰를 잃어버렸다. 부부가 서로에게 책임을 전가했다. 결국 자식들 사이에서는 목숨을 빼앗는 일이 벌어졌다.

사람이 자기 보기에 좋은 것을 좇아가다 보면, 결국에는 사망의 길로 가는 경우가 많이 있다. 잠언 기자는 "어떤 길은 사람의 보기에 바르나 필경은 사망의 길이니라"(잠 14:12)라고 했다. 하나님의 보시기에 좋은 길은 복과 생명의 길이다. 하지만 많은 경우 하나님의 뜻에 부합되지 않는, 사람의 보기에 좋은 길은 사망의 길이다. 분명히, 이 세상에는 사람이 보기에 바르고 좋아 보이는 길이 많이 있다. 그러나 실제로 그것들은 사망으로 인도하는 길인 경우가 많다. 아담과 하와는 하나님의 보시기에 좋은 것이 아닌, 자기들의 보기에 좋은 것을 선택함으로 생명의 길이 아닌, 죽음의 길로 가게 되었다.

하나님의 보시기에 좋은 삶을 위한 조건

하나님의 보시기에 좋은 삶을 살려면, 하나님의 뜻을 좇고 하나님의 뜻을 따라 살아가야 한다. 하나님이 보이시는 길로 가는 것이다. 모세는 이스라엘 백성을 향해 이렇게 말씀했다.

> 이스라엘아 이제 내가 너희에게 가르치는 규례와 법도를 듣고 준행하라 그리하면 너희가 살 것이요 너희의 열조의 하나님 여호와께서 너희에게 주시는 땅에 들어가서 그것을 얻게 되리라 내가 너희에게 명하는 말을 너희는 가감하지 말고 내가 너희에게 명하는 너희 하나님 여호와의 명령을 지키라(신 4:1-2).

> 내가 오늘날 복과 저주를 너희 앞에 두나니 너희가 만일 내가 오늘날 너희에게 명하는 너희 하나님 여호와의 명령을 들으면 복이 될 것이요 너희가 만일 내가 오늘날 너희에게 명하는 도에서 돌이켜 떠나 너희 하나님 여호와의 명령을 듣지 아니하고 본래 알지 못하던 다른 신들을 좇으면 저주를 받으리라(신 11:26-28).

비록 우리가 보기에 좋아 보여도 하나님이 '아니다' 하시면 미련 없이 돌아설 수 있는 마음이 우리에게 필요하다. 그래서 하나님 보시기에 좋은 삶을 살려면, 하나님의 말씀에 사로잡혀야 한다. 하나님의 말씀이 우리의 마음 판에 선명하게 새겨지고 우리의 삶이 그것에 확실하게 사로잡혀 살게 되면, 우리의 삶은 하나님이 원하시고 지시하는 방향으로 바르게 갈 수 있게 된다. 시인은 이렇게 노래했다.

> 주의 법도를 지키므로 나의 명철함이 노인보다 승하니이다 내가 주의 말씀을 지키려고 발을 금하여 모든 악한 길로 가지 아니하였사오며 주께서 나를 가르치셨

으므로 내가 주의 규례에서 떠나지 아니하였나이다 주의 말씀의 맛이 내게 어찌 그리 단지요 내 입에 꿀보다 더하니이다 주의 법도로 인하여 내가 명철케 되었으므로 모든 거짓 행위를 미워하나이다 주의 말씀은 내 발에 등이요 내 길에 빛이니이다(시 119:100-105).

우리의 삶은 우리를 사로잡고 있는 것, 더 정확히 말해서 우리가 사로잡힌 것에 따라 가게 되어 있다. 그것이 우리 인간의 삶이다.

늘 하나님이 보시기에 좋은 삶을 향해

우리의 중심에 하나님의 말씀이 바로 서면, 우리는 하나님의 보시기에 좋은 것을 선택하며 살 수 있게 된다. "주의 말씀을 지키려고 발을 금하여 악한 길을 가지" 않을 수 있게 된다. 비록 살아가다가 흔들릴 때가 있더라도, 다시금 바로 설 수 있게 된다.

하나님의 사람들은 하나님의 보시기에 좋은 삶을 선택하며 살아가는 사람들이다. 물론 하나님 보시기에 좋은 것을 선택하며 사는 것은 쉬운 일이 아니다. 한번에 이룰 수 있는 것도 아니다. 그러나 그런 삶을 살고자 결단하고 열심히 그 길을 따라가면 하나님은 우리를 도우시고 인도하신다. 하나님은 자신을 위해 충실하게 살려고 애쓰는 자녀들을 버려 두지 않으신다. 하나님은 우리에게 진리의 영을 보내 주시고 우리로 하여금 능력가운데 거하게 하신다. 우리는 그분 안에서 진리를 좇아 살 수 있다.

사실, 우리의 보기에 좋은 길을 좇아가는 것은 편하고 쉬울 수 있다. 그 길은 넓은 것처럼 느껴지기 때문이다. 그래서 많은 사람들이 그런 길을 선택하며 산다. 자기의 보기에 좋은 길로 가는 것이다. 그러나 예수님이 말씀하신 것처럼, 그런 길은 멸망으로 인도한다(마 7:13). 반면에, 좁은 길은 찾는 이가 적다. 좁고 가기에 불편할 뿐더러 자기의 보기에도 좋지 않기 때문이다. 그러나 생명으로 인도하는 길은 바로 그 길이다(마 7:14). 그래서 넓게 보이고 쉬워 보이는 길이라 해서 무조건 가면 문제가 생긴다. 또한 좁은 길이라 해서 무조건 회피해도 안 된다. 거기에는 하나님으로부터 오는 생명이 있기 때문이다.

하나님의 보시기에 좋은 길을 선택하며 사는 것은 하나님을 존중하며 사는 것이다. 하나님을 존중하는 삶의 결과는 하나님으로부터 존중받는 삶이다. 우리가 하나님을 존중하면 하나님도 우리를 존중하신다. 그러므로 내가 보기에, 그리고 세상이 보기에 좋은 길을 따라 살지 말고, 하나님이 보시기에 좋은 길을 따라 살아가자. 그런 삶은 결코 헛되지 않는다. 하나님이 인정하시기 때문이다.

> 그러므로 이스라엘의 하나님 나 여호와가 말하노라 내가 전에 네 집과 네 조상의 집이 내 앞에 영영히 행하리라 하였으나 이제 나 여호와가 말하노니 결단코 그렇게 아니하리라 나를 존중히 여기는 자를 내가 존중히 여기고 나를 멸시하는 자를 내가 경멸히 여기리라(삼상 2:30).

> 만일 안식일에 네 발을 금하여 내 성일에 오락을 행치 아니하고 안식일을 일컬어 즐거운 날이라, 여호와의 성일을 존귀한 날이라 하여 이를 존귀히 여기고 네 길로 행치 아니하며 네 오락을 구치 아니하며 사사로운 말을 하지 아니하면 네가 여호와의 안에서 즐거움을 얻을 것이라 내가 너를 땅의 높은 곳에 올리고 네 조상 야곱의 업으로 기르리라 여호와의 입의 말이니라(사 58:13-14).

우리에게는 하나님을 존중하는 삶이 있어야 한다. 그리고 하나님의 보시기에 좋은 길을 선택하는 지혜가 있어야 한다. 우리의 삶이 바르고 진정으로 만족스러우려면, 하나님의 방식에 따라 사는 삶을 살아야 한다. 그런 삶이라야 하나님의 마음을 기쁘시게 할 수 있다.

우리는 늘 '나를 위해 살 것인가?' 아니면 '하나님을 위해 살 것인가?'의 문제에 직면한다. 선택은 우리가 한다. 그러나 그 결과에 대한 책임도 우리가 지게 된다. 그리스도인의 삶은 예수 그리스도 안에서 하나님의 뜻을 구하며 그분을 위해 사는 삶을 말한다. 그런 삶은 하나님의 보시기에 가장 좋은 삶이다.

> 그리스도인들에게는 외적 조건에 상관없이
> 기뻐해야 할 이유가 많이 있다. 그 중에서도 예수 그리스도를 통해
> 우리가 구원의 삶을 살아가는 것에 기뻐할 수 있어야 한다.
> 사실, 이것보다 더 큰 기쁨의 이유가 또 있을까?

기쁨의 삶

얼마 전, 볼일이 있어 한 가게에 들러 살 것을 산 후, 시간이 좀 있어서 이것저것 구경하고 있을 때였다. 갑자기 예쁘게 생긴 옷 하나가 눈에 들어 왔다. 만져 보니 옷도 괜찮아 보이고 가격도 저렴한 데다가, 둘째 아이에게 잘 어울릴 것 같아 주저 없이 그것을 샀다. 그리고 집에 와서 아이에게 보여주니, 소리를 지르면서 좋아했다. "아빠! 고마워요"하더니, '아빠가 자기의 옷을 사왔다' 고 엄마에게 자랑도 했다. 그 후, 외출할 때는 자주 그 옷을 입고 나간다.

아이의 그런 모습을 보면서, 한편으로는 '작은 것 하나에 뭐 저렇게 좋아하나' 라고 생각하면서도, 다른 한편으로는, 왠지 모르게 내 가슴에도 기쁨이 찾아드는 것을 느꼈다. 그 뿐만 아니라, 작은 선물 하나에 기뻐하고 감격해 하는 아이의 모습 속에서, 그 미음의 깨끗함

을 보았다. 반면에, 내 마음의 무덤을 보았다. 나는 작고 사소한 것에 저렇게 기뻐하고 즐거워한지가 얼마나 되었나? 내 마음에는 이미 양이나 값어치에 따라 기쁨의 크기가 정해져 있어서, 어지간한 것에는 기뻐할 줄도 모르고 감사할 줄 모르고 살아온 지가 얼마나 되었나? 누군가로부터 그리 비싸지 않은 옷을 선물로 받을 때, 나는 우리 아이처럼 마음에서 우러나오는 그런 기쁨을 누릴 수 있는가? 우리 아이의 모습을 보면서 나는 부끄러움을 느끼며 반성을 했다.

작은 것과 기쁨

우리는 왜 작은 것 하나에서 오는 기쁨을 잃어버리고 사는 걸까? 물질적으로 풍요로운 시대에 살기 때문일까? 우리의 기쁨과 행복을 재는 잣대가 너무 커서일까? 아니면, 우리 마음의 주머니가 너무 커서일까? 이런 저런 생각을 하다보면, 결국에는 우리의 욕심 때문이 아닌가 하는 생각으로 귀결된다.

욕심은 우리가 행복하고 풍성한 삶을 사는 것을 방해한다. 욕심은 우리가 오래도록 간직할 수 있는 우리의 내적인 만족을 순간적인 것으로 만들어버린다. 더 나쁘게는, 욕심은 우리의 마음을 흐리게 하고 우리의 삶을 방종하게 한다. 그래서 욕심을 따라 사는 사람 치고, 끝이 좋은 사람을 보지 못했다. 때문에 우리가 기쁨을 회복하는 삶을 살려면, 우선적으로 욕심을 부리지 않는 삶을 살려고 해야 한다.

우리가 사는 시대는 큰 것에 그리고 많은 것에 가치를 두는 시대다. 때문에 우리가 시대적 풍조에 떠밀려 가면, 우리는 욕심에 이끌려 참다운 기쁨을 누리지 못하며 살게 된다. 실제로, 우리가 욕심에 사로잡히면, 그 어느 것에서도 만족을 누릴 수 없다. 그래서 우리의 삶에 기쁨을 유지하거나 잃어버린 기쁨을 회복하려면, 양이나 크기에 따라 어떤 것의 가치를 평가하지 말고 그 자체에 가치를 부여하는 넉넉한 마음을 가져야 한다. 그러기 위해서는, 작은 것에 대한 편견을 버릴 필요가 있다.

어린 시절 우리 집의 벽에는 제법 큰 괘종시계 하나가 걸려 있었다. 그것은 건전지 대신 태엽을 감아 사용하는 시계였다. 당시 나는 그 시계가 덩치가 커서 값어치도 많이 나갈 것이라는 생각을 했었다. 그런데 이상하게도, 당시에 아버지가 차고 있던 손목 시계가 훨씬 더 비쌌다. 당시로는 정말로 이해가 되지 않았다. 커가면서 어떤 것의 가치는 크고 작음에 있는 것이 아니라 그것의 내용에 있다는 것을 알게 되었다.

진정한 기쁨은 작은 것에 대해 만족할 줄 아는 마음에서부터 시작된다. 기쁨은 그것을 느끼는 사람의 마음에 달려 있기 때문이다. 작은 것에 기뻐할 줄 모르고, 작은 것에 만족할 줄 모르는 사람은 그 어느 것에도 기뻐하거나 만족할 수 없다. 마음의 욕심은 전염성이 있어서 늘 그 이상의 것을 좇으려고 한다. 그래서 우리에게 기뻐하는 마음과 감사하는 마음이 회복되려면, 무엇보다도 작은 것에 대한 감격의 마음을 회복해야 한다.

하나님, 참된 기쁨의 근원

사람들은 행복한 삶, 기쁨이 있는 삶을 원한다. 그리고 그런 삶을 찾아 여기 저기 다닌다. 기쁨의 출처를 여러 곳에서 찾는 것이다. 그러나 세상에 있는 그 어떤 것도 우리에게 참되고 지속적인 기쁨을 주지는 못한다. 외적인 것들로부터 우리는 참된 만족을 얻을 수 없다.

기쁨은 일차적으로 마음에서 시작된다. 기뻐할 수 있는 마음의 상태가 되어야 한다. 그 상태는 감사다. 감사할 수 있어야 기뻐할 수 있다. 감사가 없는 삶에는 결코 기쁨이 있을 수 없다. 늘 부족함을 느끼기 때문이다.

그리스도인에게 있어서 감사하는 삶은 하나님과 더불어 시작된다. 이사야 선지자는 이렇게 쓰고 있다. "내가 여호와로 인하여 크게 기뻐하며 내 영혼이 나의 하나님으로 인하여 즐거워하리니 이는 그가 구원의 옷으로 내게 입히시며 의의 겉옷으로 내게 더하심이 신랑이 사모를 쓰며 신부가 자기 보물로 단장함 같게 하셨음이라"(사 61:10). 여기에서 그는 자신의 기쁨과 즐거움은 '여호와 하나님으로 인한 것'이라고 분명하게 고백한다. 우리가 하나님 안에서 기쁨을 누릴 수 있다면, 우리의 삶의 모든 것은 감사의 조건이며 기쁨의 이유가 된다. 사도 바울은 "항상 기뻐하라 쉬지 말고 기도하라 범사에 감사하라 이는 그리스도 예수 안에서 너희를 향하신 하나님의 뜻이니라"(살전 5:16-18)라고 말한다.

그러면, 어떻게 항상 기뻐할 수 있을까? 어려움이 많고 힘들게 하고 슬프게 하는 일이 많은 이 세상에서 어떻게 항상 기뻐할 수 있을까? 하나님 안에서 우리의 삶을 보는 것이다. 우리가 우리의 삶을 하나님과 연관 지어 생각하면, 우리의 삶에는 기쁨의 토대가 있음을 알게 된다. 즉, 하나님이 우리의 기쁨의 근원임을 알게 된다. 그래서 유진 피터슨(Eugene H. Peterson)은 "기쁨은 하나님이 주시는 것이지, 우리가 노력하여 얻는 것이 아니다"라고 말한다. 같은 맥락에서, 사도 바울도 항상 기뻐하되, "주안에서 항상 기뻐하라"(빌 4:4)고 말한다. 왜냐하면 기쁨은 그것의 근원으로서의 주안에 있기 때문이다. 주안에서 기뻐하는 것이 그리스도인이 기뻐하는 삶의 방식이다.

실제로 우리가 하나님과 예수 그리스도를 기쁨의 근원으로 삼는다면, 우리는 기쁨이 있는 삶을 살 수 있다. 하박국 선지자의 삶에는 그런 삶, 즉 하나님을 섬기는 삶이 있었다. 그래서 그는 이렇게 말할 수 있었다. "비록 무화과나무가 무성치 못하며 포도나무에 열매가 없으며 감람나무에 소출이 없으며 밭에 식물이 없으며 우리에 양이 없으며 외양간에 소가 없을지라도 나는 여호와를 인하여 즐거워하며 나의 구원의 하나님을 인하여 기뻐하리로다 주 여호와는 나의 힘이시라 나의 발을 사슴과 같게 하사 나로 나의 높은 곳에 다니게 하시리로다"(합 3:17-19). 하박국 선지자가 이렇게 고백할 수 있었던 것은, 하나님은 기쁨의 근원이시며 그래서 참된 기쁨은 그분으로부터 온다는 사실을 그가 잘 알고 있었기 때문이다.

참 기쁨의 이유

그리스도인들에게는 외적 조건에 상관없이 기뻐해야 할 이유가 많이 있다. 그 중에서도 예수 그리스도를 통해 우리가 구원의 삶을 살아가는 것에 기뻐할 수 있어야 한다. 사실, 이것보다 더 큰 기쁨의 이유가 또 있을까? 물론, 사람은 물질 세계에서 물질과 함께 살아가기 때문에 우리의 기쁨이 그런 것들과 무관할 수는 없다. 그런 것들로부터 얻는 기쁨도 있다. 부인할 수 없는 사실이다. 그러나 그런 것들이 우리에게 기쁨을 주는 전부도, 그렇다고 본질적인 것도 아니다. 또 그렇게 되어서도 안 된다.

우리는 본래 하나님 앞에서 죽을 수밖에 없는 죄인들이었다. 그러나 하나님께서 그런 죄인들을 사랑하셔서 성자 예수 그리스도를 보내주시고 십자가에 달려 죽게 하심으로, 그를 믿는 자마다 영원한 생명을 얻을 수 있게 해 주셨다(요 3:16-17). 이 세상에 이와 같은 기쁨을 줄 수 있는 것은 아무 것도 없다.

예수 그리스도는 인류의 기쁨이다. 기쁨의 궁극적 이유이며 근원이다. 모든 사람이 다 그것을 인정하는 것은 아니지만, 진정으로 그렇다. 예수 그리스도가 이 땅에 나셨을 때, 천사들은 하나님을 찬양하며 "지극히 높은 곳에서는 하나님께 영광이요 땅에서는 기뻐하심을 입은 사람들 중에 평화로다"(눅 2:14)라고 선포했다. 예수 그리스도로 인해 우리에게는 진정으로 기뻐할 이유가 생겼다. 그래서 누구든지 예수 그리스도와 참되게 만나면 영원한 기쁨을 얻고 누릴 수 있게 된다.

예수 그리스도를 통해 기쁨을 얻은 사람들

요한복음 4장에 나오는 사마리아 여인은, 외적으로는 그 어떤 것에서도 삶의 기쁨을 찾을 수 없었던 사람이다. 요즘 말로 하면, 사는 것이 죄요 고통이었던 사람이고, 아무런 낙이 없었던 사람이다. 그러나 예수 그리스도와 영원한 생명의 만남을 가졌을 때, 그녀는 전엔 결코 맛보지 못했을 뿐만 아니라 세상 그 어디에서도 그리고 그 무엇으로부터도 얻을 수 없는 기쁨을 얻게 되었다. 바로 하나님과 그분의 아들 예수 그리스도를 통해서만 오는 기쁨을 얻게 된 것이다. 그 기쁨 때문에 그 여인은 자신이 가져온 물동이를 버려 두고 펄쩍 펄쩍 뛰면서 동네에 가서는 사람들에게 자신이 그리스도를 만났다고 전하게 되었다(28-29절). 예수 그리스도를 통해 사마리아 여인은 참 기쁨을 얻게 되었고, 이 세상 사람들이라면 누구나 반드시 얻을 필요가 있는 바로 그 기쁨을 얻게 되었다.

어느 날, 예수님으로부터 파송을 받고 사역을 하러 나갔던 칠십 명의 제자들이 기뻐 돌아와서는 예수님께 이렇게 말했다. "주여 주의 이름으로 귀신들도 우리에게 항복하더이다"(눅 10:19). 그 때 예수님은 그들을 향해 이렇게 말씀하셨다. "사단이 하늘로서 번개 같이 떨어지는 것을 내가 보았노라 내가 너희에게 뱀과 전갈을 밟으며 원수의 모든 능력을 제어할 권세를 주었으니 너희를 해할 자가 결단코 없으리라 그러나 귀신들이 너희에게 항복하는 것으로 기뻐하지 말고 너희 이름이 하늘에 기록된 것으로 기뻐하라." 예수님은 제자들에게, 참된 기쁨은 가장 중요한 것을 얻는 데서 온다는 것을 가르치기 원하셨다. 실제로, 우리의 이름이 하나님의 생명 책에 기록되는 것보다 더 기쁜 일이 어디에 있을까?

그럼에도 불구하고, 우리에게도 제자들과 같이 외적인 것 때문에 기뻐하는 모습이 얼마나 많은가! 진정으로 기뻐해야 할 것보다 내 순간의 감정을 만족시키는 것에 우리의 마음이 더 많이 가 있는 것은 아닌지 다시금 성찰해 볼 일이다.

기쁨의 회복

잠언 기자는 "마음의 즐거움은 양약이라도 심령의 근심은 뼈로 마르게 하느니라"(17:22)라고 말한다. 우리의 삶에서 기쁨은 그 만큼 중요하다. 기뻐할 일이 그리 많지 않은 것처럼 느껴지는 세상에서 기뻐하는 삶을 사는 것은 꼭 필요하다. 그러나 참된 기쁨의 삶은 하나님 안에 있을 때만 가능하다는 것을 다시금 우리 마음에 새길 필요가 있다. 참된 기쁨은 하나님으로부터 온다.

우리는 또한 우리 주변에 기쁨을 심는 삶을 살 필요가 있다. 그것은 하나님께서 우리에게 기쁨을 주시는 이유들 중 하나다. 기쁨을 얻는 자는 기쁨을 전하는 사람이 되어야 한다. 나의 삶을 통해 다른 사람의 삶에 기쁨을 주는 삶을 살 수 있어야 한다. 전도서 기자는 "사람이 사는 동안에 기뻐하며 선을 행하는 것보다 나은 것이 없는 줄을 내가 알았고"(전 3:12)라고 말한다. 다른 사람들의 삶에 기쁨을 심는 것은 하나님을 위하는 삶이다. 그런 삶은 복되며 하나님으로부터 오는 상급이 있다.

우리는 하나님의 기쁨이다. 잃어버린 자였던 우리가 예수 그리스도를 통해 하나님 안에서 다시 찾은 바 되었기 때문이다(눅 15장). 우리를 구원하신 하나님은 지금도 우리에게 주신 구원의 기쁨을 바탕으로 매일 우리의 삶에서 성령을 통해 기쁨을 회복하고 계신다. 그리고 그 회복은 그분의 나라가 완성될 때 온전하게 이루어질 것이다. "저희가 다시 주리지도 아니하며 목마르지도 아니하고 해나 아무 뜨거운 기운에 상하지 아니할지니 이는 보좌 가운데 계신 어린 양이 저희의 목자가 되사 생명수 샘으로 인도하시고 하나님께서 저희 눈에서 모든 눈물을 씻어 주실 것임이러라"(계 7:16-17). 그 때에는 온전한 기쁨이 우리에게 있게 된다.

아직은 우리에게 그런 완전한 기쁨은 없지만, 그럼에도 우리의 삶에 감사하고 작은 것들에 만족하면서 사는 삶을 통해 그런 삶을 미리 맛보는 것은 필요하다. 그러기 위해서는 먼저 하나님을 향한 감사의 삶이 있어야 한다. 감사하면 기쁨이 온다. "하나님을 잊어버린 너희여 이제 이를 생각하라 그렇지 않으면 내가 너희를 찢으리니 건질 자 없으리라 감사로 제사를 드리는 자가 나를 영화롭게 하나니 그 행위를 옳게 하는 자에게 내가 하나님의 구원을 보이리라"(시 50:22-23).

> 우리의 삶에서 물음은 피할 수 없는 것이다.
> 우리는 삶 속에서 여러 물음을 제기하면서 그에 대한 답을 찾아간다.
> 그런 과정에서 우리의 삶은 깨우침을 받고
> 그로 인해 조금씩 더 자라가게 된다.

물음과 답

학창 시절 학교에서 교육을 받을 때, 학생으로서의 우리의 기본 자세는 선생님의 말을 잘 듣고 그대로 기억하는 것이었다. 지금도 기억이 난다. 과목에 따라 조금씩 다르긴 했지만, 수업 시간마다 선생님들은 대부분 교실에 들어오자마자 출석 점검을 하고는, 곧바로 하얀 분필로 흑판을 이등분 또는 삼등분을 한 후에 그곳에 가득 수업 내용을 썼다. 그러면, 우리들은 말 그대로 '정신없이 죽어라' 토씨 하나 틀리지 않게 노트에 그대로 옮겼다. 가끔씩 노트 검사도 받았다.

이런 교육 체계 속에서, 질문은 별로 의미가 없었다. 아니, 질문하는 방법도 잘 몰랐다고 하는 것이 옳을 것이다. 어디 그런 교육을 받기나 했나? 선생님들이 흑판에 쓰여진 수업 내용을 설명하고는, "질문 있나?"라고 물어도 질문이 거의 없었다. 설사 질문을 하려니도,

그 질문은 탐구를 위해서라기보다는 필요한 답을 얻기 위한 것이었다. 당시에는 수업이 그런 식으로 진행되었다.

물음을 중시하는 교육

북미, 특히 이 곳 캐나다에서의 교육은 토론과 질문이 많다. 어떤 주제를 놓고 학생과 교사가, 학생과 교수가 토론을 해 간다. 학생이 교사에게, 교사가 학생에게 서로 묻는다. 대학원 수업에서는 더욱 그렇다. 그러니, 한국식 교육을 받은 우리가 수업에 참석하여 어려워하는 것은 당연하다.

지금도 나의 공부 방식에는 그런 태도가 많다. 특히, 어떤 것에 대한 물음이 생기면, 곧바로 답을 생각하는 경향이 있다. 뿐만 아니라 선생님은 답을 주어야 한다는 선입견을 버리지 못하고 있다. 실제로, 우리 한국 사람들은 어떤 것에 대해 물을 때 답을 생각하고 묻는다. 그래서 묻고는 꼭 정해진 답을 얻기를 원한다. 그러나 이곳의 사람들은 경우에 따라서는 답을 말하지 않는다. 답을 말할 수 없는 물음 때문이기도 하지만, 그냥 학생 스스로 답을 찾도록 남겨 두기도 한다.

한번은 대학원 수업시간에 궁금한 점이 있어서 답을 생각하고 교수에게 물은 적이 있다. 그런데 그 교수는 그에 대한 여러 이론들을 중심으로 전체적인 설명만 하고, 그 나머지는 우리에게 맡기는 것이었다. 그래서 나는, "우리 한국 사람들은 질문을 할 때 답을 원한다. 그것이 우리의 교육방식일 뿐만 아니라, 학생은 잘 모르고 선생님은 잘 알고 있기 때문이다"라고 말했다. 그랬더니, 빙그레 웃으면서 각자의 답에 대해서는 우리에게 맡기고는 그냥 넘어가는 것이었다. 조금 답답함을 느꼈다. 물론, 학문의 특성상 꼬집어 답할 수 없는 것들이 많이 있음을 인정하면서도, 왠지 마음이 허전했다. 그것에 대해 선생님으로부터 답을 듣지 못했기 때문이다.

인간을 향한 하나님의 물음

우리의 삶에서 물음은 피할 수 없는 것이다. 우리는 삶 속에서 여러 물음을 제기하면서 그에 대한 답을 찾아간다. 그런 과정에서 우리의 삶은 깨우침을 받고 그로 인해 조금씩 더 자라가게 된다. 그런데 성서를 읽다보면, 성서 안에도 여러 물음들이 있음을 보게 된다. 그런 물음들 중에는 우리의 삶과 관련하여 우리 각자가 답해야 하는 아주 중요한 물음들이 있다.

우리가 성서에서 만나는 첫 번째 물음은, 창조주 하나님이 불순종한 인간을 찾아와 물으시는 물음이다. "그들이 날이 서늘할 때에 동산에 거니시는 여호와 하나님의 음성을 듣고 아담과 그 아내가 여호와 하나님의 낯을 피하여 동산 나무 사이에 숨은지라 여호와 하나님이 아담을 부르시며 그에게 이르시되 네가 어디 있느냐 가로되 내가 동산에서 하나님의 소리를 듣고 내가 벗었으므로 두려워하여 숨었나이다"(창 3:8-10) '선악을 알게 하는 나무의 열매를 따먹지 말라'는 하나님의 명령에도 불구하고, 사탄의 꾀임에 빠져 그것을 따먹은 아담과 하와는 하나님 앞에 설 수 없는 꼴이 되었다. 그 때 하나님께서 그들을 찾아 오셔서 "네가 어디 있느냐?"고 물으셨다. 하지만 그들은 하나님의 음성을 듣고 두려운 마음에 숨어버렸다.

하나님이 인간에게 물은 최초의 물음-네가 어디 있느냐-은 '위치'(where)에 대한 물음이다. 그 물음은 일차적으로 지리적이고 공간적인 물음이지만, 그것은 또한 영적인 물음이기도 하다. 하나님 앞에서 인간이 서 있는 위치에 관한 물음, 즉, 하나님과 관련하여 인간이 어디에 있는가를 물으시는 물음이다. 하나님과의 관계 안에 있는가? 아니면, 밖에 있는가? 생명 가운데 있는가? 아니면, 사망 가운데 있는가?

그런데 하나님이 아담과 하와에게 물은 이 물음은 또한 모든 인간에게 물으시는 물음이다. 그래서 우리 모두가 답해야 하는 물음이기도 하다. 당신은 영적으로 지금 어디에 있는가?

인간이 죄를 지은 후, 하나님의 부르심에 대한 첫 번째 반응은 '숨는 것'이었다. 아담과 하와는 하나님의 음성을 들었을 때, 곧바로 하나님의 낯(현존)을 피하여 숨었다. 인간은 늘 숨는 존재다. 무언가 하나님께 바르지 못한 것이 있기 때문이다.

우리는 어떤 잘못을 저지를 때 숨는다. 몸을 숨기고 마음을 숨긴다. 숨는다는 것은 어두운 곳을 찾는 것을 말한다. 죄는 어둠을 좋아한다. 밝은 곳에 숨는 사람은 없다. 모두 어두운 곳에 숨는다. 자신을 감출 수 있는 곳이다. 왜 어두운 곳에 숨는가? 어두움과 자신이 동일시될 수 있기 때문이다. 다른 사람이 자신을 알아보지 못하게 할 수 있기 때문이다. 이에 대해 요한복음 저자는 이렇게 말한다. "그 정죄는 이것이니 곧 빛이 세상에 왔으되 사람들이 자기 행위가 악하므로 빛보다 어두움을 더 사랑한 것이니라 악을 행하는 자마다 빛을 미워하여 빛으로 오지 아니하나니 이는 그 행위가 드러날까 함이요 진리를 좇는 자는 빛으로 오나니 이는 그 행위가 하나님 안에서 행한 것임을 나타내려 함이라 하시니라"(요 3:19-21).

아담과 하와처럼, 어둠의 자녀들은 계속해서 어둠 속으로 숨는다. 하지만 하나님의 사람들은 빛으로 나아온다. 하나님의 임재 안으로 온다. 하나님의 빛, 하나님의 생명이 있는 곳으로 나아온다. 그러므로 우리가 "네가 어디 있느냐"라는 하나님의 음성을 들을 때, 가장 먼저 해야 할 일은 숨지 말고 하나님 앞으로 나아와 죄를 자백하고 그분의 임재 가운데 거하는 것이다. 그럴 때에만 우리에게 생명이 있게 된다. "때가 찼고 하나님 나라가 가까왔으니 회개하고 복음을 믿으라"(막 1:15). "만일 우리가 우리 죄를 자백하면 저는 미쁘시고 의로우사 우리 죄를 사하시며 모든 불의에서 우리를 깨끗케 하실 것이요 만일 우리가 범죄하지 아니하였다 하면 하나님을 거짓말하는 자로 만드는 것이니 또한 그의 말씀이 우리 속에 있지 아니하니라"(요일 1:9-10).

인간을 향한 하나님의 아들의 물음

우리가 성서에서 만나는 다른 중요한 물음은 예수님이 자기의 제자들에게 물은 물음이다. "예수께서 가이사랴 빌립보 지방에 이르러 제자들에게 물어 가라사대 사람들이 인자를 누구라 하느냐 가로되 더러는 세례 요한, 더러는 엘리야, 어떤 이는 예레미야나 선지자 중의 하나라 하나이다 가라사대 너희는 나를 누구라 하느냐 시몬 베드로가 대답하여 가로되 주는 그리스도시요 살아 계신 하나님의 아들이시니이다"(마 16:13-16).

예수님이 하나님 나라의 복음을 전하실 때, 예수님의 신분에 대한 사람들의 반응이 서로 엇갈렸다. 어떤 사람들은 자신들이 알고 있는 한 목수의 아들로 이해했고(마 13:54-57), 또 어떤 사람들은 하나님이 보내신 선지자로 여기기도 했다(마 21:11). 예수님은 그것을 아시고 제자들에게, 사람들이 자기를 어떻게 이해하느냐고 물으셨다. 그런 다음, 예수님은 제자들에게 자기에 대한 제자들의 이해를 물으셨다. 설사 다른 사람들이 그렇게 말한다 하더라도, "너희는 나를 누구라 하느냐?"

오늘날도 사람들은 예수님에 대해 여러 가지로 이해한다. 뛰어난 도덕 교사들 중의 한 사람으로, 위대한 성인들 중의 한 사람으로, 종교 창시자들 중의 한 사람으로, 여러 그리스도들 중의 한 그리스도로. 이런 상황에서 예수님은 우리에게 물으신다. 그러면 "너희는 나를 누구라 하느냐?" 이에 대한 대답은 각자가 할 일이다. 하지만 한 가지 분명히 해야 할 것은 베드로가 한 대답, 즉 "주는 그리스도시요 살아 계신 하나님의 아들이시니이다"라는 대답이 성서적 대답이라고 하는 것이다. 그 대답만이 예수님으로부터, ○○야 "네가 복이 있도다 이를 네게 알게 한 이는 혈육이 아니요 하늘에 계신 내 아버지시니라"(마 16:17)라는 칭찬을 들을 수 있다.

하나님의 아들을 향한 인간의 물음

우리가 성서에서 만나는 또 하나의 중요한 물음은 예수님을 핍박하던 사울-후에 바울이 됨-이 다메섹에 있는 그리스도인들을 핍박하러 가다가 다메섹 도상에서 예수님을 만났을 때 물은 물음이다. "주여 뉘시오니이까"(행 9:5a). 사울의 이 물음이 있기 전에, 예수님이 먼저 그에게 "사울아 사울아 네가 어찌하여 나를 핍박하느냐"(행 9:4)라고 물으셨다. 예수님의 이 물음에 대해 사울이 예수님을 향하여 반문한 것이다. 예수님은 사울의 물음에 이렇게 대답하셨다. "나는 네가 핍박하는 예수라"(행 9:5b).

그러면, 예수님은 누구인가? 그는 사울이 다메섹에서 잡으려고 한, 바로 그 사람들이 따르던 주(the Lord)이다. 그러면, 그 주는 누구인가? 이 물음과 관련하여, 사도 요한은 이렇게 쓴다. "태초에 말씀이 계시니라 이 말씀이 하나님과 함께 계셨으니 이 말씀은 곧 하나님이시니라 그가 태초에 하나님과 함께 계셨고 만물이 그로 말미암아 지은바 되었으니 지은 것이 하나도 그가 없이는 된 것이 없느니라 그 안에 생명이 있었으니 이 생명은 사람들의 빛이라"(요 1:1-4). "하나님의 사랑이 우리에게 이렇게 나타난바 되었으니 하나님이 자기의 독생자를 세상에 보내심은 저로 말미암아 우리를 살리려 하심이니라"(요일 4:9).

하나님이 외아들 예수 그리스도를 이 세상에 보내신 것은, 하나님이 이 세상을 사랑하셔서 그 아들을 통해 세상을 구원하려 하심이다(요 3:16-17). 엘머 타운즈(Elmer L. Towns)는 이렇게 말한다. "복음은 예수 그리스도의 좋은 소식이다. 사람은 복음 메시지에 응답하기 위해 예수님의 죽으시고 장사되었다가 부활하신 것을 인정하고 믿어야 한다(고전 15:1-4). 사람들을 구원할 수 있는 다른 복음은 없다. 예수님은 '내가 곧 길이요 진리요 생명이니 나로 말미암지 않고는 아버지께로 올 자가 없느니라'(요 14:6)라고 말씀하셨다." 바울처럼, 우리도 동일하게 주님을 향하여 이 물음을 물어야 한다. "주여 뉘시오니이까?"

답과 함께 살아가기

"네가 어디 있느냐"라는 하나님의 물음 앞에서, 하나님의 낯을 피하여 숨어버렸던 아담과 하와는 결국 동산에서 쫓김을 당했다. 그리고 평생 노동하고 수고하며 살아야 했다. 그들이 직면했던 더 큰 삶의 곤경은, 그들이 타락하기 전 다정히 동산을 거닐며 하나님과 함께 나누던 교제를 잃어버린 채 살게 되었다는 것이다. 그들에게 그것은 평생 영적 고통이며 마음의 큰 부담이었을 것이다.

"너희는 나를 누구라 하느냐"라는 예수님의 물음에 "주는 그리스도시오 살아 계신 하나님의 아들이시니이다"라고 답했던 베드로는, 한때 자신의 목숨이 위협을 당하는 상황에서 예수님을 배반하는 잘못을 범했다. 그러나 후에 그것을 뉘우치고는 자기 인생의 답인 예수 그리스도를 위해 목숨을 바쳐 자기에게 주어진 길을 충실히 걸어갔다.

사도 바울은 다메섹 도상에서 예수 그리스도를 만나면서 물었던 물음에 대한 답을 얻고 받은 소명(행 9:6)-이방인에게 복음을 전하는 일-을 따라 평생 한결같은 길을 갔다(행 20:24; 딤후 4:7). 사도 바울에게 있어서, 예수 그리스도와의 만남은 인생의 전환점이 되었다. 예수 그리스도는 그의 삶의 답이었고 방향이었다.

오늘 우리에게도 예수 그리스도는 인생의 답이고 궁극적 목표다. 우리의 푯대이다(빌 3:14). 우리가 그를 향해 "주여 뉘시오니이까"라고 물으면, 예수님은 우리의 마음속에 분명하게 말씀을 하실 것이다. "나는 너의 죄를 위해 십자가에서 죽었다가 부활한 하나님의 아들 예수 그리스도이다." "나는 하늘로서 내려온 산 떡이니"(요 6:51) "일어나라 함께 가자"(마 26:46). 우리 모두 평생 이 답과 함께 살아가기 원한다.

우리 주변에는 위로를 필요로 하는 사람들이 적지 않다. 우리는 그 어느 때보다 더욱 위로를 필요로 하는 세상에서 살고 있다. 이런 세상에서 가능하면 최대한 위로하며 사는 사람으로 살아가자. 그리고 위로가 되는 사람이 되자.

25

위 로

    다음은 기독교 작가인 필립 얀시(Philip Yancey)가 들려주는 베토벤(Beethoven)에 관한 일화이다.
    베토벤은 위대한 음악가였지만 청각 장애를 가지고 있었다. 때문에 다른 사람들과 대화를 나누는데 어려움을 겪었고, 때로는 그로 인해 굴욕감을 느끼기도 했다.
    어느 날, 베토벤은 친구의 아들이 죽었다는 소식을 듣고는 깊은 슬픔에 빠져 급히 친구의 집으로 갔다. 하지만 그 상황에서 친구를 위로해 줄 수 있는 적절한 말이 떠오르질 않았다. 그래서 잠시 생각에 잠겨 있었다.
    그런데, 어느 순간 방안에 피아노 한 대가 놓여있는 것이 보였다. 그는 피아노가 있는 쪽으로 가서 그 앞에 앉았다. 그리고는 연주를 시작했다. 그는 약 30분 가량 자신이 할 수 있는 최고의 솜씨로 자신의 마음을 담아 피아노를 연주했다. 그리고 연주가 끝났을 때 그는 그곳을 나섰다.

나중에 베토벤이 그 친구를 만났을 때, 그는 베토벤에게 이렇게 말했다. "나를 방문했던 사람들 중에 누구도 그와 같은 위로를 준 사람은 없었네"(Alice Gray).

위로를 필요로 하는 삶

우리의 삶은 필연적으로 위로를 필요로 한다. 아픔과 슬픔은 우리의 삶의 한 부분이기 때문이다. 우리는 살아가면서 우리를 기쁘게 하고 행복하게 하는 일들을 만나기도 하지만, 슬프게 하고 힘들게 하는 일들도 만나게 된다. 그럴 때마다 우리에게 필요한 것들 중 하나가 바로 위로다. 위로는 아프고 지친 삶에 희망과 용기를 북돋아 주는 힘이다. 특히, 고난이 많은 사람에게 위로는 더욱 필요하다. 물론, 어떤 위로도 아픔과 슬픔을 당하는 사람들에게 완전할 수는 없다. 부분적이다. 그럼에도 불구하고 우리는 위로를 필요로 한다.

그러면, 우리는 다른 사람을 어떻게 위로할 수 있을까? 위로를 하는 방법은 여러 가지가 있을 수 있지만, 개인적으로 나는 마음을 함께 나누는 위로가 가장 큰 위로가 아닌가 한다. 때로는, 말이나 어떤 물건이 위로가 되는 경우도 있다. 하지만 대부분의 경우 슬픔을 당하는 사람에게는 그런 것이 별로 위로가 되지 못하는 것도 사실이다. 오히려 우리는 슬픔을 당할 때 다른 사람들이 함께 해주는 것으로 큰 위로를 얻게 된다. 그래서 예수님은 십자가를 지시기전 겟세마네 동산에서 기도하실 때, 제자들을 향해 "내 마음이 심히 고민하여 죽게 되었으니 너희는 여기 머물러 깨어 있으라"(막 14:34)라고 말씀하셨다. 예수님은 자신의 아픔과 고통을 제자들과 함께 나눌 수는 없었지만, 그럼에도 불구하고 예수님은 그들과 함께 함을 통해 위로를 얻기 원했다. 제자들이 예수님 주변에 "머물러" 있으면서 마음 깊은 곳에서 그 아픔을 함께 나누는 것만으로도 예수님께는 큰 위로가 될 수 있다는 뜻이다.

하나님, 그 백성의 위로자

성서는 하나님을 위로하시는 분으로 묘사한다. 하나님이 위로자라는 사실은 이사야서의 핵심 주제들 중 하나다. "내가 나의 모든 산을 길로 삼고 나의 대로를 돋우리니 혹자는 원방에서, 혹자는 북방과 서방에서, 혹자는 시님 땅에서 오리라 하늘이여 노래하라 땅이여 기뻐하라 산들이여 즐거이 노래하라 여호와가 그 백성을 위로하였은즉 그 고난 당한 자를 긍휼히 여길 것임이니라"(사 49:11-13). 자기 나라를 잃고 다른 나라로 포로로 잡혀가 절망 가운데 살아가던 이스라엘 백성에게 가장 필요한 것은 하나님으로부터 오는 위로였다. 그들은 하나님의 백성이었기 때문이다.

이스라엘 백성에게 위로는 하나님이 자신들과 함께 하신다는 믿음에서 비롯되었다. 그리고 포로생활에서 해방을 받고 고국으로 돌아오는 것에서 그 절정을 이루었다.

> 들을지어다 너의 파숫군들의 소리로다 그들이 소리를 높여 일제히 노래하니 이는 여호와께서 시온으로 돌아오실 때에 그들의 눈이 마주 봄이로다 너 예루살렘의 황폐한 곳들아 기쁜 소리를 발하여 함께 노래할지어다 이는 여호와께서 그 백성을 위로하셨고 예루살렘을 구속하셨음이라 여호와께서 열방의 목전에서 그 거룩한 팔

을 나타내셨으므로 모든 땅 끝까지도 우리 하나님의 구원을 보았도다"(사 52:8-10).

이런 해방의 위로는 그들의 조상들이 하나님의 자유케 하시는 은혜를 힘입어 애굽을 탈출할 때 처음 경험한 것이다. 이스라엘 백성의 출애굽은 그들이 하나님의 백성으로 태어나는 역사적으로 획기적인 사건이었다. 그 이후로 하나님은 자기에게 속한 이스라엘 백성에게 변함없이 구원과 위로의 하나님이었다.

이스라엘 백성에게 위로자였던 하나님은 그분의 아들 예수 그리스도를 통해 구속을 받은 교회에도 위로자이시다. 사도 바울은 이렇게 고백한다. "찬송하리로다 그는 우리 주 예수 그리스도의 하나님이시요 자비의 아버지시요 모든 위로의 하나님이시며"(고후 1:3). "우리 주 예수 그리스도와 우리를 사랑하시고 영원한 위로와 좋은 소망을 은혜로 주신 하나님 우리 아버지께서 너희 마음을 위로하시고 모든 선한 일과 말에 굳게 하시기를 원하노라"(살후 2:16-17). 이처럼, 하나님이 위로자라는 사실은 신약 전체에 흐르는 중요한 주제이며, 그것은 그분의 아들 예수 그리스도의 삶 속에서 분명해졌다.

예수님은 하나님을 위로자로 가르치셨다. "애통하는 자는 복이 있나니 저희가 위로를 받을 것임이요"(마 5:4). 그리고 손수 하나님의 위로를 삶으로 보여주셨다. 참된 위로는 하나님으로부터 온다. 그분은 위로의 근원이시기 때문이다. 그래서 우리가 하나님 안에 거하면 참된 위로를 얻게 된다.

예수 그리스도, 우리의 위로자

사도 바울은 "그리스도의 고난이 우리에게 넘친 것같이 우리의 위로도 그리스도로 말미암아 넘치는도다 우리가 환난 받는 것도 너희의 위로와 구원을 위함이요 혹 위로 받는 것도 너희의 위로를 위함이니 이 위로가 너희 속에 역사하여 우리가 받는 것 같은 고난을 너희도 견디게 하느니라"(고후 1:5-6)라고 말한다. 위로의 하나님께서 예수 그리스도를 이 세상에 보내주셔서 위로를 나타내 보여주셨다는 것이다. 실제로, 예수님은 슬픔과 고통을 당하는 자들에게 그리고 사회적으로 무시당하고 눌린 자들에게 위로자가 되어 주셨다. 그래서 그는 첫 번째 보혜사이다. 보혜사는 '위로자'(Comforter)란 의미이다.

예수님은 자신을 따르는 사람들에게 보혜사, 즉 위로자였다. 예수 그리스도를 통해 많은 사람들이 위로를 받으며 살았다. 감사한 것은, 그분은 우리에게도 여전히 그리고 동일하게 위로자가 되신다는 사실이다. 그분은 세상 끝 날까지 우리와 함께 하시겠다고 하셨다(마 28:20). 뿐만 아니라, 예수님은 우리에게 다른 보혜사인 성령을 보내주시겠다고 하셨다.

> 내가 아버지께 구하겠으니 그가 또 다른 보혜사를 너희에게 주사 영원토록 너희와 함께 있게 하시리니 저는 진리의 영이라 세상은 능히 저를 받지 못하나니 이는 저를 보지도 못하고 알지도 못함이라 그러나 너희는 저를 아나니 저는 너희와 함께 거하심이요 또 너희 속에 계시겠음이라 내가 너희를 고아와 같이 버려 두지 아니하고 너희에게로 오리라 조금 있으면 세상은 다시 나를 보지 못할 터이로되 너희는 나를 보리니 이는 내가 살았고 너희도 살겠음이라(요 14:16-19).

성령은 예수님과 더불어 또 다른 보혜사이다. 예수 그리스도 안에서 하나님을 섬기며 사는 사람들에게, 보혜사 성령은 위로자(the Comforter)이다. 성령은 우리 안에 거하시고 우리와 함께 하시면서 우리를 격려하시고 위로하신다. 때문에 우리의 삶에 위로가 필요할 때, 우리가 우선적으로 해야 할 것은 성령 하나님의 위로를 구하는 일이다. 위로를 구하면 위로를 받게 된다.

뿐만 아니라, 하나님의 말씀은 우리에게 위로가 된다. 시인은 이렇게 읊는다. "나의 사랑하는바 주의 계명을 스스로 즐거워하며 또 나의 사랑하는바 주의 계명에 내 손을 들고 주의 율례를 묵상하리이다 주의 종에게 하신 말씀을 기억하소서 주께서 나로 소망이 있게 하셨나이다 이 말씀은 나의 곤란 중에 위로라 주의 말씀이 나를 살리셨음이니이다"(시 119:47-50). 하나님의 말씀은 계속적으로 우리 안에 하나님을 생각나게 하고 또 그분을 새겨 준다. 하나님의 말씀을 통해 우리는 하나님의 소리를 듣게 된다. 말씀을 통해 위로를 얻게 되는 것이다.

그리스도인들은 성서라는 '책의 백성'이다. 그래서 성서를 말하지 않고 우리의 하나님 백성됨과 그리스도인됨을 말할 수 없다. 윌리엄 윌리몬(William Willimon)은 이렇게 말한다. "성서 안에서 우리의 작은 일상적인 삶이 북돋아지고, 무한한 의미(cosmic significance)를 지니게 된다. 우리는 우리 자신들과 우리의 회중들 안의 매일의 관계들을 하나님과 함께 하는 위대한 여정의 한 부분으로 보게 된다." 기독교 신앙은 하나님의 말씀과 함께 가는 삶이다. 그리스도인들은 말씀을 통해 형성되고 변화를 받게 될 뿐 아니라 위로와 새로운 힘을 얻게 된다. 그 과정에서 우리는 예수 그리스도 안에서, "슬픈 마음 있는 사람 예수 이름 믿으면 영원토록 변함없는 기쁜 마음 얻으리 예수의 이름은 세상의 소망이요 예수의 이름은 천국의 기쁨일세"라고 노래할 수 있게 된다.

위로자로 살아가기

위로는 이타적이다. 전해지는 것이다. 하나님으로부터 받은 우리의 위로는 또한 다른 사람들을 위로하는 힘이 되며 책임이 된다. "너희 하나님이 가라사대 너희는 위로하라 내 백성을 위로하라"(사 40:1). "우리의 모든 환난 중에서 우리를 위로하사 우리로 하여금 하나님께 받는 위로로써 모든 환난 중에 있는 자들을 능히 위로하게 하시는 이시로다"(고전 1:4). 이 두 말씀은 위로하는 삶과 관련하여 우리가 깊이 되새겨야 할 말씀이다. 하나님 앞에서 우리는 위로 받는 사람들이지만, 또한 위로하는 사람들이기도 하다.

욥이 많은 것을 잃고 슬픔에 젖어 위로자를 필요로 할 때, 그의 아내는 위로자가 되지 못했다. 오히려 저주하는 사람이 되었다. 욥의 세 친구는 상심에 빠져 있는 친구를 위로하러 왔다가 바른 것으로 친구를 깨우쳐 주려 했기 때문에, 위로자가 되지 못했다. 그 상황에서 욥에게 필요한 것은 신학적 논쟁이 아닌 진심 어린 위로였다. 예수님의 제자들은 예수님의 슬픔과 고난의 시간에 참된 위로자들이 되지 못했다. 그들은 잠에 빠지기도 했고, 자기들의 목숨을 생각하여 도망치기도 했다.

반면, 사도 바울과 그의 동료들에게 디도는 위로의 사람이었다. "그러나 비천한 자들을 위로하시는 하나님이 디도의 옴으로 우리를 위로하셨으니 저의 온 것뿐 아니요 오직 저가 너희에게 받은 그 위로로 위로하고 너희의 사모함과 애통함과 나를 위하여 열심 있는 것을 우리에게 고함으로 나로 더욱 기쁘게 하였느니라"(고후 7:6-7). 유스노라는 예수 또한 사도 바울에게 위로가 되었다. "유스도라 하는 예수도 너희에게 문안하니 저희는 할례당이라 이들만 하나님 나라를 위하여 함께 역사하는 자들이니 이런 사람들이 나의 위로가 되었느니라"(골 4:11).

슬퍼하는 사람을 향하여 진정으로 슬퍼할 수 있는 사람만이 예수님의 마음을 지닐 수 있다. 기뻐하는 자에게 기쁨이 되려면, 그와 함께 기쁨을 나눌 수 있어야 한다. 함께 기뻐할 수 있어야 한다. 슬퍼하는 사람에게 참된 위로가 되려면, 그와 함께 슬퍼하며 울 수 있어야 한다. "즐거워하는 자들로 함께 즐거워하고 우는 자들로 함께 울라"(롬 12:15). 위로하는 자의 삶을 사는 것은 하나님을 향하여 말씀을 실천하는 것이다.

우리 주변에는 위로를 필요로 하는 사람들이 적지 않다. 우리는 그 어느 때보다 더욱 위로를 필요로 하는 세상에서 살고 있다. 이런 세상에서 가능하면 최대한 위로하며 사는 사람으로 살아가자. 그리고 위로가 되는 사람이 되자. 그런 삶은 복된 삶이다. 그런 삶은 하나님이 인정하신다. 말이나 행동으로 위로가 될 수 없다면, 그냥 말없이 함께 있어 줌으로 위로가 되는 사람이 되자. 믿음 안에서 그렇게 사는 사람들은 궁극적인 위로인 하나님으로부터 상급을 받으며 그분과 함께 그분의 나라에서 영원히 살게 될 것이다. 우리에게 이보다 더 큰 위로가 어디에 있으랴!

> 우리는 진리 안에서 교회개혁일을 생각하면서 늘 바른 형성을 위해 변형되어가야 한다. 오직 그럴 때에만 부르심에 합당하게 살 수 있고, 맡겨진 사명을 바르고 충실하게 감당해 갈 수 있게 된다.

26

교회개혁일

어린 시절, 어머니는 집 옆에 있던 밭에 여러 가지 식물을 심곤 하셨다. 그 중에 고추도 있었다. 그런데 특이했던 것은 어린 고추를 심으시고는 그 옆에 대나무로 만든 막대기나 그와 비슷한 나무 막대기를 꽂아 두는 것이었다. 일종의 버팀목이었다. 그리고는 가느다란 끈을 이용하여 줄기를 버팀목에 묶어두셨다.

후에 알게 된 사실은, 그렇게 해야 고추줄기가 바르게 자랄 수 있다는 것이었다. 그냥 놓아두면, 고추가 자라면서 가지의 힘을 이기지 못해 옆으로 쓰러지거나 구부러지게 된다고 하셨다. 실제로, 그로 인해 고추줄기는 바르게 자랐고, 고추도 알차게 맺히게 되었다.

교회의 개혁

모든 살아 있는 것들은 형성(formation)의 과정에 있다. 형성은 최종적 형태라기보다는 과정 개념이다. 우리는 모든 면에서 어떤 특정한 모습을 향해 늘 형성되어 간다. 그 속에서 우리의 형성은 점차 그 모습을 드러내게 된다. 형성의 관점에서 볼 때, 그 과정과 결과는 나뉘어지지 않는다. 과정의 모습이 결과의 모습을 결정한다. 때문에 결과가 좋으려면, 바르게 형성되는 과정도 중요하다.

형성은 또한 계속적인 변형(transformation)을 통해 이루어진다. 우리는 어떤 모습으로의 형성을 위해 계속해서 변형되어 간다. 변형이 계속되다 보면, 우리는 어떤 모습에 이르게 된다. 그래서 변형이 지향하는 곳이 어디인지도 중요하다. 바르지 못한 변형은 결국 잘못된 형성을 이루기 때문이다. 그렇게 되면, 재형성(개혁, reformation)은 불가피하게 된다.

형성과 변형 그리고 재형성의 문제는 하나님의 백성이요 그리스도의 몸인 교회에도 동일하게 적용된다. 교회도 형성되고 변형되며 재형성된다. 우리가 흔히 '종교개혁'(the Reformation)이라고 부르는 재형성은 잘못된 형성을 향해 변형되어 가는 교회를 바로잡기 위한 실천이었다.

교회력으로, 우리는 10월 31일을 "종교개혁일"이라 부른다. 왜곡되어진 하나님의 말씀과 부패한 교회를 바로 세우는 개혁이 시작된 날이기 때문이다. 그러나 엄밀히 말해서, "종교개혁"이라는 말은 옳지 않다. 그 개혁은 종교를 개혁하는 일이 아닌, 당시의 잘못된 교회와 신앙인들을 개혁하는 일과 관계가 있기 때문이다. 이런 의미에서 "교회개혁"이나 "기독교개혁"이 맞다. 그러므로 이제부터라도 그렇게 부를 필요가 있다.

말씀을 떠나면 교회는 타락한다

기독교 신앙은 하나님의 말씀에 기초한다. 교회의 정체성의 토대는 하나님의 말씀이다. 교회는 하나님의 말씀에 의해 형성되고 유지된다. 그래서 하나님의 말씀을 떠나서는 기독교 신앙도 그리고 교회도 존립할 수 없다. 말커스 보그(Marcus J. Borg)는 이렇게 말한다. "기독교인이 된다는 것은 우리의 정체성과 비전의 토대가 되는 성서와 직접적으로 계속해서 대화하는 것을 말한다. 만일 이 대화가 멈추거나 바르게 되지(haphazard) 않는다면, 우리는 기독교인이 되는 것을 멈추게 된다. 왜냐하면 성서는 기독교의 중심에 위치하기 때문이다." 같은 맥락에서, 엘리자베스 악테마이어(Elisabeth Achtemeier)도 이렇게 말한다. "교회는 하나님이 성서를 통해 말씀하시는 것을 듣기를 기대하는 공동체이다. 그 공동체는 바로 우리를 위해 성서 안에 보존되어 있는 사건들과 말씀들을 통해 공동체에 말씀하시는 하나님에 의해 형성되었고 유지되어온 공동체이다. 그리고 그것은 여전히 성서(canon)를 통해 말씀하시는 하나님의 음성을 듣는 공동체이다"라고 말한다.

하나님의 사람과 하나님의 교회가 하나님의 말씀을 떠나면 타락하게 되어 있다. 그들을 바르도록 잡아주고 세워주는 토대를 잃어버리기 때문이다. 아담과 하와가 하나님 앞에서 타락한 것은 다름 아닌 그들이 하나님의 말씀을 저버렸기 때문이다. 이스라엘 백성들이 타락한 것은 그들이 하나님의 말씀을 듣지 않았기 때문이다. 중세의 교회들이 타락하게 된 것도 그들이 하나님의 말씀을 떠났기 때문이다.

그들이 복음의 핵심을 잃어버렸기 때문이다.

물론, 중세교회가 처음부터 잘못된 것은 아니다. 교회의 삶 속에서 하나님의 말씀을 토대로 꾸준히 자신을 바로 세우는 작업을 하지 않았기 때문이다. 오늘날의 교회와 우리도 하나님의 말씀을 잃어버리면 잘못되게 된다. 우리 자신들의 삶을 살피는 실천이 없으면 잘못된다. 그런 사람들, 그런 교회들을 주변에서 어렵지 않게 볼 수 있다.

교회가 타락하는 것은 비극이다. 소금이 제 맛을 잃어버리는 것처럼, 교회도 그 맛을 잃어버려 아무런 쓸모도 없어지기 때문이다. 그런 교회는 참된 교회가 아니며, 하나님께 바르게 쓰임을 받을 수도 없다. 뿐만 아니라 그런 교회는 세상에도 공해가 된다. 차라리 없는 것만도 못하다.

루터는 하나님 앞에서 '바름'을 찾는 기준을 '하나님의 말씀'으로 삼았다. 그는 말씀을 통해 당시 교회의 잘못된 모습을 볼 수 있었다. 그는 당시의 교회가 하나님의 진리에서 벗어나 있음을 분명하게 보았다. 뿐만 아니라, 그는 하나님의 말씀을 통해 인간의 죄는 자신의 노력과 성취를 통해 용서를 받을 수 있는 것이 아니라 십자가에 달려 죽으신 예수 그리스도를 믿는 믿음을 통해서만 가능하다는 것을 깨닫고 확신했다.

믿음은 하나님의 은혜에 의한 선물이다. 믿음은 우리가 얻고자 노력한다고 해서 얻어지는 것이 아니다. 믿음은 성령 안에서 복음에 대한 개인적 응답과 헌신을 바탕으로, 믿음의 공동체를 통해 하나님의 말씀을 듣고 그 말씀에 계속적으로 참여하는 삶을 통해 형성된다. 사도 바울은 "그러므로 믿음은 들음에서 나며 들음은 그리스도의 말씀으로 말미암았느니라"(롬 10:17)라고 말했다. 우리가 바른 믿음의 사람들이 되려면, 믿음 안에서 말씀을 듣는 삶은 필수적이다. 그 말씀이 우리 속에서 역사하여 하나님의 사람으로 바로 서게 해주기 때문이다.

진리가 없는 삶은 죽은 것이다

하나님의 사람은 잘못될 수 있지만, 하나님의 말씀은 잘못될 수 없다. 하나님의 말씀은 진리이기 때문이다. 잘못되는 것은 진리가 아니다. 진리가 아닌 것은 언젠가 사라진다. 그러나 진리는 영원하다. 하나님의 말씀은 영원하다. "모든 육체는 풀이요 그 모든 아름다움은 들의 꽃 같으니 풀은 마르고 꽃은 시듦은 여호와의 기운이 그 위에 붊이라 이 백성은 실로 풀이로다 풀은 마르고 꽃은 시드나 우리 하나님의 말씀은 영영히 서리라"(사 40:6-8). 그 말씀이 영원히 서는 것은 그것이 진리이기 때문이다.

진리의 말씀으로서의 하나님의 말씀은 그 무엇으로부터도 침묵당하지 않는다. 하나님은 자신의 말씀이 인간에 의해 왜곡되어질 때 스스로 자신의 말씀을 세우신다. 진리에 바로 서 있는 사람을 들어 진리의 말씀을 다시 선포하신다. 그것이 하나님의 말씀의 원리요 법칙이다.

구약의 예언자들이 그런 사람들이었다. 그들은 하나님의 부르심을 받아 이스라엘 가운데로 가서 하나님의 말씀을 전했다. 방종하고 생의 길을 잃어버린, 그래서 소망이 없는 인생들에게 '진리에 바로 선 사람들'을 통해 하나님의 생명의 말씀, 진리의 말씀이 다시 들려진 것이다. 하나님의 말씀에 응답하는 자에게는 생명이 주어졌다. "너희는 귀를 기울이고 내게 나아와 들으라 그리하면 너희 영혼이 살리라"(사 55:3). 하나님의 말씀이 없는 삶은 겉으로는 살아 있는 것

같으나, 실상은 죽은 것이다. 영적으로 죽은 것이다. 인간의 삶은 하나님의 생기에 의존하기 때문이다(창 2:7).

성서적 관점에서, 하나님의 생기가 없는 존재는 죽은 것이다. 이런 점에서, 인간이 지옥에 가는 것은 죽은 후가 아니다. 하나님이 없이 영적으로 죽은 존재는 모두 지금 여기 이 땅에서부터 지옥의 삶을 사는 것이다. 그리고 죽으면 궁극적인 지옥에서의 영원한 삶으로 그대로 이어지는 것뿐이다. 그래서 예수님은 이렇게 말씀하셨다.

> 아버지께서 죽은 자들을 일으켜 살리심 같이 아들도 자기의 원하는 자들을 살리느니라 아버지께서 아무도 심판하지 아니하시고 심판을 다 아들에게 맡기셨으니 이는 모든 사람으로 아버지를 공경하는 것같이 아들을 공경하게 하려 하심이라 아들을 공경치 아니하는 자는 그를 보내신 아버지를 공경치 아니하느니라 진실로 진실로 너희에게 이르노니 **내 말을 듣고 또 나 보내신 이를 믿는 자는 영생을 얻었고 심판에 이르지 아니하나니 사망에서 생명으로 옮겼느니라**…아버지께서 자기 속에 생명이 있음 같이 아들에게도 생명을 주어 그 속에 있게 하셨고 또 인자됨을 인하여 심판하는 권세를 주셨느니라(요 5:21-27, 저자의 강조).

이런 의미에서, 생명으로 옮겨지지 않는 한에서 인간은 이 세상에서 이미 사망 가운데 지옥의 삶을 살아가는 것이다. 모든 인간은 하나님 앞에서 죄인이며, 죄의 삯은 사망이기 때문이다(롬 6:23). 지옥은 근본적으로 하나님으로부터의 분리를 의미한다. 그래서 하나님 없이 죄 가운데 살아가는 인생은 어디서나 지옥을 경험하는 것이다. 그런 삶에는 밝고 희망찬 미래가 없다. 어둡고 절망이 가득한 미래만 있을 뿐이다.

하나님의 진리를 따라 살라

하나님의 아들 예수 그리스도는 하나님의 진리이다(요 14:6). 때문에 그 진리를 따라 살면, 그 진리가 우리를 자유케 한다(요 8:32). 영원한 생명을 주어 죽음으로부터 자유케 한다. 희망을 주어 절망으로부터 자유케 한다. 성령을 보내 주시고 진리로 가르치심으로 허무로부터 자유케 하신다. 그리고 말씀을 통해 인생의 목적을 알게 한다. 진리를 따라 살면, 삶이 복되다. 시인은 이렇게 읊었다. "복 있는 사람은 악인의 꾀를 좇지 아니하며 죄인의 길에 서지 아니하며 오만한 자의 자리에 앉지 아니하고 오직 여호와의 율법을 즐거워하여 그 율법을 주야로 묵상하는 자로다 저는 시냇가에 심은 나무가 시절을 좇아 과실을 맺으며 그 잎사귀가 마르지 아니함 같으니 그 행사가 다 형통하리로다"(시 1:1-3). 하나님은 복의 근원이시다. 복의 근원이신 하나님을 떠나서는 진정 복된 삶을 살 수 없을뿐더러 복에 대해서도 말할 수 없다.

진리를 따라 살면, 삶이 바르다. 다윗은 이렇게 노래했다. "나를 훈계하신 여호와를 송축할지라 밤마다 내 심장이 나를 교훈하도다 내가 여호와를 항상 내 앞에 모심이여 그가 내 우편에 계시므로 내가 요동치 아니하리로다 이러므로 내 마음이 기쁘고 내 영광도 즐거워하며 내 육체도 안전히 거하리니 이는 내 영혼을 음부에 버리지 아니하시며 주의 거룩한 자로 썩지 않게 하실 것임이니이다 주께서 생명의 길로 내게 보이시리니 주의 앞에는 기쁨이 충만하고 주의 우편에는 영원한 즐거움이 있나이다"(시 16:7-11). 하나님의 가르침을 따르는 일이 없이는, 인간의 삶은 결코 바를 수 없다. 생명의 길은 하나님의 말씀을 따라 살 때 갈 수 있는 것이다.

진정, 삶이 복되기를 원하는가? 진정, 삶이 바르기를 원하는가? 그렇다면, 영원한 하나님의 말씀에 거하라. 그분의 말씀에 따라 살라. 진리이신 예수 그리스도를 따라 살라. 그러면, 분명 우리의 삶이 복되고 바르게 된다.

믿음의 사람들조차도 시작은 바르나 나중은 그릇되게 끝나는 것은, 그들이 제대로 하나님의 말씀에 거하지 않기 때문이다. 이 세상에는 하나님 외에 그 누구도, 그 어떤 것도 바르지 않다. 하나님의 사람도, 교회도 잘못될 수 있고 또 잘못된다. 그래서 우리는 늘 재형성(개혁)되어야 한다.

개신교(Protestantism)는 재형성된(개혁된) 교회(the reformed church)이다. 잘못되고 타락한 교회에 대해 하나님의 말씀을 가지고 저항하면서 바름을 세운 교회이다. 개신교는 교회의 바른 자리를 찾기 위해서 잘못 형성되고, 잘못 변형되고 있던 구교(Catholicism)로부터 새로이 형성된 교회이다. 그러나 그 재형성(개혁)은 계속되어야 한다. 개혁된 교회는 계속해서 개혁되어야 하는 것이다. 그렇지 않으면, 또 하나의 구교가 된다. 우리는 진리 안에서 교회개혁일을 생각하면서 늘 바른 형성을 위해 변형되어가야 한다. 오직 그럴 때에만 부르심에 합당하게 살 수 있고, 맡겨진 사명을 바르고 충실하게 감당해 갈 수 있게 된다.

> 모든 그리스도인들에게는 하나님의 부르심에
> 합당하게 살 책임이 있다. 그와 같은 삶을 살아갈 때,
> 이 세상은 하나님 나라의 힘에 의해
> 조금씩 변혁되어 갈 것이다.

27

복음의 문화

우리 부부는 얼마 전부터 10월 31일에는 우리 아이들을 학교에 보내지 않는다. 평소 학교는 어떤 일이 있어도 빠지지 않아야 한다는 소신이 있음에도, 그 날만은 아이들을 학교에 보내지 않는 것이다. 그 이유인즉, 그 날은 학교에서 할로윈(Halloween) 행사가 행해지기 때문이다. 그날 학교에서는 대부분의 학생들이 귀신복장을 하거나 괴상한 장식을 하고서 하루를 보낸다.

아내와 나는 그런 환경 속에 우리 아이들을 맡기고 싶지 않다. 우리는 우리 아이들을 바른 문화 속에서 키우고 싶고, 비록 불가피하게 이 세상 문화에 영향을 받으며 살더라도 하나님이 중심에 계신 하나님의 문화, 복음의 문화에 따라 키우고 싶다. 그런 바람 때문에, 아이들을 학교에 보내지 않는 것이다. 물론, 나 같은 아주 미미한 존재가

이 세상의 큰 문화의 흐름을 개혁한다는 것이 거의 불가능하다는 것을 잘 알고 있다. 그럼에도 불구하고 우리 가족만큼이라도 그런 삶의 문화를 만들어가기 원한다.

내가 이 곳 캐나다로 온 이후로, 매년 10월 31일은 나로 하여금 늘 묘한 마음을 갖게 하는 날이 되었다. 여기 캐나다에서, 그리고 북미에서 10월 31일은 두 가지의 의미를 지닌다. 하나는, 교회 내적으로는 흔히 〈종교개혁〉이라 불리는 〈교회개혁〉을 기념하는 날이고, 다른 하나는, 교회 외적으로는 할로윈 축제의 날이다. 그런데 주목할 것은 이 둘은 서로 상반된다는 것이다. 교회개혁일은 중세 교회에서 하나님의 말씀이 왜곡되고 하나님을 잘못 섬기는 인간의 섬김의 방식을 개혁한 것을 기념하는 날이다. 반면에, 할로윈은 할로윈 밤에 죽은 사람들이 무덤에서 나와 자기들의 옛집을 찾아온다고 믿기에 그들을 쫓기 위해서 그런 행동을 해야 한다고 믿는 날이다.

기독교 복음의 관점에서, 할로윈 문화는 분명 복음과 맞지 않는 잘못된 문화이다. 그런데 문제는 많은 경우 교인들조차도 별다른 주의 없이 그냥 그 문화 속에 젖어 그 비복음적인 문화에 맞춰 산다는 것이다.

이렇게 말하면, '할로윈 문화 정도로 뭐 그리 호들갑을 떠느냐? 꼭 그렇게 티를 내면서 믿어야 하느냐?'고 물을 사람들이 있을지도 모르겠다. 그러나 그것은 분명 복음에 합당한 문화는 아니다. 그리고 예수 그리스도 안에서 하나님을 믿는 사람이라면 그것에 맞춰 행동하는 것도 바람직하지 않다. 때문에 그리스도인은 언제나 복음에 비추어 우리가 접하며 살아가는 삶의 문화들을 비판적으로 성찰해 볼 필요가 있다.

위의 것과 아래의 것 – 두 문화

인간의 삶은 문화를 떠나서는 영위될 수 없다. 인간의 삶 자체가 본래 하나의 문화 행위이기 때문이다. 사전적인 의미로, 문화는 "인간의 공동 사회가 이룩하여 그 구성원이 함께 누리는, 가치 있는 삶의 양식 및 표현 체계"를 뜻한다. 그 구체적인 예로서 언어, 예술, 종교, 지식, 도덕, 풍속, 제도 등을 들 수 있다. 이런 의미에서, 우리가 살아가는 삶의 모든 순간은 어떤 문화와의 접촉의 시간이다. 뿐만 아니라, 우리는 저마다 문화 형성에 참여하고 이바지한다.

그런데 문제는 이 세상의 문화 가운데에는 좋은 문화도 있지만, 나쁜 문화도 있다고 하는데 있다. 이 세상에는 기독교 문화가 아니고도 분명 좋은 문화들이 많이 있다. 하나님의 형상에 따라 지음 받은 인간이 미와 선을 추구하는 과정에서 좋은 문화들을 창출하기도 한다. 그러나 하나님의 뜻과 방식을 따름 없이, 인간이 만드는 문화는 많은 경우 잘못되며 바르지 못한 것도 사실이다. 인간은 본래 악하고 이기적이기 때문이다. 그래서 인간이 만드는 문화들 중 많은 것들이 결국에는 악의 지배에 이바지하는 문화가 되기 일쑤다.

사도 바울은 하나님이 빠진 인간 중심의 문화를, "땅엣 것"이란 말로 표현한다. 그는 이렇게 말한다. "그러므로 너희가 그리스도와 함께 다시 살리심을 받았으면 위엣 것을 찾으라 거기는 그리스도께서 하나님 우편에 앉아 계시느니라 위엣 것(things above)을 생각하고 땅엣 것(earthly things)을 생각지 말라"(골 3:1-2). 사도 바울의 말처럼, 하나님 없는 문화는 '땅의 문화'이다. 땅의 문화는 어둠의 문화이며 죽음의 문화이다. 그래서 땅의 문화를 따라 살아가면 결국 죽게 된다.

반면에, 바울은 하나님 중심의 문화를 "위엣 것"이라고 말한다. 그것은 하나님의 뜻에 따라 그리고 하나님의 말씀을 중심으로 형성된 문화이다. 그래서 하나님 중심의 문화는 '하늘의 문화' 이다. 하늘의 문화는 살림의 문화이고 생명의 문화이다. 하늘의 문화는 복음 문화이다. 하나님의 뜻이 실현되는 문화이다. 예수님은 제자들에게 가르치신 기도에서 "뜻이 하늘에서 이룬 것 같이 땅에서도 이루어지이다"라고 기도하라고 가르치셨다. 땅의 문화가 하늘의 문화에 의해 다스림을 받아야 인간은 살 수 있고 인간 사회가 병들지 않게 된다.

문화의 변혁자 예수 그리스도

그리스도인들은 하늘 문화를 따라 사는 하나님의 나라의 백성들이다. 때문에 땅의 문화를 따라 사는 것은 바람직하지 않다. 특히, 위엣 것을 구하며 사는 그리스도인들은 바르지 못한 땅엣 것을 바꾸고 개선하며 살 사명과 책임을 지닌다.

지금은 고인이 된 신학자 리차드 니버(Richard Niebuhr)는 『그리스도와 문화』(Christ and Culture)에서 그리스도와 문화의 관계를 다섯 가지 유형으로 나누어 설명한다. 그중 다섯 번째가 "문화의 변혁자 그리스도"(Christ the Transformer of Culture)이다. 그는 문화의 변혁자로서의 그리스도에 대해 연구하면서 이렇게 말한다.

> 그러나 요한 복음의 중요한 점은 새로운 시작, 새로운 출생, 새로운 생명은 일시적인 역사 안의 변화나 육신의 삶에서의 변화에 의존하는 사건이 아니다. (오히려) 그것은 영으로 위에서부터, 하늘로부터 하나님과 함께 하는 시작이다. 그것은 이 세상에 속하

지 않는 나라의 시민이 되는 것이다. 그럼에도 그것은 미래의 나라가 아니다…이 새로운 시작은 예수 그리스도 안에서 그리고 성령의 보내심 안에 있는 하나님의 가능성(실현성)이며 하나님의 행위이다. 그런데 그것은 역사의 마지막날이 아닌, 매일 매일 삶의 실존적인 순간 안에 있는 하나님의 가능성과 행위이다. 그러나 이 가능성은 신비적이고 비역사적(nonhistorical)인 인간의 삶 속에서 실현되는 것이 아니다. 그것은 예수님의 삶의 구체적인 사건들을 통하여 그리고 교인들의 그에 대한 구체적인 응답을 통해 실현된다.

그는 이렇게도 말한다.

실제로 기독교적 삶은 그리스도가 모든 행위들을 변혁시키는데 있다. 그래서 그것들은 하나님과 사람에 대한 사랑의 행위들이고 성부와 성자께 영광을 드리는 것이며 서로를 사랑하라는 계명에 대해 순종하는 것이다. 그것은 사역(work)의 삶이며, 그 안에서 그리스도인은 성자가 성부의 일을 하듯이 그는 성자가 하고 있는 것을 보는 것을 한다. 그러나 이런 삶은 단지 소수에게 가능한 것처럼 보인다. 분명, 그리스도는 세상의 죄를 지고 갈 하나님의 어린양이며, 아버지로 하여금 자기 아들을 세상에 보내시도록 한 것은 바로 세상에 대한 하나님의 사랑이며 그리스도가 높이 들릴 때 그는 모든 사람들을 자기 자신에게로 이끌 것이다.

니버가 인정하듯이, 예수 그리스도가 선포했던 도래하고 있는 하나님의 나라에 직면하여 자신의 삶을 바꾸고 주변의 잘못된 문화를 변혁시키며 사는 것은 쉬운 일이 아니다. 그러나 그것은 예수 그리스도의 복음에 합당하게 사는 것이다. 역사를 변혁시키는 하나님의 사역에 바르게 참여하고 봉사하는 것이다.

예수 그리스도는 하나님의 뜻을 토대로 잘못된 것들을 바꾸어 가셨다. 그분은 하나님의 뜻에 합당하지 않은 것들을 받아들이지 않았을 뿐만 아니라 그런 것들을 개혁하시며 사셨다. 예수님의 삶에서 "아버지의 뜻"은 모든 활동의 기초요 기준이었다(눅 22:42). 그래서 아버지의 뜻에 맞지 않는 것을 옳다하지 않으셨다. 오직 예수님은 자신을 이 땅에 보내신 하늘 아버지가 원하시는 것만을 하셨다. 이 점은 예수 그리스도를 따르는 사람들에게 중요한 의미를 지닌다. 예수 그리스도의 제자들에게도 하나님의 뜻과 예수 그리스도의 가르침은 모든 행위의 지침이 되기 때문이다.

복음에 맞는 삶을 지향하라

그리스도인의 삶은 복음적이어야 한다. 복음에 합당해야 하고(빌 1:27), 자기를 부르신 하나님의 부르심에 합당해야 한다(엡 4:1). 그래서 복음과 상관이 없는 삶은 기독교적 삶이 아니다. 복음에 맞게 산다는 것은 하나님과 그분의 말씀을 기준으로 삼고 사는 것을 말한다. 그래서 복음의 삶은 하나님을 저버린 채 제 멋대로 살아가는 세상의 삶과는 다르다. 존 웨스터호프(John H. Westerhoff III)는 이렇게 말한다. "복음은 정치이론이나 경제이론이 아니다. 그러나 기독교 메시지는 어떤 삶을 살아야 하는지에 관한 근본적인 어떤 것을 말해준다. 다시 말하면, 기독교 메시지는 우리의 사회적 문제들에 대해 어떻게 기술적으로 대처해야 하거나, 정의는 어떻게 성취되어

27. 복음의 문화

야 하는지에 관한 어떤 상세한 정보를 제공해 주지는 않는다. 그러나 복음은 삶을 어떻게 살아야 하는지에 관해 무언가를 말해준다." 그리스도인들에게 있어서, 삶은 중요한 문제이다. 성서적 관점에서, 신앙과 삶은 분리되지 않기 때문이다. 복음을 말한다는 것은 삶을 말한다는 것이다. 삶이 결여된 복음은 불완전하고, 복음이 결여된 삶은 공허하다.

그러면, 우리는 어떻게 복음에 맞는 삶을 살아갈 수 있을까? 우리는 어떻게 하면 복음의 문화에 따라 살 수 있을까? 그것에 대한 일차적인 대답은 이것이다. 하나님의 말씀을 배우는 것이다. 성서는 본래 기독교 신앙생활을 위한, 또는 기독교 윤리를 위한 지침서는 아니다. 그렇지만, 성서는 그리스도인들이 어떻게 살아야 하는지에 대한 물음에 정확한 답을 제시한다. 우리가 말씀 속으로 들어가면, 진리의 영이신 성령께서 우리를 바르게 인도해 가신다. 하나님의 뜻을 깨닫도록 이끌어주신다. 그래서 하나님의 영의 도움을 받으면서 말씀을 연구하면 할수록, 우리는 우리의 삶을 이끌어줄 하나님의 뜻을 분명하게 분별하고 깨닫게 된다.

그리스도인의 삶은 분명 세상 사람들의 삶과는 달라야 한다. 우리가 이 세대를 본받으면서 사는 한에서, 하나님의 뜻은 우리에게 선명하게 드러나지 않을 것이다. 그러나 우리가 우리의 마음을 복음에 근거하여 새롭게 하고 복음에 의해 변화를 받으면, 우리는 하나님의 뜻을 알 수 있게 된다. 사도 바울은 "너희는 이 세대를 본받지 말고 오직 마음을 새롭게 함으로 변화를 받아 하나님의 선하시고 기뻐하시고 온전하신 뜻이 무엇인지 분별하도록 하라"(롬 12:2)라고 권면했다. 이 세대란 하나님과 상관없이 살아가는 모든 사람들과 그들이 만들어 가는 문화유산을 말한다.

그렇게 되려면, 우리는 먼저 하나님의 다스림을 받으면서 세상의 잘못된 문화, 땅의 문화를 거부할 수 있어야 한다. 그래서 니버는 다음과 같이 말했다.

> 하나님의 나라는 변혁된 문화이다. 왜냐하면 그것은 무엇보다도 무신앙(faithlessness)과 자기 섬김(self-service)에서 하나님을 아는 지식과 섬김에로 인간의 영이 바뀌는 것이다. 이 나라는 실제적인데, 왜냐하면 만일 하나님이 다스리지 않으신다면 아무 것도 존재하지 않을 것이기 때문이며, 만일 그분이 하나님 나라의 도래를 위한 기도를 듣지 않으신다면 인간 세상은 오래 전에 강도의 소굴이 되었을 것이기 때문이다. 모든 순간과 기간은 종말론적 현재이다. 왜냐하면 매 순간 인간은 하나님을 대하고 있기 때문이다.

하나님은 만물을 새롭게 하시기 위해 역사 안에서 활동하고 계신다. 그리고 각 시대마다 그리스도인들은 그 하나님의 구속의 사역에 대한 응답적 삶으로, 각자의 삶의 자리에서 세상 문화가 아닌, 하나님의 뜻을 따라 하나님의 나라를 섬기면서 이 땅에 하늘의 문화를 심으며 살도록 부르심을 받는다. 모든 그리스도인들에게는 하나님의 부르심에 합당하게 살 책임이 있다. 그와 같은 삶을 살아갈 때, 이 세상은 하나님 나라의 힘에 의해 조금씩 변혁되어 갈 것이다.

> 우리도 부활의 때에 주님과 함께 먹고 마실 것이다.
> 그 시간은 반드시 올 것이다. 그리고 그것은
> 오직 믿음의 길을 걸어간 사람들에게만 주어지는 선물이다.

다시 죽음과 삶을 생각하며

전에 "돌아감"으로서의 죽음에 관한 글(『네 안에 그리스도의 형상을 이루라』, 29장)을 쓴 적이 있다. 그 때 죽음에 관한 내 글의 바탕은 갑작스럽게 우리 삼남매 곁을 떠나신 우리 부모님의 죽음 이야기였다.

그런데, 여기서 다시 죽음에 관한 이야기를 쓰게 되었다. 다시 죽음에 대해 깊게 생각하게 된 것은 우리 교회에서 함께 하나님을 섬기다가 하나님의 부르심을 받은 한 권사님의 죽음을 대하고서이다. 한편으로는 연로하셨고 다른 한편으로는 병 때문에 수술을 받으신 터라, 사실상 회복보다는 하나님의 부르심의 날을 준비해야 하는 상황이었다. 그러다가 향년 87세로 하나님의 부르심을 받았다.

제3부 소망 가운데

살다가 가는 인생

내가 그 권사님을 처음 만난 것은 1997년 9월의 어느 날이었다. 내가 주안교회의 전신인 찬양교회에 출석하면서부터였다. 유난히 우리 아이들을 예뻐해 주셨던 권사님은 당시만 해도 정정하셨다. 그 동안 함께 하면서 느낀 것은, 권사님은 철저히 하나님 중심으로 산 믿음의 사람이라고 하는 것이다. 평생 하나님의 큰사랑을 받고 또 하나님만을 사랑하며 살다가 이제는 하나님의 품에 안기셨다.

장지에서 하관예식을 거행하는데, 갑자기 추워진 날씨로 인해 하얀 눈이 내렸다. 하얀 눈과 찬바람을 맞으며 드넓은 공동묘지에 서 있노라니, 권사님에 대한 이런 저런 생각이 스쳐 지나갔다. 내리는 하얀 눈처럼, 맑고 환하게 사셨던 권사님. 여기 하늘 아래로 내려 대지로 녹아 스며드는 눈송이처럼, 이제는 영원한 생명의 대지이신 하나님께로 돌아가신 권사님. 이제는 눈물도 슬픔도 없고 오직 기쁨만 있는 곳에서 편히 쉬시기를 진심으로 기원했다.

이 땅에 와서 일정한 시간을 살다가 가는 한번뿐인 우리네 인생. 부유한 자든, 가난한 자든, 건강한 자든, 병든 자든, 사회적으로 강한 자든, 약한 자든, 인간이라면 누구나 때가 되면 죽음을 맞이하게 된다. 이처럼, 우리 인간은 유한한 존재이다. 그래서 우리는 이 세상을 살아가지만, 일정한 삶의 기간만을 살아간다. 살다가 온 곳으로 가는 것이 우리의 운명이다.

성서는 아브라함의 죽음에 대해 이렇게 기록하고 있다. "아브라함의 향년이 일백 칠십 오세라 그가 수가 높고 나이 많아 기운이 진하여 죽어 자기 열조에게로 돌아가매"(창 25:7-8). 영어 성서(NIV)에서는 '아브라함이 죽었다'는 말을 이렇게 표현한다. '아브라함이 그

28. 다시 죽음과 삶을 생각하며

의 마지막 숨을 쉬고 죽으니라.'(Abraham breathed his last and died....) 숨을 거두는 것이 죽음이다. 우리에게도 마지막 숨을 쉬는 날이 온다. 더 정확히는, 우리에게도 하나님께서 우리의 숨을 거두어 가시는 시간이 있다.

인간의 숨은 하나님의 숨에서 왔다. 창세기 2장 7절은 이렇게 말한다. "여호와 하나님이 흙(the dust of the ground)으로 사람을 지으시고 생기를 그 코에 불어넣으시니(breathed into his nostrils the breath of life) 사람이 생령(a living being)이 된지라." 인간에게 하나님의 생기가 없다면 인간은 죽은 존재일 뿐만 아니라 한낱 먼지(dust)에 불과하다. 얼마나 약하고 하찮은 존재인가! 이런 점에서 인간은 의존적 존재이다. 인간의 생명은 절대적으로 하나님의 호흡에 의존한다. 그리고 하나님이 인간에게 불어넣으신 생기, 즉 숨을 거두어 가시면 우리의 몸은 흙으로 돌아간다. 그래서 성서 기자는 아브라함이 '죽어 자기 열조에게로 돌아갔다' 라고 말한다. 이와 같이, 돌아가는 것이 죽음이요, 그것이 우리의 운명이다. 우리는 이 사실을 늘 기억하고 되새기면서 살아야 한다. 우리의 삶을 바르게 살고자 한다면 반드시 그렇게 해야 한다.

죽음 앞에서

언젠가 우리는 모두 죽음을 만나게 된다. 우리는 죽어 가는 인생이기 때문이다. 오늘도 우리는 하나님 앞에 서 있는 존재일 뿐 아니라, 죽음 앞에 서 있는 존재이기도 하다. 살면서 죽어 가는 것이다. 그래서 오늘 하루를 살았다는 것은 그만큼 죽음 앞으로 한 걸음 더 다가갔다는 것을 뜻한다. 이처럼, 죽음이 모든 인간이 맞이하게 될 최종적 운명이요 현실이라면, 죽음은 우리가 진지하게 다루어야 할 삶의 문제이다. 피한다고 해서 해결 될 문제가 아니다.

그러면, 우리는 죽음의 문제를 어떻게 다루어야 할까? 우리는 죽어가고 또 죽음을 만나게 될 존재로서 무엇을 해야하는가? 그 물음에 대한 성서의 답은 이것이다. 창조의 주요 생명의 근원이신 하나님께로 돌아가 호흡이 있는 날 동안 그분을 섬기며 사는 것이다. 예수님은 "그런즉 누가 구원을 얻을 수 있으리이까"(마 19:25)라는 제자들의 물음에, "사람으로는 할 수 없으되 하나님으로서는 다 할 수 있느니라"(26절)이라고 말씀하셨다.

인간에게 죽음이 온 것은 인간이 자신을 지으신 창조주 하나님의 말씀을 존중하지 않았기 때문이다. 그분께 불순종하였기 때문이다. 그래서 죽음 앞에 서 있는 인간이 살기 위해서 반드시 해야 할 것은 창조주 하나님께로 돌아가 하나님을 믿고 섬기는 것이다. 하나님의 말씀을 들으며 하나님을 섬기는 것이다. 문제의 해법은 그 문제의 원인을 찾고 그것에 맞게 대처하는 데 있다. 이것은 인간의 죽음의 문제에 대해서도 마찬가지이다.

그런데, 그 창조주 하나님은 또한 인간에게 영원한 생명을 주시기 위해서 예수 그리스도를 이 땅에 보내주신 분이다. "하나님이 그 아들을 세상에 보내신 것은 세상을 심판하려 하심이 아니요 저로 말미암아 세상이 구원을 받게 하려 하심이라"(요 3:17). 때문에 누구든 예수 그리스도 안에서 하나님을 믿고 예수 그리스도를 따르면서 자신을 바쳐 그분의 나라를 위하여 살면 영생한 생명을 얻게 된다. "나는 부활이요 생명이니 나를 믿는 자는 죽어도 살겠고 무릇 살아서 나를 믿는 자는 영원히 죽지 아니하리니"(요 11:25-26). "예수께서 가라사대 내가 진실로 너희에게 이르노니 세상이 새롭게 되어 인자가 자기 영광의 보좌에 앉을 때에 나를 좇는 너희도 열 두 보좌에 앉아 이스라엘 열 두 지파를 심판하리라 또 내 이름을 위하여 집이나 형제나 자매나 부모나 자식이나 전토를 버린 자마다 여러 배를 받고 또 영생을 상속하리라"(마 19:28-29).

믿음의 경주로 채우는 삶

인간이 복된 죽음을 맞이하려면, 복된 삶을 살아야 한다. 인간이 복되게 죽는다는 것은 예수 그리스도 안에서 하나님 안으로 죽는 것을 말한다. 그래서 복된 삶이란 예수 그리스도를 통해 하나님을 섬기면서 사는 것을 말한다. 그런 삶은 분명 복되며, 약속이 있는 삶이다. 사도 바울은 죽음 앞에 섰을 때 이렇게 말했다. "내가 선한 싸움을 싸우고 나의 달려갈 길을 마치고 믿음을 지켰으니 이제 후로는 나를 위하여 의의 면류관이 예비되었으므로 주 곧 의로우신 재판장이 그 날에 내게 주실 것이니 내게만 아니라 주의 나타나심을 사모하는 모든 자에게니라"(딤후 4:7-8).

사도 바울의 죽음 앞에서의 이 고백은 그가 믿음의 경주를 해가면서 했던 고백과 일치한다. "나의 달려갈 길과 주 예수께 받은 사명 곧 하나님의 은혜의 복음 증거하는 일을 마치려 함에는 나의 생명을 조금도 귀한 것으로 여기지 아니하노라"(행 20:24). 사도 바울은 이 세상에서 복음을 위해 살면서, 이 세상에 믿음을 남겼다. 그래서 우리가 사도 바울 하면, 복음의 사람, 믿음의 사람이란 말이 먼저 생각난다.

그 권사님도 이 땅에서 살면서, 이 세상에 믿음을 남겼다. 이 세상에 믿음을 남긴 사람들은 죽어서도 믿음으로 말한다. 히브리서 기자는 이렇게 말한다. "믿음은 바라는 것들의 실상이요 보지 못하는 것들의 증거니 선진들이 이로써 증거를 얻었느니라 믿음으로 모든 세계가 하나님의 말씀으로 지어진 줄을 우리가 아나니 보이는 것은 나타난 것으로 말미암아 된 것이 아니니라 믿음으로 아벨은 가인보다 더 나은 제사를 하나님께 드림으로 의로운 자라 하시는 증거를 얻었으니 하나님이 그 예물에 대하여 증거하심이라 저가 죽었으나 그 믿음으로써 오히려 말하느니라"(히 11:1-4). 아벨은 이미 죽었지만, 그래도 그는 여전히 믿음으로 말을 한다. 마찬가지로, 모든 믿음의 사람들은 믿음을 남기며 믿음으로 말하게 된다.

우리가 이 세상을 떠날 때 우리가 이 세상에 남기는 것은 저마다 다르다. 우리는 죽어 이 세상을 떠날 때 가져가는 것은 없고 남기는 것만 있다. 빈손 들고 와서 잠시동안 우리 손에 이것저것 하나님이 만드신 것을 손에 쥐어 보다가 다시 놓고 빈손으로 간다. 그래서 우리의 삶에는 결국 가져가는 것은 없고 남기는 것만 있다. 이런 점에서, '나는 죽어서 무엇을 남기게 될 것인가?'에 대해 깊게 생각하는 것은 중요하다. 좋고 아름다운 삶을 살기 원한다면, 진정 그렇게 해야 한다. 교회를 다니는 교인이지만, 믿음을 남기지 못할 수도 있다. 이것은 듣기에 불쾌한 말일지 모르지만 사실이다. 마태복음 13장에 나오는 예수님의 가라지의 비유는 그에 대한 좋은 예이다. 밭에는 곡식뿐 아니라 가라지도 있다. 가라지는 추수 때에 베어 아궁이에 던져지게 된다.

우리는 좋은 교인(church members)이면서도 그리스도를 참되게 따르는 그리스도인은 아닐 수 있다. 예수님은 하나님 나라를 위해 자신을 참되게 따르는 제자들을 필요로 한다. 좋은 교인들을 필요로 하는 것이 아니다. 그래서 예수님은 이렇게 말씀하셨다. "그러나 인자가 올 때에 세상에서 믿음을 보겠느냐 하시니라"(눅 18:8). 마빈 롤로프(Marvin L. Roloff)는 이것과 관련하여 다음과 같이 말한다. "이 물음은 오늘날에는 신랄한 물음이다. 의심할 바 없이, 인자는 많은 종교들과 물질적인 것들을 보게 될 것이다. 그러나 믿음을 볼 수 있을까?" 우리가 믿음의 경주를 충실하게 하고 믿음을 남길 때에만, 예수님은 우리의 남겨진 믿음을 볼 수 있을 것이다.

우리는 다시 만나게 되리라

김 권사님의 하관예식을 하면서 그곳에 모인 우리는 이렇게 찬송을 불렀다.

> 날 빛 보다 더 밝은 천국 믿는 맘 가지고 보겠네
> 믿는 자 위하여 있을 곳 우리 주 예비해 두셨네
> 며칠 후 며칠 후 요단강 건너가 만나리
> 며칠 후 며칠 후 요단강 건너가 만나리.

이 찬송은 믿음 안에서 헤어진 성도들 사이의 '다시 만남'을 기린다. 그러면, 우리는 정말로 이런 만남을 가질 수 있을까? 다시 만남의 약속은 근거가 분명할 때 가치를 지닌다. 그런 점에서, 우리에게는 근거가 분명한 재회의 약속이 있다. 왜냐하면 우리에게는 하나님의 아들 예수 그리스도가 주신 재회의 약속이 있기 때문이다(요 11:25-26, 14:1-3; 행 1:11). 믿는 맘 가지고 보면 그 세계가 보인다.

우리에게는 영원하신 하나님이 계시다. 창세기 21장 33절은 "아브라함은 브엘세바에 에셀나무를 심고 거기서 영생하시는 하나님 여호와의 이름을 불렀으며"라고 증언한다. 하나님은 영원하시다. 그분이 영원하시기에 그분 안에서 우리도 영원할 수 있다. 분명, 인간에게 영생은 있다. 인간을 지으신 하나님은 영생하시는 하나님이시기 때문이다. 우리가 그분의 생명에 참여하면 그분과 더불어 영원한 생명을 얻게 된다.

우리에게는 또한 그분의 아들 예수 그리스도가 계시다. 그분은 우리의 죄를 위해 십자가에서 죽으시고 부활하셔서 부활의 첫 열매가 되신 분이다. 그분이 부활하셨기에 우리도 부활할 것이다. 사도 바울이 확신 있게 말하는 것처럼, 그때 우리는 우리의 주님을 얼굴과 얼굴을 대하여 만나게 될 것이며 우리는 그분을 온전하게 알게 될 것이다(고전 13:12).

요한복음 21장을 보면, 부활하신 예수님이 새벽녘에 디베랴(갈릴리) 바닷가에서 제자들을 만나는 장면이 나온다. 당시 제자들은 밤새 고기를 잡으려 했으나 아무 것도 잡지 못한 상태에 있었다. 그 때 예수님은 지쳐 있는 그들을 찾아가서, 그들의 오른편에 그물을 내리게 하심으로 많은 물고기를 잡게 해 주셨다. 그리고 그들과 함께 아침 식사를 나누셨다. 예수님은 숯불 위에 놓인 생선과 떡을 제자들에게 나눠주시고 먹게 하심으로 주리고 지친 제자들을 위로하셨다.

이 이야기 속의 예수님과 제자들처럼, 우리도 부활의 때에 주님과 함께 먹고 마실 것이다. 그 시간은 반드시 올 것이다. 그리고 그것은 오직 믿음의 길을 걸어간 사람들에게만 주어지는 선물이다. 오늘도 우리는 우리의 주 예수 그리스도께서 주신 약속을 굳게 신뢰하면서, 다시 만날 기대와 희망 안에서 살아간다. 때가 되면, 다시 만나게 되리라.

> 기독교 신앙의 관점에서, 그리스도인으로서의 우리의 삶은 부르심에서 출발한다. 모든 그리스도인에게는 하나님이 주시는 소명이 있다. 하나님은 우리를 이 땅에 있게 하시고, 하나님을 섬기도록 우리를 부르셨다.

아름다운 마무리를 위하여

　남아프리카 공화국 최초의 흑인 대통령이었던 넬슨 만델라(Nelson Mandela)는 대통령직을 수행하면서, 무엇보다도 먼저 국가를 위해 자신이 할 수 있는 일과 할 수 없는 일을 구분했다고 한다. 그리고는 대통령으로서 자신이 할 수 있는 일에 매진했다. 그는 재임 기간 동안 남아공에 뿌리 깊은 인종의 문제를 화해와 용서로 풀고 그 공로를 인정받아 노벨 평화상까지 받았다. 그러나 그는 남아공의 경제문제나 사회문제는 자신이 할 수 있는 문제가 아니라고 판단하고, 재임기간 중 임기가 3년이나 남았지만 연임을 포기하고 그 기간 동안 후계자를 키웠다. 그리고 그는 미련 없이 권좌를 떠났다. 자신의 영광이나 영달을 생각하지 않고, 국가의 미래와 영광을 먼저 생각했기 때문이다. 그는 마무리를 아름답게 잘했다.

옥한흠 목사는 그로부터 감동과 교훈과 도전을 받았다고 한 설교에서 말한 적이 있다. 그리고 자신도 자신이 할 수 있는 일과 할 수 없는 일을 바로 분별하여, 자신이 할 수 없는 일을 할 수 있는 사람을 위해 조기 은퇴를 결심하게 되었다고 말했다. 자기 자신이나 가정보다 교회가 더 중요함을 생각하면서 그렇게 했다는 것이다. 그리고는 정년에 앞서 담임 목회직을 사임했다. 그도 마무리를 아름답게 잘했다.

범사엔 기한이 있다

전도서 기자는 "천하에 범사가 기한이 있고 모든 목적이 이룰 때가 있나니 날 때가 있고 죽을 때가 있으며 심을 때가 있고 심은 것을 뽑을 때가 있으며"(3:1-2)라고 말한다. 하늘 아래의 모든 일에는 때가 있는데, 시작할 때와 끝날 때가 있다는 것이다. 그것이 인간의 삶의 이치라는 것이다. 실제로, 우리의 일도, 우리의 직분도, 우리의 삶도 시작하는 시간이 있고 마치는 시간이 있다. 마침표를 찍는 시간이 있다.

창조주 하나님 외의 모든 것은 일시적이고 유한하다. 그래서 끝나는 시간이 있다. 우리가 어떤 일을 할 때 이 점을 기억하는 것이 중요하다. 그렇지 않으면, 우리의 시작은 아름다웠지만 우리의 마지막은 추하게 될 수 있기 때문이다. 마치는 시간을 생각하면서 일을 진행해 가야 과정에 충실할 수 있고 곁길로 가지 않을 수 있게 된다. 그래야 마무리를 잘할 수 있게 된다.

우리는 어떤 일이든 시작을 잘 하는 것도 중요하지만, 그에 못지 않게 마무리를 잘하는 것도 중요하다. 어떤 의미에서는, 마무리가 시작보다 더 중요하다고 할 수 있다. 마무리가 없는 시작은 시작하지 않은 것만 못할 때가 있고, 마무리가 제대로 이루어지지 않는 시작은 추할 수가 있다. 그래서 모든 일은 시작과 그 진행과정도 중요하지만, 마무리도 아름답고 온전하게 되어야 뜻 깊다.

물론, 마무리를 잘하는 것이 늘 쉬운 것은 아니다. 그 일이 큰일일수록 그리고 그 일이 자신의 온갖 정성과 인생이 담겨진 일일수록 더욱 그렇다. 그러나 우리의 삶이 아름다우려면, 그것은 꼭 필요하다.

신앙인과 부르심

기독교 신앙의 관점에서, 그리스도인으로서의 우리의 삶은 부르심에서 출발한다. 모든 그리스도인에게는 하나님이 주시는 소명이 있다. 하나님은 우리를 이 땅에 있게 하시고, 하나님을 섬기도록 우리를 부르셨다. 그리고 우리로 하여금 교회 안에서 일하도록 직분을 주시고, 각자의 삶의 자리에서 하나님을 섬기도록 세상 속의 사역자로 세우셨다. 그래서 소명의 관점에서 볼 때, 그리스도인의 삶은 하나님을 위한 봉사요 섬김이다.

교회 안에서 우리의 봉사의 삶과 관련하여, 사도 바울은 이렇게 말했다. "그가 혹은 사도로, 혹은 선지자로, 혹은 복음 전하는 자로, 혹은 목사와 교사로 주셨으니 이는 성도를 온전케 하며 봉사의 일을 하게 하며 그리스도의 몸을 세우려 하심이라 우리가 다 하나님의 아들을 믿는 것과 아는 일에 하나가 되어 온전한 사람을 이루어 그리스도의 장성한 분량이 충만한 데까지 이르리니…오직 사랑 안에서 참된 것을 하여 범사에 그에게까지 자랄지라 그는 머리니 곧 그리스도라 그에게서 온 몸이 각 마디를 통하여 도움을 입음으로 연락하고 상합하여 각 지체의 분량대로 역사하여 그 몸을 자라게 하며 사랑 안에서 스스로 세우느니라"(엡 4:11-16). 우리는 여러 가지 모양으로 하나님의 백성이요 그리스도의 몸으로서의 교회를 섬기면서 우리가 속한 신앙 공동체를 세우는 삶을 살아간다. 각자가 받은 소명과 은사에 따라, 하나님의 부르심에 응답하는 삶을 살아가는 것이다.

 세상에서의 사명자로서의 삶과 관련하여, 예수님은 이렇게 말씀하셨다. "내가 아버지의 말씀을 저희에게 주었사오매 세상이 저희를 미워하였사오니 이는 내가 세상에 속하지 아니함 같이 저희도 세상에 속하지 아니함을 인함이니이다 내가 비옵는 것은 저희를 세상에서 데려가시기를 위함이 아니요 오직 악에 빠지지 않게 보전하시기를 위함이니이다 내가 세상에 속하지 아니함 같이 저희도 세상에 속하지 아니하였삽나이다 저희를 진리로 거룩하게 하옵소서 아버지의 말씀은 진리니이다 아버지께서 나를 세상에 보내신 것같이 나도 저희를 세상에 보내었고 또 저희를 위하여 내가 나를 거룩하게 하오니 이는 저희도 진리로 거룩함을 얻게 하려 함이니이다"(요 17:14-19). 예수님의 제자들은 세상에서 하나님의 일을 하도록 부르심을 받고 보냄을 받았다. 그들이 그 일을 감당할 때 주의해야 하는 것들 중 하나가 있었다. 악에 빠시시 않는 것이었다. 그래서 예수님은 그들을 위해 아버지 하나님께 기도하실 때, 세상으로부터의 이탈이 아닌 그들이 세상 속에서 사명을 감당하고 복음에 합당한 삶을 살아가는 동안 악에 빠지지 않게 해 달라고 기도하셨다. 그러므로 우리는 교회에서건 세상에서건 하나님의 부름 받은 충실한 일꾼으로 소명을 감당해야 한다. 그것이 "맡은 자들에게 구할 것"(고전 4:2)이다. 그리고 잊지 말아야 할 것은, 사명을 감당하는 것도 중요하지만 그것을 마무리하는 것과 마무리를 잘 하는 것도 중요하다는 것이다.

29. 아름다운 마무리를 위하여

하나님의 사람들과 마무리

성서를 보면, 하나님의 사람들 중에는 마무리를 잘한 사람도 있지만, 마무리를 잘 하지 못한 사람도 있다.

모세는 이스라엘 백성을 애굽에서 이끌어내어 광야를 지나 가나안으로 인도해 가라는 하나님의 부르심을 받았을 때, 많은 어려움 속에서도 그 일을 충실하게 감당해 갔다. 그러나 하나님은 모세가 가나안 땅에 들어가는 것을 허락하지 않으셨다. "당일에 여호와께서 모세에게 일러 가라사대…네 형 아론이 호르산에서 죽어 그 조상에게로 돌아간 것같이 너도 올라가는 이 산에서 죽어 네 조상에게로 돌아가리니 이는 너희가 신 광야 가데스의 므리바 물 가에서 이스라엘 자손 중 내게 범죄하여 나의 거룩함을 이스라엘 자손 중에서 나타내지 아니한 연고라 내가 이스라엘 자손에게 주는 땅을 네가 바라보기는 하려니와 그리로 들어가지는 못하리라 하시니라"(신 32:48-52). 그토록 오랜 기간 동안 광야를 지나느라 고생하면서 충성한 모세에게, 가나안 땅에 들어가지 못하는 것은 이루 말할 수 없는 고통이었을 것이다. 허탈감도 컸을 것이다. 그러나 그것이 그가 할 일의 전부였다. 결국 모세는 하나님의 말씀에 순종하여 마무리를 잘 짓고 죽어 조상에게로 돌아갔다.

세례 요한은 떠날 때를 잘 알고 있었던 하나님의 사람들 중 하나였다. 세례 요한은 최고의 자리에 앉을 수 있는 기회도 있었지만, 그는 그 자리가 자신의 자리가 아님을 분명하게 알고 있었다. 그래서 그는 그 자리에 앉기 위해 '그려진 마지막 잎새'로 남으려 하지 않았다. 그는 새로운 싹, 새로운 잎을 위해 기꺼이 떨어졌다. 그는 이렇게 고백한다. "그는 흥하여야 하겠고 나는 쇠하여야 하리라"(요 3:30). 그는 자신이 누구인가를 정확하게 알고 있었기 때문에 이런 고백을 할 수 있었다. 우리 또한 모두 쇠하고 또 쇠하여야 할 사람들이다. 우리가 쇠하지 않고 계속해서 흥하려 하면 예수 그리스도가 쇠하게 된다.

사도 바울은 믿음의 경주를 시작할 때 소명의식과 자신이 바라는 푯대가 분명했다. "내 어머니의 태로부터 나를 택정하시고 은혜로 나를 부르신 이가 그 아들을 이방에 전하기 위하여 그를 내 속에 나타내시기를 기뻐하실 때에…"(갈 1:15-16). "형제들아 나는 아직 내가 잡은 줄로 여기지 아니하고 오직 한 일 즉 뒤에 있는 것은 잊어버리고 앞에 있는 것을 잡으려고 푯대를 향하여 그리스도 예수 안에서 하나님이 위에서 부르신 부름의 상을 위하여 좇아가노라"(빌 3:13-14). 사도 바울 자신의 이런 이해는 그로 하여금 자신에게 맡겨진 일에 충성할 수 있게 했고, 또한 마무리를 잘할 수 있게 했다(행 20:24; 딤후 4:7-8). 우리는 오늘날 그를 아름답게 마무리했던 예수 그리스도의 충실한 복음전도자요 일꾼으로, 그리고 사도로 기억한다.

반면에, 마무리를 잘 하지 못한 사람들도 있다. 그 대표적인 사람은 사울과 솔로몬이다.

사울의 시작은 좋았고 아름다웠다. 그는 하나님으로부터 사명을 받아 이스라엘의 지도자로 세움을 받았고(삼상 9:16), 그 징표로 사무엘을 통해 하나님으로부터 머리에 기름 부음도 받았다(삼상 10:1). 뿐만 아니라, 그에게 하나님의 신이 임했고 하나님이 함께 하시는 사람이 되었다(삼상 10:6-12). 그러나 그의 이런 아름다운 시작은 그의 권력에 대한 욕심으로 인해 하나님께 죄를 짓게 되고, 결국에는 하나님으로부터도 멀어지게 됨으로써 추하게 되었다. 그로 인해 하나님께서 그를 버리셨고, 그는 말년을 비참하게 보내다가 전장에서 초라하고 불쌍하게 죽었다. 그의 마무리는 아름답지 못했다.

마무리를 잘 하지 못한 것은 솔로몬도 마찬가지이다. 솔로몬은 독특한 사람이다. 그는 하나님이 사랑했던 사람이며, 처음에는 아버지 다윗을 따라 하나님을 잘 섬겼던 사람이다. 그는 하나님으로부터 지혜를 구해 얻어 지혜자의 대명사가 되었고, 아버지 다윗이 봉헌하지 못한 성전을 지어 하나님께 봉헌하는 은혜를 입기도 했다. 그러나 그는 많은 이방 여인들을 사랑하여 그들을 첩으로 얻은 후, 그들에게 마음을 빼앗겨 노년에는 그들이 요구하는 대로 이방신들을 섬겼다. 그는 "여호와의 눈앞에서 악을 행하여"(왕상 11:6) 여호와 하나님을 온전히 좇지 않았을 뿐만 아니라, 예루살렘 앞 산에 그 많은 첩들이 섬기던 신들을 위한 산당을 짓기도 했다(왕상 11:7-8). 게다가, 그가 마음을 돌이켜 여호와 하나님을 떠난 것으로 인해 진노하신 하나님께서 두 번이나 그에게 나타나셔서 다른 신들을 좇지 말라고 하신 명령도 따르지 않았다(왕상 11:9). 그로 인해, 그는 이스라엘을 두 개의 나라로 분열시키는 결과를 초래했다. 그의 말년의 행동들은 지혜자의 모습이라기보다는 망령이 난 사람과 같았다. 그의 마무리는 아름답지 못했다.

떠날 때를 알아야 마무리가 아름답다

마무리가 좋고 아름다우려면, 떠날 때를 생각해야 하고 또 알아야 한다. 떠날 때를 생각하지 않으면, 마지막이 추하게 된다. 하나님의 사람으로서 우리가 하는 일이든, 우리의 삶이든, 마무리를 잘 하려면, 우리는 다음 네 가지는 늘 기억하며 살 필요가 있다. 첫째로, 우리의 삶은 유한하다는 것을 늘 기억해야 한다. 삶의 유한성을 망각하면 우리는 현실에 고착된다. 둘째로, 그리스도인이 삶과 사역은 하나님의 부르심에 근거한다는 것을 늘 기억해야 한다. 우리는 하나님 앞에서 청지기이지, 주인이 아니다. 하나님께서 때가 되었다고 말씀하실 때, 하나님이 정하신 다른 사람을 위해 두고 떠나야 할 순례자들이다. 교회라면, 더욱 그러하다. 셋째로, 우리를 향한 하나님의 부르심에는 기한이 있다는 것을 늘 기억해야 한다. 시작했던 때를 기억하고, 마무리를 지을 때를 생각하는 것은 하나님의 부르심을 헛되지 않게 하는데 꼭 필요하다. 넷째로, 마지막의 아름다운 열매들은 과정에 충실한 삶의 결과들이라는 것을 늘 기억해야 한다. 과정이 없는 결과는 없다. 수고하며 씨를 뿌리는 사람만이 기쁨으로 단을 거둘 수 있다. 특히 그리스도인의 삶의 과정은 하나님의 뜻에 합당한 것이어야 한다. 하나님의 뜻에 합당한 과정이 아니라면, 하나님은 그 어떤 것도 받으시지 않으신다. 우리 모두 아름다운 마무리를 생각하며 그날까지 부르심에 합당하게 열심히 하나님을 섬기며 오늘을 충실하게 살아야 하겠다.

영생은 오늘 이 땅에서 믿음으로 사는 사람들에게 주어지는 선물이면서 하나님이 주시는 상급이다. 그래서 이 땅에서의 우리의 삶은 중요하다. 오늘 여기에서의 삶이 내일 하나님 나라에서의 삶을 결정하는 것이다.

신앙과 보상

요즘 우리 큰 아이가 시간이 나는 대로 책을 읽고 있다. 방학을 맞아 한 은행의 협찬을 받아 도서관이 운영하는 독서클럽에 가입한 후부터이다. 매년 여름 방학이면 아이들에게 책 읽는 습관을 길러주고, 독서를 통해 지능 개발을 유도하기 위해 도서관에서 많은 프로그램을 운영한다. 그 중의 하나가 독서클럽이다.

그런데 독서 클럽에서 그냥 책 읽는 것만 하는 것은 아니다. 책을 읽을 때마다 맥도널드에서 사용할 수 있는 쿠폰을 줄뿐만 아니라, 12권을 읽으면 가방이나 책을 상품으로 준다. 그래서 아이들이 쿠폰과 상품을 받으려고 열심히 책을 읽는다. 그들 중 하나가 우리 집 아이다.

책을 읽는 동기가 상품에 있긴 하지만, 그렇게 라도 책을 읽게 만드는 도서관의 방법이 나쁘게 여겨지지 않는다. 처음에는 상품 때문에 책을 읽기 시작하더라도, 계속해서 책을 읽다보면 그것이 하나의 습관이 되어 결국에는 삶에 유익이 될 것이기 때문이다.

상품 때문에 열심히 책을 읽는 우리 아이를 보면서 다시금 보상의 힘을 느끼게 된다.

상주시는 하나님

일찍이, 파블로프(Ivan Pavlov)와 왓슨(John Watson), 그리고 스키너(B. F. Skinner)와 같은 행동주의 심리학자들의 연구와 실험을 통해, 자극(조건)과 반응(행동)은 서로 밀접한 관계가 있음이 밝혀졌다.

보상은 실제로 인간의 행동에 영향을 준다. 보상은 동기부여이고 자극제이다. 물론 지나치게 보상을 근거로 인간의 행동을 유발시키려 하는 것은 문제가 될 뿐만 아니라, 인간을 수동적으로 만드는 결과를 낳기도 한다. 하지만, 적절한 보상은 행동을 자극하는 힘인 것만은 틀림없다.

그런데 신앙생활에서도 보상을 중요하게 강조한다. 보상(상급)은 성서에서 신앙의 중요한 주제들 중 하나다. "믿음이 없이는 기쁘시게 못하나니 하나님께 나아가는 자는 반드시 그가 계신 것과 또한 그가 자기를 찾는 자들에게 상주시는 이심을 믿어야 할지니라"(히 11:6). 여기에서 히브리서 기자는 믿음의 사람이 지녀야 할 것으로 두 가지를 제시한다. 하나는 하나님의 살아 계심을 믿는 것이다. 다른 하나는 그 하나님은 상을 주시는 분임을 믿는 것이다. 이런 점에서, 보상이 신앙의 조건이 될 수는 없지만, 하나님을 충실하게 섬기고 예수 그리스도를 충실하게 따르는 사람들에게 보상이 주어진다고 하는 것만은 분명하다.

기독교 신앙의 출발점은 하나님이다. 기독교는 유신론적 종교이다. 기독교의 하나님은 철학자들이 말하는 관념적인 신이거나 우리와 무관한 이신론적인(deistic) 신이 아니다. 성서가 말하는 하나님은 영원하시며 역사 안에서 행동하시는 하나님이다. 그분은 이 세상을 창조하시고 우리를 창조하셨다. 그리고 인류의 구원을 위해서 성자 예수 그리스도를 보내주셨고, 지금도 만물의 회복을 위해서 일하시고 계신다. 그래서 하나님의 영원히 계심과 그분의 역사적 활동을 인정하지 않는 신앙은 기독교 신앙이 아니다.

그런데 하나님은 홀로 일하지 않으신다. 사람을 부르시고 자신의 백성을 삼아 자신의 일에 동참하게 하신다. 부르심을 받아 응답하고 그 일에 참여하는 사람들이 하나님의 백성이요 교회다. 하나님의 일을 하는 것이 교회의 존재 목적들 중의 하나라는 것이다. 교회는 하나님과 그분의 구속의 활동을 위해 존재하는 것이지, 스스로를 위해 존재하는 것이 아니다.

사람들을 불러 구속하여 교회가 되게 하시고 일하게 하시는 하나님은 그 값을 지불하시는 분이다. 하나님은 자신의 일을 하는 사람들에게 상을 주신다. 그것이 하나님이 일하시는 방식이다. 그래서 브루스 윌킨슨(Bruce Wilkinson)은 "하나님은 보상하기를 원하신다. 왜냐하면 그것이 하나님 자신의 관대한 본성의 표현이기 때문이다. 하나님의 보상 계획은 그분의 구원하심과 같이 그분의 놀라운 은혜의 표현이다"라고 말한다. 반면에 하나님은 자신을 믿지 않고 또 악하게 살아가는 사람들을 심판하시고 그에 합당하게 보응하신다. 이사야 선지자는 "보라 주 여호와께서 장차 강한 자로 임하실 것이요 친히 그 팔로 다스리실 것이라 보라 상급이 그에게 있고 보응이 그 앞에 있으며"(사 40:10)라고 말한다. 그것이 하나님이 공의의 하나님이신 이유이다. 공의는 은혜의 다른 면이다.

보상은 신앙의 결과

하나님을 섬기면서 예수 그리스도와 함께 살아가는 사람의 삶에는 반드시 보상이 따르기 마련이지만, 그렇다고 보상이 신앙생활의 조건은 아니다. 오히려 보상은 충실한 신앙생활의 결과다. 그것이 기독교 신앙에 대한 바른 이해이다. 보상을 받기 위해 예수 그리스도를 따라가는 것이 아니라, 예수 그리스도를 따라가는 삶을 통해 보상을 얻게 되는 것이다. 이것은 구별하기 쉽지 않을 뿐더러, 어떻게 보면 그게 그거지 하는 생각이 들 수도 있다. 그러나 분명한 차이가 있다. 신앙이 조건이고 보상은 그 결과라는 것이다. "네가 죽도록 충성하라 그리하면 내가 생명의 면류관을 네게 주리라"(계 2:10). 신앙 안에서 하나님께 충성하면 상급을 얻게 된다.

진정한 의미에서, 우리는 결혼하기 위해 사랑하는 것이 아니다. 사랑하기 때문에 결혼한다. 사랑하다 보니 결혼하고 싶어지는 것이다. 결혼의 조건은 사랑이다. 하지만 결혼은 사랑의 조건이 될 수 없다. 결혼하기 위해 사랑하는 것은, 결혼이라는 결과는 같을지 몰라도 바른 순서는 아니다. 그런 결혼은 행복하기가 쉽지 않다. 그 의미에 있어서는 신앙생활도 마찬가지이다. 우리의 신앙의 삶이 우리가 원하는 어떤 것을 얻기 위한 조건이 되면, 우리의 신앙과 신앙의 대상인 하나님도 목적을 이루기 위한 수단이 되고 만다. 거기에는 참된 관계의 형성은 없다. 그러나 우리가 하나님의 은혜에 감격하여 하나님을 충실히 섬기면서 예수 그리스도를 바르게 따라가다 보면, 하나님으로부터 오는 좋은 것들이 우리의 삶을 채울 것이다.

하나님 자신이 보상

그런데, 신앙의 관점에서 가장 큰 보상은 하나님 자신이다. 우리가 사랑하는 사람은 그 자체가 보상이다. 오래 헤어져 있는 사랑하는 사람에 대한 그리움은 그 사람이 우리에게 가져다 줄 상품이나 선물에서 비롯되지 않는다. 그 사람 자신에게서 나온다. 한 사람을 사랑하는 사람에게는 그 사람과 함께 하는 것 자체가 보상이다. 마찬가지로, 만일 하나님이 우리의 궁극적 관심이라면, 그리고 그분이 우리를 지으신 분이라면, 그분을 만나는 것보다 그리고 그분과 관계를 형성하는 것보다 더 좋은 것, 더 큰 보상이 또 있을까? 그래서 하나님은 아브라함에게 나타나 말씀하셨을 때 자신을 가리켜 "나는 너의 방패요 너의 지극히 큰 상급이니라"(창 15:1)라고 하셨고, 다윗도 "여호와는 나의 목자시니 내가 부족함이 없으리로다"(시 23:1)라고 노래했다.

하나님을 믿는 것 자체가, 그분과 교제를 이루어 가는 삶 그 자체가 최고의 상급이다. 시인은 이렇게 읊었다. "하나님이여 사슴이 시냇물을 찾기에 갈급함 같이 내 영혼이 주를 찾기에 갈급하니이다 내 영혼이 하나님 곧 생존하시는 하나님을 갈망하나니 내가 어느 때에 나아가서 하나님 앞에 뵈올꼬 사람들이 종일 나더러 하는 말이 네 하나님이 어디 있느뇨 하니 내 눈물이 주야로 내 음식이 되었도다"(시 42:1-3). 이 시에서 이 시인의 한 가지 바람, 궁극적 바람은 하나님을 만나는 것, 하나님의 임재를 경험하는 것이었다. 이 시인에게는 영적 목마름으로 인해 자신이 갈망하는 하나님 그분과의 만남이 바로 보상이었다. 그에게는 하나님의 임재를 경험하는 것 외의 그 어떤 것도 중요하지 않았다. 이 시인의 마음은, 그와 같은 상황에 있어 본 사람만이 안다. 실제로, 하나님 바로 그분이 우리의 삶의 궁극적 보상으로 여겨질 때만이, 우리의 신앙생활이 바른 방향으로 가게 된다.

영생, 최후의 보상

예수 그리스도를 통해 구원을 얻고 영원한 삶을 사는 것은 하나의 보상이면서 동시에 최후의 보상이다. 구원은 하나님 안에서 복을 누리며 영원히 사는 것을 말한다. 구원을 얻는 자는 하나님의 나라에서 영원히 살 것이다. 그러면, 구원은 어디서 오는가? 하나님으로부터 온다. 그 하나님이 인류를 구원하시기 위해 이 세상에 보내신 성자 예수 그리스도의 십자가에서의 대속적 죽음을 받아들이고 제자가 되어 그를 따라가는 삶을 살 때 주어진다. "이것은 하늘로서 내려온 떡이니 조상들이 먹고도 죽은 그것과 같지 아니하여 이 떡을 먹는 자는 영원히 살리라"(요 6:58). "내가 저희에게 영생을 주노니 영원히 멸망치 아니할 터이요 또 저희를 내 손에서 빼앗을 자가 없느니라"(요 10:28).

영원한 생명으로 가는 길을 주신 분은 하나님의 아들 예수 그리스도이지만, 그러나 영원한 삶에 대한 결정은 우리에게 있다. 맥스 루케이도(Max Lucado)는 이렇게 말한다. "우리는 우리가 영생을 보내게 될 곳을 결정할 수 있다. 하나님은 그 큰 선택을 우리에게 남겨 두셨다. 그 중요한 결정은 우리의 것이다. 그것은 정말로 문제가 되는 중요한 단 하나의 결정이다…당신이 어느 학교를 선택할 것인가, 또

30. 신앙과 보상

는 무슨 직업을 선택할 것인가는 중요하다. 그러나 그것들은 당신이 어디에서 영원을 보낼 것인가의 문제와는 비교가 되지 않는다." 영원한 삶은 믿음의 선택을 통해 우리의 것이 된다.

그리스도인으로서 우리 모두에게 우리를 지으시고 구속하신 하나님으로부터 오는 영생이 있다는 것은 기쁨이요 희망이다. 비록 이 세상에서의 우리의 삶이 복음 때문에 다소 어려움이 있다하더라도, 궁극적으로는 우리에게 영원한 행복이 주어진다면 복음과 함께 살아가는 것은 좋고 복된 일이다. "나를 인하여 너희를 욕하고 핍박하고 거짓으로 너희를 거스려 모든 악한 말을 할 때에는 너희에게 복이 있나니 기뻐하고 즐거워하라 하늘에서 너희의 상이 큼이라 너희 전에 있던 선지자들을 이같이 핍박하였느니라"(마 5:11-12).

영생은 오늘 이 땅에서 믿음으로 사는 사람들에게 주어지는 선물이면서 하나님이 주시는 상급이다. 그래서 이 땅에서의 우리의 삶은 중요하다. 오늘 여기에서의 삶이 내일 하나님 나라에서의 삶을 결정하는 것이다. "지금 당신의 삶은 당신이 죽은 후에 당신에게 일어날 모든 것에 직접적으로 영향을 주고 있다. 이 땅에서의 당신의 삶과 이후에 당신의 삶에 있을 모든 결과 사이에는 보이지 않는 일방적인(one-way) 관계가 있다." 브루스 윌킨슨의 말이다.

그러므로 사도 바울처럼, 우리에게도 "나의 달려갈 길과 주 예수께 받은 사명 곧 하나님의 은혜의 복음 증거하는 일을 마치려 함에는 나의 생명을 조금도 귀한 것으로 여기지 아니하"(행 20:24)면서 "푯대를 향하여 그리스도 예수 안에서 하나님이 위에서 부르신 부름의 상을 위하여 좇아가"(빌 3:14)는 삶이 있어야 하겠다. 그럴 때에만, 우리는 우리의 주 예수 그리스도로부터, "잘 하였도다 착하고 충성된 종아 네가 작은 일에 충성하였으매 내가 많은 것으로 네게 맡기리니 네 주인의 즐거움에 참예할지어다"(마 25:21)라는 칭찬을 들을 수 있게 된다. 우리 모두 이 약속을 따라 예수 그리스도 안에 있는 하나님의 풍성함을 힘입어 하루하루 충실하게 살아가는 그리스도인이 되자.

영광을 돌리는 삶

우리는 예수 그리스도 안에서 하나님을 믿는 믿음을 통해 하나님의 자녀가 된다. 그리고 믿음을 따라 사는 삶을 통해 하나님으로부터 오는 풍성한 생명을 받아 누리게 되며 상급도 받게 된다. 그러나 이 모든 우리의 삶에서 궁극적으로 하나님만이 홀로 영광을 받으시기에 합당하다. 요한계시록 4장을 보면, 24장로들이 하나님 앞에 엎드려 경배하고 하나님께 받은 자신들의 면류관을 보좌 앞에 던지면서 이렇게 말한다. "우리 주 하나님이여 영광과 존귀와 능력을 받으시는 것이 합당하오니 주께서 만물을 지으신지라 만물이 주의 뜻대로 있었고 또 지으심을 받았나이다"(11절). 이것이 모든 그리스도인들이 취해야 할 바른 태도이다.

우리가 하나님을 충실하게 섬기고 헌신한 결과로 면류관(보상)을 받지만, 하나님만이 우리의 궁극적인 보상이 된다는 것을 진정으로 깨달은 사람은 자신이 받은 그 영광과 보상마저도 하나님께 돌리게 된다. 우리의 신앙생활은 우리가 하나님으로부터 받는 것에 대해서도 "오직 주님만이 영광을 받으시기에 합당하신 분입니다"라고 고백할 수 있는 수준에까지 이를 필요가 있다. 그것이 성숙한 그리스도인의 모습이다.

그리스도인의 삶은 돌리는 삶이다. 우리는 하나님께 돌리는 삶을 살기 위해 이 땅에 있다. 우리는 하나님으로부터 생명을 받았고 삶을 받았다. 예수 그리스도를 통해 구원과 영생을 받았고 우리의 본향인 하나님 나라를 선물로 받았다. 때문에 우리는 하나님께 영광을 돌리고 감사를 돌린다. 찬양을 돌리고 기쁨을 돌린다. 이것은 받은 우리가 주신 하나님을 향한 당연한 태도이다. 하나님께 모든 영광을 돌리는 것은 하나님으로부터 풍성한 삶을 받은 우리의 하나님을 향한 충실한 삶의 극치이다. "만방의 족속들아 영광과 권능을 여호와께 돌릴지어다 여호와께 돌릴지어다 여호와의 이름에 합당한 영광을 그에게 돌릴지어다 예물을 가지고 그 앞에 들어갈지어다 아름답고 거룩한 것으로 여호와께 경배할지어다"(대상 16:28-29). "내가 또 들으니 하늘 위에와 땅 위에와 땅 아래와 바다 위에와 또 그 가운데 모든 만물이 가로되 보좌에 앉으신 이와 어린 양에게 찬송과 존귀와 영광과 능력을 세세토록 돌릴지어다"(계 5:13). 아멘!